NEW PST주식
투자 비법

세상에서 가장 안전하게
매일 1% 수익 내는

NEW
PST 주식
투자 비법

Richard Kwon 지음

두드림미디어

지난 20년 동안 약 1,500명의 수강생을 배출하고, PST이론 시리즈로 다섯 번째 책을 출간하게 되었습니다. 처음 PST이론을 개발한 후, 한동안 교재없이 강의했습니다. 지금은 출간한 책들이 수업할 때 꼭 필요한 교육 자료가 되었으니, 필요에 따라서 출간한 책들을 반드시 읽고 숙지하시길 바랍니다.

《PST주식 투자 비법》,《PST해외선물 투자 비법》,《나만의 주식, 선물 보조지표 만들기》,《PST주식, 선물 3차원 추세분석 비법》책을 교육목적으로 차례로 출간했습니다. 책을 보시고 국내 수강생뿐만 아니라 해외에서도 많은 분이 오셔서, 만족도 높은 PST주식, 선물교육을 받으셨습니다.

과거에 안산대학교 금융정보학과 학생들이 대상인 정규과목으로 강의를 했고, 현재는 숭실대학교 글로벌미래교육원에서 일반인들 대상으로 '주식전문가 과정'과 '외환전문가 과정'을 15년째 강의를 하고 있습니다. 국내 대학교에서 유일하게 외환교육을 가르치는 곳입니다.

수강생들의 수준도 초보부터 고수까지 다양합니다. 고수들은 대부분 수익을 내고 있으면서도, 가끔 손실을 볼 때 왜 같은 규칙을 사용했는데 손실을 보는지 이유를 몰라서 오신다고 말씀하십니다. 고수들은 주식, 선물에 관한 서적은 거의 다 읽으셨고, 웬만한 강의도 모두 들으신 분들입니다. 그런데 배운 지식으로는 왜 손실을 보는지 설명이 안 된다고 하십니다. 그러나 PST이론과 PST지표를 사용하면 왜 손실을 보는지를 실시간 차트로 설명해드릴 수가 있습니다. 이 점에 매우 놀라시고 수업을 끝까지 배운 후에도 만족하십니다.

일반적으로 야구 경기에서 타자가 승률이 3할대만 되면 훌륭한 타자라고 합니다.
"여러분은 실전 거래에서 10번 거래 중 몇 번 수익이 나면 훌륭한 트레이더라고 생각하시나요? 9번 수익이 나면 매우 훌륭하다고 생각하시지 않으세요?"

저는 그렇게 생각하지 않습니다. 왜냐하면 9번 수익이 나고 1번 손실이 날 때, 여러분은 이기는 규칙을 사용했는데도 불구하고 손실이 났기 때문입니다.
어떤 부분에 주목해야 할지 아시겠지요? 9번 수익이 났을 때도 본인만의 이기는 규칙이 아니라, 운이 좋아서 수익이 나는 경우도 포함되어 있을 수 있습니다. 왜 1/2 승률로 거래를 하시나요? 저는 수강생들에게 1/2 승률이 아닌 2/2 승률, 즉 100% 수익이 나는 거래만 하라고 가르칩니다. 그러면 10번 거래 중 10번 수익이 나면 매우 훌륭한 트레이더라고 생각할 수 있겠지요? 저는 PST교육을 마스터반까지 마친 수강생 중에서 실전 거래로 100연승을 한 수강생들을 많이 배출했습니다. 다음 카페 'PST 숭실대 주식외환전문가 모임(https://cafe.daum.net/SSUFX)'에 가시면 수강생 중에서 실전 거래로 100연승을 포함해서, 500승 이상을 하신 분들의 결과를 보실 수 있습니다.

매번 책을 출간할 때마다 책의 내용은 일반적으로 오픈된 자료가 아니므로, 책만 구매한 후 혼자 공부한다고 반드시 실전 거래에서 좋은 결과를 얻기는 쉽지 않다고 말씀드렸습니다. 지식 습득을 목적으로 책을 구매 후 독학하는 것은 괜찮지만, 실전 거래에서 수익을 얻기 위해서는 PST교육을 받으시기를 권해드립니다. 마스터반까지 배우시고 졸업하신 분들이 가족 포함해서 지인들에게 이 과정을 소개해주셔서 PST교육은 평일부터 주말까지 항상 1년 정도 교육 일정이 잡혀 있습니다.

2009년부터 지금까지 매달 숭실대학교 글로벌미래교육원에서 무료 재테크 공개강좌를 열고 있습니다. 공개강좌에 오신 분께 이런 말씀을 드립니다. "여러분은 부자가 되는 방법을 아시나요?" 부자가 되는 방법은 첫 번째로는 부자로 태어나면 됩니다. 운명적으로 부자로 태어나면 삶이 더욱 윤택해질 수 있는 것은 사실입니다. 그러나 대부분 부자로 태어나지 않기 때문에 첫 번째 방법은 쉽지 않습니다. 두 번째 방법은 부자와 결혼을 하는 것입니다. 요즘은 농담으로 결혼도 사업이라고 말씀하십니다. 그러나 이 방법 또한 일반인들은 쉽지 않을 것입니다. 마지막 세 번째 방법은 부자의 습관을 잘 관찰하고 연구해서 부자의 행동을 따르면서 사는 것입니다. 주식이나 선물거래에서 성공해서 부자가 된 분들이 있다면, 그분의 거래방법을 연구해볼 만하지 않을까요? PST 교육을 받으신 수강생들이 저에게 실전 거래로 성공해서 경제적으로 삶이 행복해졌다고 하시는 분이 많아져서 저는 매우 가르친 보람을 느끼고 있습니다.

현재에서 미래로 갈수록 하루하루 모든 것이 바뀌고 있습니다. "그런데 왜 주식, 선물, 옵션, 가상화폐 등 모든 투자 상품에 거래하는 방식은 과거부터 내려오는 일반적인 방법으로 하시나요? 아직도 뉴스 분석, 캔들 분석, 차트 분석, 파동 분석 등을 가지고 하시나요? 그렇게 하시면 만족할 만한 결과를 얻으시나요?"

저는 PST이론과 PST지표를 소개하면서 혹시 여러분의 거래방법과 다르다면, 100연승이 가능한 신개념 이론과 지표이니 참고하시라는 의미에서 책을 출간했습니다.

제가 여러분께 몇 가지 질문을 해보겠습니다.

"매수진입 후 오늘의 종가가 최고가인 것을 아시나요? 현재 추세의 시작과 끝을 구별할 수 있으신가요? 현재 추세가 상승인가요? 보합인가요? 하락인가요? 거래할 때와 거래를 하지 않을 때는 구별할 수 있으세요? 진입 후 가격(환율)이 밀리지 않을 자신이 있으세요? 추세가 빨리 움직일까요? 천천히 움직일까요? 진입 후 다음 캔들 색깔이 진입 방향과 같은 색깔이 나올지, 안 나올지 아세요? 추세의 최고점 또는 최저점을 아시나요?"

어떠세요? 질문에 대한 답을 여러분은 아시나요? 답을 모르시고 실전 거래를 하신다면 손실 보는 트레이더가 되실 가능성이 높습니다.

제가 독창적으로 만든 PST이론과 PST지표는 국내외 주식, 선물, 옵션, 가상화폐 등 차트로 표현해서 거래하는 모든 상품에 실시간으로 적용이 가능한 새로운 개념의 이론과 지표입니다. 책만 읽으신 분은 "과연 실전 거래에서 도움이 될까?" 하는 의구심이 생길 것입니다. 과거에도 수강생 중에서 의구심을 가지고 오신 분들이 계셨습니다. 결국은 좋은 결과를 얻으셔서 PST이론과 PST지표에 대해 절대적으로 신뢰하게 되셨습니다.

PST이론과 PST지표를 제가 독창적으로 만들었는데, 다른 분들이 간혹 본인이 만들었다고 하는 소문이 들려서 할 수 없이 과거에 저작권에 등록했습니다.

제가 만든 PST지표는 현재 유진투자증권 HTS와 SI증권 HTS에 탑재되어 수년째 실전 거래에서 사용자에게 많은 도움을 주어 좋은 결과를 내고 있습니다. 개인이 만든 보조지표가 금융회사 HTS에 탑재된 것은 국내 최초라고 합니다. 저도 자부심을 느끼고 있습니다. 이런 신뢰성을 많은 분께 인정받아서 최근에는 PST이론과 PST지표의 효과를 외국에서도 관심이 보이고 있습니다. 유진투자증권 HTS를 통해서 국내주식, 해외주식, 국내선물, 국내옵션을 거래하는 데 도움을 주고, SI증권 HTS를 통해서 해외선물을 거래하는 데 도움을 주고 있습니다.

첫 번째로 출간한 《PST주식 투자 비법》은 주로 주식을 거래할 때 꼭 알아야 하는 방법을 소개했습니다. 두 번째로 출간한 《PST해외선물 투자 비법》은 주로 해외선물을 거래할 때 꼭 알아야 하는 방법을 소개했습니다. 세 번째로 출간한《나만의 주식, 선물 보조지표 만들기》책은 PST이론과 PST지표를 간단하게나마 혼자서 학습할 수 있는 내용을 담았습니다. 네 번째로 출간한《PST주식, 선물 3차원 추세분석 비법》은 주식과 선물거래에서 추세에 관해 양자역학(Quantum Mechanics)적으로 PST이론을 적용해 '3차원 추세분석(Three Dimension Trend Analysis)'을 할 수 있게 했습니다. 그리고 다섯 번째로 출간한《NEW PST주식 투자 비법》은 주로 주식거래에서 한 차원 버전 높은 PST지표를 활용해서 더욱 쉽고 편리하게 수익을 내는 방법을 여러분께 제시해드립니다.

마지막으로 저는 PST이론과 PST지표가 여러분이 실전 거래를 할 때 스트레스를 받지 않고 즐겁고 행복하게 거래하는 데, 작은 도움이라도 되기를 진심으로 바랍니다.

Richard Kwon

프롤로그 2

제가 몇 가지 자료를 예시하면서 문제를 드리겠습니다. 정답을 아시면 거래를 하실 수 있지만, 정답을 모르시던가 이해가 되지 않으시면 반드시 거래를 멈추시고 공부하시길 바랍니다.

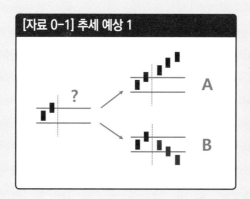

[자료 0-1] 추세 예상 1

문제 1

[자료 0-1]처럼 보합구간에서 두 번째 상승 캔들이 저항선을 통과하는 시점에서 매수 진입을 했을 때, 다음 추세가 상승추세인 A처럼 진행되는 이유와 하락추세인 B처럼 진행되는 이유는 무엇일까요?

정답 1

　매수진입 후 다음 추세가 계속 상승추세인 A처럼 진행되는 이유는 진입하는 기준차트와 상위차트에서 타임 프레임(Time Frame)이 모두 상 승강화인 P1구간이기 때문입니다. 진입 후 다음 추세가 하락추세인 B 처럼 진행되는 이유는 진입하는 기준차트는 상승 P4-2구간이지만, 상 위차트에서 타임 프레임은 P2구간이기 때문입니다. PST지표를 사용하 면, 현재 진입할 때 타임 프레임상 어떤 구간인지 알 수 있습니다.

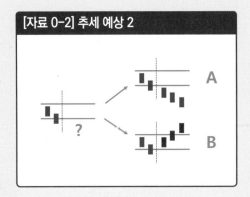

[자료 0-2] 추세 예상 2

문제 2

　[자료 0-2]는 보합구간에서 두 번째 하락 캔들이 저항선을 통과하는 시점에 매도진입을 했을 때입니다. 다음 추세가 하락추세인 A처럼 진 행되는 이유와 상승추세인 B처럼 진행되는 이유는 무엇일까요?

정답 2

　매도진입 후 다음 추세가 계속 하락추세인 A처럼 진행되는 이유는 진입하는 기준차트와 상위차트에서 타임 프레임이 모두 하락강화인

P1구간이기 때문입니다. 진입 후 다음 추세가 상승추세인 B처럼 진행되는 이유는 진입하는 기준차트는 하락 P4-2구간이지만, 상위차트에서 타임 프레임은 P2구간이기 때문입니다.

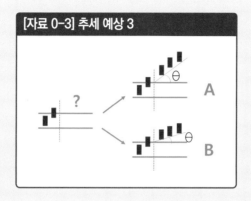

[자료 0-3] 추세 예상 3

문제 3

[자료 0-3]은 보합구간에서 두 번째 상승 캔들이 저항선을 통과하는 시점에 매수 진입을 했을 때입니다. 다음 추세의 기울기가 A처럼 크게 진행되는 이유와 추세의 기울기가 B처럼 작게 진행되는 이유는 무엇일까요?

정답 3

저항선을 통과하기 바로 전의 지점 위치를 (x_1, y_1)이라 하고, 저항선을 통과한 후 매수 진입지점의 위치를 (x_2, y_2)라고 생각하면 기울기(θ)는 $(y_2-y_1)/(x_2-x_1)$으로 생각해서 탄젠트(tan) 각도로 생각할 수 있습니다. PST지표를 사용하면, 진입할 때 추세의 기울기를 tan30도, tan45도, tan60도로 미리 설정할 수 있습니다.

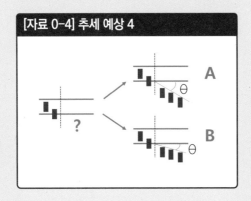

[자료 0-4] 추세 예상 4

문제 4

　[자료 0-4]는 보합구간에서 두 번째 하락 캔들이 저항선을 통과하는 시점에서 매도진입을 했을 때입니다. 다음 추세의 기울기가 A처럼 크게 진행되는 이유와 추세의 기울기가 B처럼 작게 진행되는 이유는 무엇일까요?

정답 4

　저항선을 통과하기 바로 전의 지점 위치를 (x_1, y_1)이라 하고, 저항선을 통과한 후 매도 진입지점의 위치를 (x_2, y_2)라고 생각해보겠습니다. 기울기(θ)는 $(y_2 - y_1)/(x_2 - x_1)$으로, 아크탄젠트(arctan) 각도입니다. PST지표를 사용하면, 진입할 때 추세의 기울기를 arctan30도, arctan45도, arctan60도로 미리 설정할 수 있습니다.

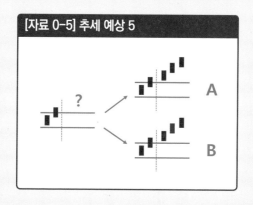

[자료 0-5] 추세 예상 5

A

B

[자료 0-5]는 보합구간에서 두 번째 상승 캔들이 저항선을 통과하는 시점에 매수 진입을 했을 때입니다. 다음 캔들이 색깔이 계속 추세와 같은 빨간색 캔들이 나오는 A처럼 진행되는 이유와 추세와 같지 않은 파란색 캔들이 나오면서 계속 상승하는 B처럼 진행되는 이유는 무엇일까요?

정답 5

매수진입 후 다음 추세가 계속 상승추세인 A처럼 진행되는 이유는 진입하는 기준차트와 상위차트에서 타임 프레임이 모두 상승강화인 P1구간이기 때문입니다. 진입 후 다음 추세가 하락추세인 B처럼 진행되는 이유는 진입하는 기준차트와 상위차트 모두 상승 P4-2구간이기 때문입니다.

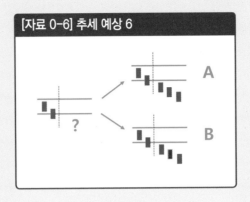

[자료 0-6] 추세 예상 6

A

B

?

[자료 0-6]은 보합구간에서 두 번째 하락 캔들이 저항선을 통과하는 시점에서 매도진입을 했을 때입니다. 다음 캔들이 색깔이 계속 추세와 같은 파란색 캔들이 나오는 A처럼 진행되는 이유와 추세와 같지 않은 빨간색 캔들이 나오면서 계속 하락하는 B처럼 진행되는 이유는 무엇일까요?

정답 6

매도진입 후 다음 추세가 계속 하락추세인 A처럼 진행되는 이유는 진입하는 기준차트와 상위차트에서 타임 프레임이 모두 하락강화인 P1구간이기 때문입니다. 진입 후 다음 추세가 하락추세인 B처럼 진행되는 이유는 진입하는 기준차트와 상위차트 모두 하락 P4-2구간이기 때문입니다.

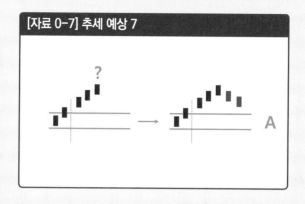

[자료 0-7] 추세 예상 7

문제 7

[자료 0-7]은 보합구간에서 두 번째 상승 캔들이 저항선을 통과하는 시점에 매수진입을 했을 때입니다. 상승추세의 최고점을 어떻게 찾아 낼 수 있을까요?

정답 7

매수진입 후 다음 추세가 계속 상승추세로 진행되다가 최고점에 도 달한 후 A처럼 하락하게 됩니다. 그 이유는 최고점까지는 기준차트의 타임 프레임이 상승강화인 P1구간이 유지되고 있다가 최고점에 도달 했을 때, 기준차트의 하위차트, 타임 프레임이 모두 P2구간으로 바뀌었 기 때문입니다.

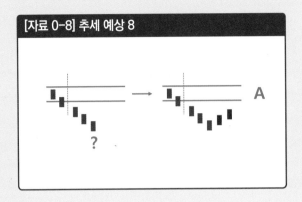

[자료 0-8] 추세 예상 8

문제 8

[자료 0-8]은 보합구간에서 두 번째 하락 캔들이 저항선을 통과하는 시점에 매도진입을 했을 때입니다. 하락추세의 최저점을 어떻게 찾아낼 수 있을까요?

정답 8

매도진입 후 다음 추세가 계속 하락추세로 진행되다가 최저점에 도달한 후 A처럼 상승하게 되는 이유는 다음과 같습니다. 최고점까지는 기준차트의 타임 프레임이 하락 강화인 P1구간이 유지되고 있다가, 최저점에 도달했을 때 기준차트의 하위차트, 타임 프레임이 모두 P2구간으로 바뀌었기 때문입니다.

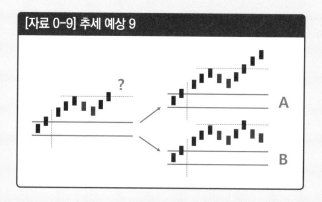

[자료 0-9] 추세 예상 9

문제 9

[자료 0-9]는 재상승 구간에서 상승 캔들이 저항선을 통과하는 시점에 매수진입했을 때입니다. 다음 추세가 상승추세인 A처럼 진행되는 이유와 하락추세인 B처럼 진행되는 이유는 무엇일까요?

정답 9

매수진입 후 다음 추세가 계속 상승추세인 A처럼 진행되는 이유는 진입하는 기준차트의 타임 프레임은 재상승 강화인 P4-1구간이고, 상위차트의 타임 프레임은 상승강화인 P1구간입니다. 그리고 매수진입 후 다음 추세가 하락추세인 B처럼 진행되는 이유는 진입하는 기준차트와 상위차트의 타임 프레임이 모두 상승 P4-2구간이기 때문입니다.

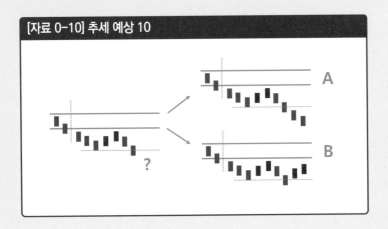

[자료 0-10] 추세 예상 10

문제 10

[자료 0-10]은 재하락 구간에서 하락 캔들이 저항선을 통과하는 시점에서 매도진입했을 때입니다. 다음 추세가 하락추세인 A처럼 진행되는 이유와 상승추세인 B처럼 진행되는 이유는 무엇일까요?

정답 10

매도진입 후 다음 추세가 계속 하락추세인 A처럼 진행되는 이유는 진입하는 기준 차트의 타임 프레임은 재하락 강화인 P4-1구간이기 때문입니다. 상위차트의 타임 프레임은 하락강화인 P1구간입니다. 그리고 매도진입 후 다음 추세가 상승추세인 B처럼 진행되는 이유는 진입하는 기준차트와 상위차트의 타임 프레임이 모두 하락 P4-2구간이기 때문입니다.

차례

교육후기

주식, 외환 마스터반을 마치며

PART
01

판단의 오류 분석

추세선 판단의 오류

TV를 보면 많은 전문가가 나와서 추세를 분석합니다. 한 주식방송에서는 시청자가 전문가에게 전화해서 본인이 보유한 주식에 대해서 질문을 하면, 저무가는 차트를 띄운 후 자신 있게 추세선을 긋습니다. 그 종목에 대한 일반적이고, 기본적인 분석을 하고 지지선, 저항선, 추세선을 그은 후 기술적인 분석을 하는 것을 종종 보실 수 있습니다. 그런데 그 시청자는 그 전문가가 추천한 종목을 매수했다가, 현재 손실을 보고 있다고 합니다. 그 전문가는 자신 있게 다시 저점 분할 매수해서 매입 단가를 낮추고, 현재 주가가 어디까지 상승하니까 그 가격까지 상승하면 청산을 하라고 상세하게 알려줍니다. 여기서 저는 이런 생각이 듭니다. 저렇게 종목에 대해서 자신이 있으면 전문가 본인이 거래하면 되는데, 왜 거래하지 않고 분석만 할까요?

전문가는 추세를 만드는 마켓 메이커(Market Maker)가 아니므로, 그 종목이 어디까지 상승하고 어디까지 하락을 하다가 멈추는지 알지 못

합니다. 전문가를 무시하는 것은 아닙니다. 추세가 저항선을 통과하면 상승추세가 시작이라 생각하고, 지지선에 닿으면 다시 재상승할 것이라고 하는 등 추세분석을 잘못할 수 있다는 오류(Distortion)를 생각하지 않는 것이 문제입니다.

서점에 수많은 주식 투자 교재가 추세에 대해서 자세히 설명하고 있고, 인터넷 검색만 해도 쉽게 공부할 수 있습니다. 그러나 누구도 추세 분석이 잘못되었다고 생각하지 않는다는 것이 문제입니다. 저는 수업 시간에 추세에 대해서 강의할 때 다음과 같은 자료를 보면서 질문을 합니다. 여러분도 한 번 생각해보시길 바랍니다.

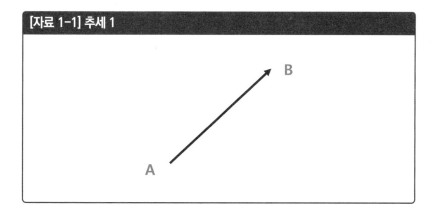

[자료 1-1] 추세 1

[자료 1-1]처럼 어떤 종목의 가격이 A지점에서 B지점으로 시간이 지나가면서 이동하면 여러분은 상승추세라고 보시나요? 추세의 방향은 현재 일반적으로 상승, 보합, 하락으로 분류합니다. 그러나 저는 PST이론을 개발하면서 추세는 구체적으로 상승강화, 상승보합, 횡보보합, 하락보합, 하락강화로 분류했습니다.

주식처럼 한 방향 거래인 경우는 상승강화일 때만 매수진입으로 수익을 기대해야 합니다. 선물처럼 양방향 거래인 경우는 상승강화일 때는 매수진입으로 수익을 기대할 수 있습니다. 하지만 하락강화일 때는 매도진입으로도 수익을 기대할 수 있습니다.

대부분의 트레이더들은 [자료 1-1]에서 추세를 당연히 상승추세라고 생각할 것입니다. 그러나 PST지표를 활용하면 상승강화, 상승보합, 횡보보합, 하락보합일 수 있습니다. 상승강화 때만 매수 진입으로 수익을 고려할 수 있고, 나머지 상승보합, 횡보보합, 하락보합일 경우는 관망으로 손실을 줄일 수 있습니다.

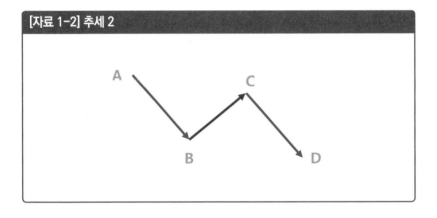

[자료 1-2] 추세 2

[자료 1-2]는 어떤 종목의 가격이 A지점에서 D지점으로 시간이 지나가면서 이동하고 있습니다. 여러분은 이때를 하락추세라고 생각하시나요? 여러분이 주식을 거래할 때, A지점에서 매수한 후 D지점까지 보유하면 당연히 손해를 보니까 하락추세가 맞다고 생각하실 것입니다. 그러면 매도진입이 가능한 선물일 때는 A지점에서 매도진입을 하실 수 있으십니까? 그리고 B구간에서 C구간으로 가격이 상승할 때, 마음 편

히 보유할 수 있을까요? PST이론은 A지점에서 매도진입으로 수익 날 수 있는 하락강화라면 매도진입을 하겠고, 하락보합이면 관망을 택하 겠습니다.

주식보다 레버리지가 큰 선물 거래에서는 상승보합, 횡보보합, 하락 보합처럼 보합구간에서는 절대로 거래하지 말고 관망을 하는 편이 손 실을 줄이는 방법입니다. 손실을 보는 트레이더는 상승추세에서 상승 강화와 상승보합을 구별하지 못하고, 하락추세에서 하락강화와 하락보 합을 구별하지 못합니다. 그러나 PST지표가 있으면 여러분이 진입하는 순간 추세의 위치를 정확하게 구별할 수가 있습니다.

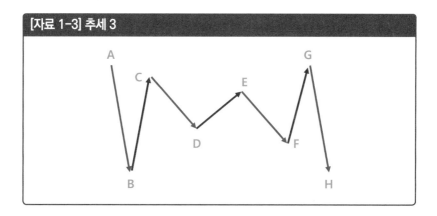

[자료 1-3] 추세 3

[자료 1-3]은 어떤 종목의 가격이 A지점에서 H지점으로 시간이 지 나가면서 이동하고 있습니다. 여러분은 이때 추세를 보합이라고 생각 하시나요? 주식거래인 경우는 보합일 경우는 수익을 얻을 수 없기 때 문에 관망을 택하실 것입니다. PST이론상 횡보보합 구간에서는 일반적 으로 거래를 하지 않습니다. 다만 P2구간의 범위가 원하는 수익 구간 보다 많으면 진입해서 수익을 낼 수가 있습니다.

예를 들면 주식거래에서는 B지점~C지점, D지점~E지점, F지점~G지점이 매수진입으로 수익 낼 수 있는 P2구간입니다. 또한 선물거래에서는 A지점~B지점, C지점~D지점, E지점~F지점, G지점~H지점이 매도진입으로 수익 낼 수 있는 P2구간입니다. 이해가 되시나요?

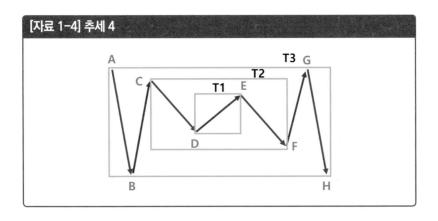

[자료 1-4] 추세 4

[자료 1-4]는 [자료 1-3]의 타임 프레임상 추세를 생각해본 것입니다. 만약 [자료 1-4]를 3명의 전문가가 추세를 각각 상승추세, 하락추세, 보합이라고 생각했다면 어떤 전문가가 추세분석을 잘하고, 어떤 전문가가 잘못한 것일까요? 전문가이기 때문에 서로 본인이 옳다고 논쟁을 했을지도 모르겠네요.

타임 프레임으로 T1, T2, T3 구간을 살펴볼까요? T1구간에서 추세를 본 전문가는 상승추세라고 생각할 수 있고, T2구간에서 추세를 본 전문가는 하락추세라고 생각할 수 있습니다. T3구간에서 추세를 본 전문가는 보합이라고 판단할 수 있습니다.

만약 전문가 한 분이 수익이 났고, 전문가 두 분이 손실이 났으면 전문가 두 분은 무엇이 문제일까요? 또 전문가 두 분이 수익이 났고 전문가 한 분이 손실이 났으면 전문가 한 분은 무엇이 문제일까요? 전문가 세 분 모두 손실을 안 보고 수익이 났으면 서로의 추세분석이 틀리지만, 본인만의 추세분석은 맞았을 수도 있습니다.

여기서 PST이론은 시작합니다. PST이론상 '추세의 분석은 트레이더마다 다를 수 있다(Trend Analysis Varies Between Traders)'라고 생각합니다. 추세의 분석은 여러분이 전문가와 같을 수도 있고, 다를 수도 있습니다. 또한, 전문가의 추세분석과 PST지표상 추세분석이 같을 수도 있고, 다를 수도 있습니다. PST이론상 추세분석이 다른 이유는 사이클의 시작점이 다르기 때문입니다. 상승추세는 상승 사이클의 시작과 끝 사이에 존재하고, 하락추세는 하락 사이클의 시작과 끝 사이에 존재합니다.

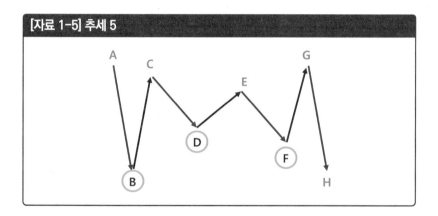

[자료 1-5] 추세 5

[자료 1-5]와 같은 추세에서 매수진입을 가능한 지점을 고려해보겠습니다. 만약 B지점, D지점, F지점에서 상승 사이클이 시작된다면, 매수진입을 고려한 후 상승 사이클 구간에서 P1구간과 P4-1구간이 나오면 매수진입이 가능합니다. PST지표에서 기준차트를 포함한 하위 타임

프레임이 동일한 매수진입 조건이 반드시 나와야 매수진입으로 수익을 기대할 수 있습니다.

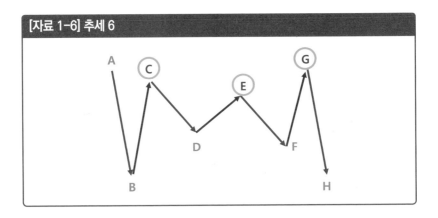

[자료 1-6]의 추세에서 매도진입을 가능한 지점을 고려해보겠습니다. 물론 주식거래에서는 매도진입이 안되지만, 양방향 거래인 선물거래는 매도진입도 가능합니다.

만약 C지점, E지점, G지점에서 하락 사이클이 시작된다면, 매도진입을 고려합니다. 하락 사이클 구간에서 P1구간과 P4-1구간이 나오면 매도진입이 가능합니다. PST지표에서 기준차트를 포함한 하위 타임 프레임이 동일한 매도진입 조건이 반드시 나와야 매도진입으로 수익을 기대할 수 있습니다.

[자료 1-7]의 추세를 보합으로 고려해보겠습니다. 하락추세라고 볼 수 있는 A지점 이전인 K지점에서부터 추세를 보고 있었다면, A지점부터 B지점까지 가격의 변화를 보합이라고 생각할 수 있습니다. PST이론상 보합은 상승보합, 횡보보합, 하락보합이 존재하고, 보합구간은 시간에 흐름에 따라 동일 사이클 내에서 전고점과 전저점을 통과하지 못

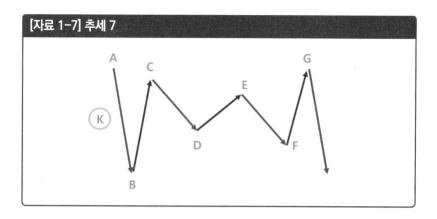

[자료 1-7] 추세 7

하는 P2구간이므로 관망해야 손실을 줄일 수 있습니다.

여러분이 실전 거래에서 현재 추세가 보합구간인지, 보합구간이 아닌지는 일반 보조지표로는 알 수가 없지만, PST지표로는 실시간으로 구별할 수 있습니다.

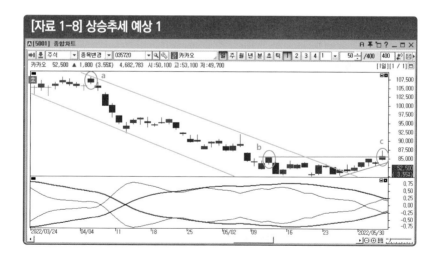

[자료 1-8] 상승추세 예상 1

[자료 1-8]은 '카카오' 종목의 추세를 2022년 3월 24일부터 6월 3일까지 일봉차트로 보여줍니다. 일반적으로 추세를 분석하면, a지점인

4월 5일부터 b지점인 5월 11일까지 하락추세가 지속된 후, c지점 이전인 6월 2일까지 보합을 이루어지니, c지점인 6월 3일에 저항선을 통과하는 c지점에서 매수해야 한다고 생각할 수 있습니다. 또한, 추세패턴(Trend Pattern)을 공부하신 분은 c구간이 상승 삼각형(Ascending Triangle)으로 c지점에서 당연히 매수진입하고 싶어 할 것입니다. 여러분도 c지점에서 매수진입이 맞는다고 생각하시나요? 그러나 저는 매수진입을 하지 않고 관망을 택하겠습니다. 이유는 추세 밑에 있는 PST지표를 보니 추세는 계속 하락 사이클이기 때문입니다. PST지표를 활용하는 방법은 추후 설명하겠습니다. 그러면 c지점 이후의 자료를 볼까요?

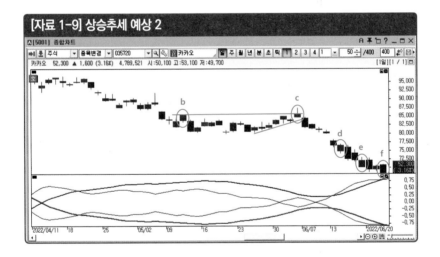

[자료 1-9] 상승추세 예상 2

[자료 1-9]는 '카카오' 종목, 2022년 4월 12일부터 6월 22일까지 일봉차트로 추세를 보여줍니다. c지점에서 저항선 통과 시 매수한 후 f지점까지 추세는 계속 하락해서 약 22% 손실을 가져왔습니다. 무엇이 문제였다고 여러분은 생각하세요?

제 생각에는 하락추세에서 매수 진입한 것이 잘못되었던 것입니다.

그런데 일반적인 보조지표을 사용하는 손실 보는 트레이더들은 본인이 매수 진입할 때 추세가 상승추세인지 하락 추세인지 모르고 의미 없는 거래를 한다는 것입니다. 저나 여러분이나 추세를 만드는 마켓 메이커가 아니라 추세를 추종하는 마켓 팔로어(Market Follower)이기 때문에 현재 추세가 어떤 추세인지를 정확하게 판단하는 것이 거래할 때 제일 중요합니다.

추세 밑에 추세의 위치파악을 위한 PST지표를 불러봤습니다. c지점은 b지점에서 저항선을 통과해서 상승추세처럼 보일 수 있습니다. 그러나 굵은 파란색선이 굵은 빨간색선 위에 존재하므로 사이클 자체가 하락 사이클 중입니다. PST이론상 하락 사이클에서는 상승추세가 나올 수 없고, 하락추세 입장에서 P2구간입니다. d지점과 e지점은 당일 종가가 시가보다 높게 끝났기 때문에 빨간 캔들인 양봉으로 보입니다.

가격이 계속 하락한다고 이른바 주가가 바닥을 쳤다고 생각하는, 손실을 보는 트레이더들은 양봉이 보인다고 매수진입한 후 계속 보유했다가 더욱 큰 손실을 초래합니다.

e지점과 f지점에서 PST지표를 확인하니 가는 파란색선이 굵은 파란색선 위에 보이므로 계속 보유하면 손실이 누적된다는 것을 처음부터 예측할 수 있습니다. 선물거래에서는 매도진입으로 수익을 기대할 수 있습니다. 그러나 주식거래에서는 관망이 최선입니다. 관망도 하나의 실전 거래전략임을 기억하시길 바랍니다.

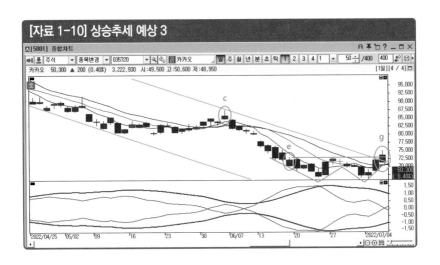

[자료 1-10] 상승추세 예상 3

[자료 1-10]은 '카카오' 종목, 2022년 4월 25일부터 7월 6일까지 일봉차트로 추세를 보여줍니다. 추세에 많은 트레이더가 사용하는 보조지표인 가격이동평균선(Moving Average)을 불러봤습니다. 추세 위를 단기, 중기, 장기를 나타내는 빨간선, 파란선, 검정선이 나와서 시간이 지나감에 따라서 정배열도 되고, 역배열도 됩니다. 모였다가 다시 벌어지는 모습을 볼 수 있습니다.

여러분은 왜 가격이동평균선을 사용하시나요? 실전 거래에서 잘 맞으시나요? 지나간 차트에는 잘 맞는 것 같은데 왜 실시간 차트에서 잘 안 맞을까요? 운이 나빠서 그럴까요? 운이 나빠서 그런 것이 아니고, 가격이동평균선 자체의 계산하는 공식에서 오류가 있기 때문입니다. 계산하는 공식으로 인해 추세의 해석하는 데 왜곡이 생길 수 있다는 것은 추후 설명해드릴 테니 앞으로 제발 가격이동평균선은 맹신하지 마시고 참고만 하시길 바랍니다.

6월 17일 최고점과 6월 27일 최고점에서 추세선을 그은 다음 저항선을 통과하는 g지점에서 매수진입을 하면 수익이 난다고 생각하시나요? 더군다나 g지점은 현재 가격이 단기, 중기, 장기선이 모인 지점이고 정배열이 시작되기 때문에 가격이동평균선을 좋아하는 트레이더는 반드시 매수진입할 것 같습니다.

기술적 분석 중에서 캔들 분석과 차트 분석을 설명하는 주식 관련 책이 너무나 많습니다. 그리고 많은 트레이더가 캔들 분석과 차트 분석을 열심히 공부하고 실전 주식거래 적용합니다. 하지만 결국 거의 손실을 보는 안타까운 현실을 맞이합니다. 캔들 분석을 좋아하는 트레이더는 g지점에서 양봉 3개가 출현하는 적삼봉이 나타나서 매수 진입할 수 있습니다. 패턴 분석을 좋아하는 트레이더는 g지점에서 이중바닥형 (Double Bottom Pattern)이 나왔기 때문에 반드시 매수진입을 할 것입니다.

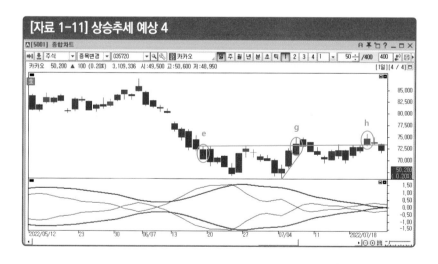

[자료 1-11]은 '카카오' 종목, 2022년 5월 12일부터 7월 22일까지 일봉차트로 추세를 보여줍니다. g지점 이후 추세가 어떤가요? 매수진입을 했다면 수익을 내지 못하고 손실 보다가, 7월 20일인 h지점까지

보유했을 때 겨우 진입가격까지 본전이 될 것입니다. 그러나 마음 편히 보유하지 못하고, 그동안 일상생활이 행복하지 않으시겠지요?

그러면 가격이동평균선 보조지표를 사용한 트레이더와 적삼봉 캔들 분석한 트레이더, 이중바닥형 패턴 분석한 트레이더가 무엇을 실수했을까요? 가장 크게 실수한 것은 추세를 잘못 판단하고 보조지표, 캔들 분석, 패턴 분석을 한 것입니다.

각자 좋아하는 보조지표를 보고, 좋아하는 캔들 분석을 하고, 좋아하는 패턴 분석을 해서 거래를 하면 수익 날 때도 있고 손실 볼 때도 있으실 것입니다. 그런데 왜 PST교육을 받은 후, PST지표를 보고 거래하는 수강생 트레이더는 일반 보조지표를 보지 않고, 캔들 분석하지 않고, 패턴 분석하지 않고 매번 수익이 날까요? PST지표를 활용해서 추세 분석을 우선 정확히 한 후 PST이론대로 거래를 하기 때문입니다.

추세 밑에 추세의 위치를 파악하는 PST지표를 불러봤습니다. 5월 12일부터 7월 22일까지 추세의 사이클이 계속 하락 사이클임을 한 번에 알 수 있습니다. PST이론상 추세가 하락 사이클일 때는 하락보합, 하락강화만 존재하기 때문에 아무리 가격이동평균선을 포함한 보조지표와 캔들 분석, 패턴 분석을 해서 매수진입을 하더라도 원하는 만큼 수익이 날 수가 없습니다.

여러분이 보조지표와 캔들 분석, 패턴 분석을 해서 매수진입한 후, 수익을 내기 위해서는 상승 사이클 내에서는 가능합니다. 문제는 보조지표, 캔들 분석, 패턴 분석 자체로는 상승 사이클인지 하락 사이클인지 알 수가 없다는 것입니다.

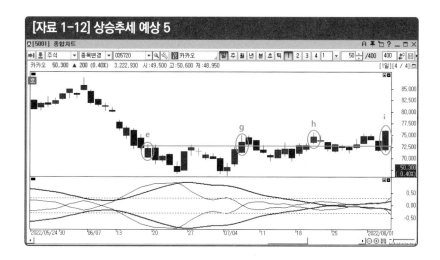

[자료 1-12] 상승추세 예상 5

[자료 1-12]는 '카카오' 종목, 2022년 5월 24일부터 8월 3일까지 일봉차트로 추세를 보여줍니다. 패턴 분석을 좋아하시는 분은 e지점 이후 이중바닥형 패턴이 나온 후 저항선을 통과하는 g지점에서 매수했다가 손실을 보고 매수청산을 하셨을 것입니다.

TV를 보니 어느 전문가가 주가가 바닥을 찍고 상승할 때, 첫 번째 저항선을 상향 통과할 때, 매수한 후 손실이 나면 매수청산을 하지 말라고 합니다. 두 번째 저항선을 상승 통과할 때 다시 재매수하라고 합니다. 그렇다면 g지점에서 첫 번째 저항선을 상향 통과할 때와 h지점에서 두 번째 저항선을 상향 통과 때에 매수 진입을 하라는 의미입니다. 결과적으로는 수익이 나지 않고 있음을 알 수 있습니다.

그러면 세 번째 저항선인 i지점에서 다시 상향 통과할 때는 매수하는 것이 맞을까요? 계속 손실이 나는 트레이더는 이번 세 번째 매수진입은 하지 않고 관망하지 않을 수도 있겠습니다. 그러나 i지점에서 매수진입해야 합니다.

일반적으로 추세선을 그은 후 보조지표 중 피보나치(Fibonacci) 수열까지 사용하면서 첫 번째 저항선, 두 번째 저항선, 세 번째 저항선을 정하면서 계속 재매수합니다. 여러분은 계속 매수 진입 후 계속 손실이 난다면, 몇 번째 저항선까지 계속 재매수하시겠습니까? 여러분 중에 피보나치가 가끔 맞을 때도 있다고 말씀하시는 분도 계실 것입니다. 가끔 맞고 가끔 틀리면 틀린 것 아닌가요? 가끔 맞고 가끔 틀리면 운이 나빠서 틀릴 때 거래했다고 자기 합리화(Self Justification)할 것입니다.

다시 한 번 말씀드리지만, 저나 여러분이나 추세를 만드는 마켓 메이커가 아니라 마켓 메이커가 만든 추세를 분석하고 추종하는 마켓 팔로어임을 잊지 마십시오. 여러분이 저항선을 상향 통과할 때, 매수진입한다고 무조건 수익이 나지 않습니다. 추세를 만드는 세력인 마켓 메이커가 매수진입을 하는 진짜 저항선 상향 통과지점을 주식거래에서 반드시 찾아야 수익을 기대할 수 있습니다.

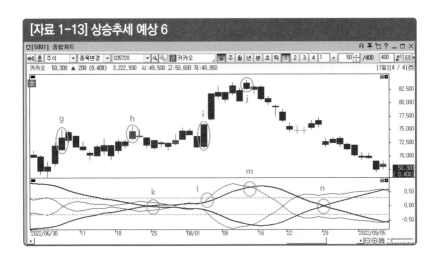

[자료 1-13]은 '카카오' 종목, 2022년 6월 30일부터 9월 8일까지 일봉차트 추세입니다. 추세 밑에 있는 PST지표는 추세를 실시간으로

분석해서 추세의 위치를 보여줍니다. k지점에서 굵은 빨간색선이 굵은 파란색선 위에 존재하기 때문에 k지점을 상승 사이클의 시작점이라고 보고 n지점에서 굵은 빨간색선이 굵은 파란색선 아래에 존재하기 때문에 n지점을 상승 사이클의 끝점이라고 PST이론은 생각합니다. 상승 사이클의 시작점 이전 구간은 하락 사이클이고, 상승 사이클의 끝점 이후 구간도 하락 사이클이라고 생각합니다. 하락 사이클 구간인 g지점과 h지점에서 매수진입은 P2구간에서 진입했기 때문에 수익을 기대할 수 없습니다. 한 방향 거래인 주식거래에서는 매수진입만 수익을 기대할 수 있기 때문에 상승 사이클에서만 거래해야 하고 하락 사이클에서는 반드시 관망해야 합니다.

PST이론상 상승 사이클 내에서 P1, P2, P3, P4구간이 존재하고 P4구간은 다이버전스가 없는 P4-1구간과 다이버전스가 있는 P4-2구간으로 분류됩니다. 자세한 구간 설명은 추후 하겠습니다.

여기서 안전하게 수익을 기대할 수 있는 구간은 P1과 P4-1구간인데 이 구간을 어떻게 알 수가 있을까요? i지점에서 PST지표를 보면 가는 빨간색선은 굵은 빨간색선을 우상향으로 기준 점선을 l지점에서 우상향 통과하기에 P4-1구간의 시작점임을 알 수 있습니다. 또한 j지점에서 PST지표를 보면 가는 빨간색선이 굵은 빨간색선을 우하향으로 m지점에서 우상향 통과하기에 P4-1구간의 끝점임을 알 수 있습니다. 쉽게 말씀드리면 주식거래인 경우에는 PST지표에서 가는 빨간색선이 굵은 빨간선위에 존재하는 l지점부터 m지점까지는 안전하게 수익 나는 구간임을 처음부터 알 수가 있습니다. 어떠세요? 놀랍지 않으세요? 물론 안전한 구간에서도 매수진입 시 타임 프레임을 반드시 맞추어야 합니다.

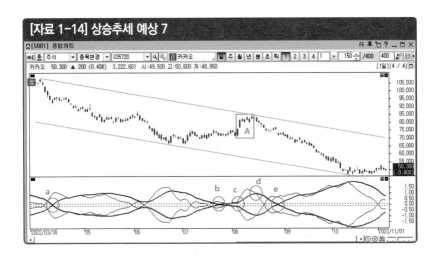

[자료 1-14] 상승추세 예상 7

　[자료 1-14]는 '카카오' 종목, 2022년 3월 30일부터 11월 1일까지 일봉차트로 추세를 보여줍니다. 약 6개월 동안 카카오 종목 추세가 어떻게 되었나요? 11월 30일 종가가 106,500원이고, 11월 1일 종가가 50,300원이기 때문에 50.2% 하락했습니다. 6개월 동안 장기 트레이더가 1억 원을 매수진입한 후 6개월 동안 보유했으면, 잔고가 투자금의 반도 안 되는 49,980,000원밖에 남지 않았습니다. 과연 장기 투자가 맞을까요? 수많은 주식 전문가가 주식은 오래 보유할수록 좋다고 하지만, 오래 보유한다는 기준이 얼마나 되는지를 다시 질문하면 대답을 못합니다.

　추세가 하락추세일 경우는 누구나 장기 보유가 안 좋다는 것을 알 수 있습니다. 하지만 현재 시점에서 미래로 갈수록 추세가 하락할지, 상승할지는 주식 전문가가 마켓 메이커도 아니므로 감히 확언할 수 없습니다.

　동일 기간에 'NAVER' 종목도 분석하니 48.6% 하락했습니다. 그러면 주식 전문가들은 미국에서 인플레이션을 잡기 위해서 금리를 올려서 나스닥지수가 떨어지고, 나스닥지수가 떨어지니 IT 관련 종목들이 하락한다고 말을 합니다. 이런 기본적 분석은 전문가가 아닌 여러분도 뉴스를 보시면 알 수 있습니다.

그런데 6개월 동안 하락추세인 경우에도 PST지표를 사용하면 c지점에서 매수진입한 후 d지점에서 매수청산하면 녹색박스 A영역만큼 수익을 기대할 수 있었습니다.

만약 주식 전문가가 말하는 하락추세에서 제가 PST지표를 사용해서 매수진입으로 수익이 났다면 제가 추세를 잘못 해석한 것인가요? 제가 사전에 말씀드렸습니다. 추세 해석방법은 트레이더마다 다릅니다. PST지표를 사용하면 a지점까지는 상승 사이클이지만, 가는 빨간색선이 굵은 빨간색선 아래에 위치하는 P2구간이니 관망해야 합니다. a지점부터 b지점까지와 e지점부터 끝까지도 하락 사이클이니 관망해야 합니다.

보조지표 판단의 오류

여러분은 주식거래를 할 때 어떤 보조지표를 사용하시나요? 보조지표를 사용해서 수익이 나셨나요? 추세선처럼 보조지표도 '참고(Reference)'만 해야지 '절대적(Absolute)'으로 믿으시면 안 됩니다.

그러면 먼저 보조지표를 공부해볼까요? 보조지표란 시간의 흐름에 따른 주가의 변화를 통해 현재의 주가가 우상향 또는 우하향의 방향성을 확인하는 지표(Index)라고 정의할 수 있습니다. 그리고 추가적으로 매매 결정의 시각적 제시와 추세 방향성을 객관적으로 보이는 후행성 지표라고 할 수 있습니다.

일반적으로 보조지표 중 추세 지표는 MACD, ADX, Stochastic, CCI 등이 있고, 모멘텀 지표는 RSI 등이 있으며, 가격지표로는 가격이동평균선이 있습니다.

추세 지표는 주식거래에 있어서 주가의 방향성은 물론 추세를 나타내는 지표로 주가의 방향성을 예측하는 지표라고 말할 수 있습니다. 단

주식거래에서 특별히 가격 변동이 없는 횡보구간에서는 정확도가 떨어진다고 합니다. 모멘텀 지표는 주식거래에서 추세의 속도, 강도 등을 측정해 주가의 변동 상황을 이해하는 보조지표입니다. 모멘텀의 기울기에 따른 추가 상승 및 하락을 예측하는 지표입니다. 가격지표는 주식거래에서 주가의 과거 주식 가격 통계에 따른 현재 주가의 방향성을 예측하는 지표라고 말할 수 있습니다.

여러분이 각 보조지표의 특징을 잘 이해하고 실전 거래에 적용해서 모두 수익이 나면 좋겠지만, 많은 트레이더가 손실을 보고 있습니다. 20년 동안 1,500명 PST교육을 받은 수강생 중 보조지표의 달인이 된 고수들도 많이 오셨습니다. 그분들도 본인이 보조지표를 보고 거래를 했을 때, 왜 이익을 보고, 왜 손실을 보는지 정확한 이유를 모르겠다고 하셨습니다. 그러면 그 이유에 대해서 한 번 같이 생각해볼까요?

보조지표는 과거 데이터를 가지고, 현재를 포함한 미래를 예측하기에는 분명히 한계성(Limitation)이 있습니다. 즉, 현재 시점에서의 시장 변수에 대한 오류가 당연히 발생할 수 있습니다. 그리고 주식 시장 전체의 방향성을 읽지 못하고, 개별 주식에 미치는 영향을 반영하지 못합니다. 여러분이 추세선을 그어서 추세방향이 확립될 때 거래에서 수익을 기대할 확률을 높일 수 있으나, 박스권 횡보장에서는 너무 많은 가짜 신호가 발생해서 오히려 의사결정에 도움이 되지 못할 때도 많습니다.

보조지표의 한계성을 극복하기 위해서 한 가지 보조지표를 사용하지 않고 모멘텀, 추세, 가격, 변동성, 시장 강도 등을 동시에 복합적으로 같이 사용해봅니다. 또한, 모든 보조지표는 과거 데이터라는 후행적이라는 단점이 존재함에 외국인, 기관 등 세력의 수급 동향을 확인하면서 주식거래를 하면 도움이 됩니다. 기업의 재무제표나 기업 동향을 파악하는 등의 기본적 분석도 같이하면 기술적 분석의 오류를 줄일 수 있습니다.

저도 수강생들에게 PST교육을 할 때 일반적인 보조지표 중 몇 개는 교육합니다. 차이점은 일반적인 보조지표를 사용하는 손실 보는 트레이더는 손실과 수익이 반복되어 최종 수익이 적지만, PST교육을 받은 수강생들은 손실보다는 수익을 보는 경우가 매우 많다는 것입니다. 왜 그럴까요? 몇 가지 이유가 있겠지만, 가장 큰 이유는 PST이론이 일반적인 이론과 다르기 때문입니다. 하나씩 살펴보겠습니다.

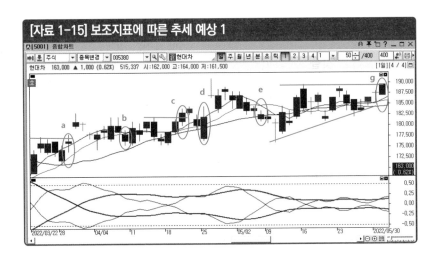

[자료 1-15]는 '현대차' 종목, 2022년 3월 22일부터 5월 31일까지 일봉차트로 추세를 보여줍니다. 추세 위에 트레이더들이 보조지표 중 가장 많이 사용하는 가격이동평균선을 불러봤습니다. 빨간색선은 기간

을 5로 설정한 단기이동평균선이고, 파란색선은 기간을 10으로 설정한 중기이동평균선입니다. 검정색선은 기간을 20으로 설정한 장기이동평균성입니다.

가격이동평균선으로 매매하는 방법은 현재 가격이 과거 가격보다 상승할 때 현재 가격이 단기이동평균선보다 높은 위치에 있으면서 정배열(단기이동평균선≥중기이동평균선≥장기이동평균선)이 되어 있어야 합니다. 그러면 a지점, c지점, e지점에서 매수진입이 가능한데 여러분은 어느 지점에서 매수진입을 하시겠습니까? 하나씩 살펴볼까요?

3월 29일, 저항선을 우상향 통과하는 a지점에서 정배열조건이 되어 매수진입을 하면 잠시 상승합니다. 4월 12일, b지점에서 매수진입 가격까지 다시 내려왔는데 이유가 무엇일까요? 여러분이 보기에는 추세가 상승인 것 같지만, PST지표를 사용해 확인해보면 a지점에서는 아직 하락 사이클이 유지되어서 P2구간인 a지점에서 매수진입으로 수익 내기가 어렵다는 것을 미리 알 수 있습니다.

4월 20일, 저항선을 우상향 통과하는 c지점에서 정배열조건이 되어 매수진입하면 잠시 상승합니다. 4월 20일, d지점에서 매수진입 가격까지 다시 내려왔는데 이유가 무엇일까요? 어떤 전문가는 d지점에서 아직 단기이동평균선이 중기이동평균선 아래로 내려오지 않기 때문에 매수청산하지 말고 계속 저점매수하면서 보유하라고 합니다.

여러분은 계속 손실보고 있는데, 이른바 '물타기 작전'인 전문가 말을 언제까지 맹신하려고 하시나요? 정배열이 깨지는 e지점에서 청산하면 수익이 났습니까? PST지표를 활용하면, c지점은 상승보합 구간이기 때문에 관망해야 합니다. 그러면 a지점과 c지점과 매수조건이 동일한 g지점에서는 매수진입해야 할까요?

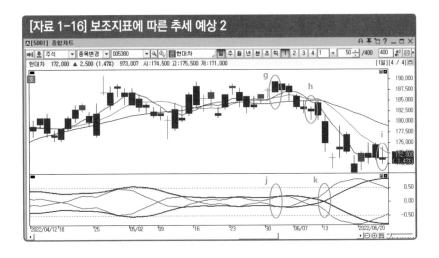

[자료 1-16] 보조지표에 따른 추세 예상 2

　[자료 1-16]은 '현대차' 종목, 2022년 4월 12일부터 6월 23일까지 일봉차트로 추세를 보여줍니다. [자료 1-15] g지점에서 매수진입을 했다면 추세가 계속 하락해서 i지점까지 보유하고 있었다면 9.50% 손실을 보았을 것입니다. 무엇이 문제였을까요?

　여러분 중에는 틀림없이 결과만 보고 말하면 누구나 설명할 수 있다고 할 것입니다. 저도 제가 만든 PST이론과 PST지표가 없었을 때는 동의했습니다. 하지만 이제는 PST교육을 받은 수강생들이 10번 거래에서 10연승이 아닌 100번 거래해서 100연승을 하기 때문에 동의할 수가 없습니다. 제발 선입견을 품고 보지 마시고 '혹시 여러분이 알고 있는 지식이 맞지만, 실전 거래에서 손실을 보면 혹시 무슨 문제가 있지 않을까?'를 한 번 고민해보시길 바랍니다.

　일단 여러분은 보조지표 중 가장 대표적인 가격평균이동선에 대해서 얼마나 알고 계시나요? 가격이동평균선의 개념, 세팅 값, 정배열, 역배열 등에 관해서 기본적으로 공부했을 것입니다. 문제는 가격평균이동선을 실전 거래에서 사용했을 때 맞아서 수익 난 적도 있고 틀려서 손실이 난 적도 있지 않으신가요? 그러면 왜 손실이 났다고 생각하시나요? 운이 나빠서 틀렸다고 말씀하시는 분은 실전 거래를 멈추시고 공부를 먼저 하시길 바랍니다.

PST이론상 왜 가격이동평균선(Moving Average)을 사용하면 안 되는지 살펴보겠습니다. 가격이동평균선은 일정한 기간 내에 변동치를 평균한 값을 해당 기간으로 나누어 선으로 나타낸 것입니다. 즉, n기간의 가격이동평균선이라면 n기간 평균 주가를 선으로 나타낸 것으로 이해하시면 됩니다. 이것을 공식으로 표현하면 다음과 같습니다.

$$\text{Moving Average}(n) = \frac{A1+A2+\cdots+An}{n} (An=평균가격, n=기간)$$

MA1 = 5일 이동평균선, 단기 추세 파악으로 사용
MA2 = 20일 이동평균선, 중기 추세 파악으로 사용
MA3 = 60일 이동평균선, 장기 추세 파악으로 사용

가격이동평균선(MA)의 가장 큰 장점은 추세의 변화를 쉽게 파악하고, 대략적인 매수진입 시점이나 대략적인 매수청산 시점을 알 수 있다는 것입니다. 그러나 반대로 가장 큰 단점은 지나가버린 과거 주가에 대한 정보를 가지고 계산한 후행성(Lagging)지표라는 것입니다. 물론 마켓 메이커가 만드는 추세를 여러분이나 제가 선행적(Leading)으로 해석할 수는 없습니다. 그러나 최소한 마켓 메이커가 추세를 만들기 시작할 때쯤 추세를 바로 분석하는 현행(Current)적인 거래를 해야 하지 않을까요?

기간(n)을 설정할 때, 보통 단기추세를 파악할 때는 5일, 중기추세를 파악할 때는 20일로 설정하고 심리선이라고 부릅니다. 그리고 장기추세를 파악할 때는 60일로 설정하고 저항선 또는 지지선으로 생각합니다. 저는 왜 단기는 5일, 중기는 20일, 장기는 60일로 정했는지 궁금합니다. 봉 개수에 해당하는 기간을 설정하는 것은 PST이론상 매우 중요합니다. 왜냐하면 설정 개수에 따라서 추세를 보는 방법이 완전히 달라지기 때문입니다.

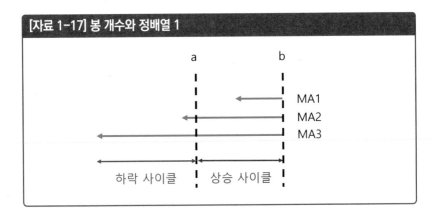

[자료 1-17] 봉 개수와 정배열 1

[자료 1-17]은 추세 위에 가격이동평균선을 a지점과 b지점에서 생각해봤습니다. 여러분이 현재 b지점에서 가격이 MA1을 우상향으로 통과하고 정배열(MA1≥MA2≥MA3)되어 매수진입을 했다고 가정해보겠습니다. 그런데 PST지표로 확인하니 a지점을 기준으로 a지점 이전에는 하락 사이클이고, a지점 이후에는 상승 사이클로 전환되는 것을 알 수 있었습니다.

여기서 문제가 발생합니다. 기간을 MA1은 5일, MA2는 20일, MA3은 60일로 설정했더니 [자료 1-17]처럼 a지점을 기준으로 하락 사이클과 상승 사이클이 구분되어, MA1은 상승 사이클 내에 존재합니다. 하지만 MA2와 MA3는 하락 사이클 내에 존재함을 할 수 있습니다.

　PST이론상 상승 사이클 내에서만 상승추세로 생각해서 매수진입할 수 있습니다. 하락 사이클 내에서 매수진입은 P2구간으로 생각해서 관망하는 것이 맞습니다. 다시 말해서 기간설정에 따라서 잘못된 데이터 (Data)가 들어와서 수식을 계산하기 때문에, 현재 시점인 b지점에서 왜곡된 정배열 결과를 보고 매수진입하면 수익 내기가 어렵다는 것을 알 수 있습니다.

　이번에는 양방향 거래가 가능한 선물거래 입장에서 생각해볼까요?

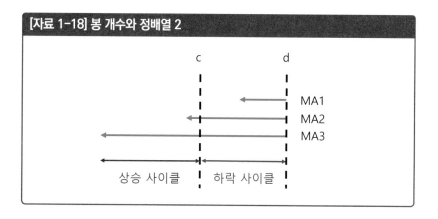

[자료 1-18] 봉 개수와 정배열 2

[자료 1-18]은 추세 위에 가격이동평균선을 c지점과 d지점에서 생각해볼 수 있습니다. 만약, 현재 d지점에서 가격이 MA1을 우하향으로 통과하고 역배열(MA1≤MA2≤MA3)되어 매도진입을 했다고 가정해보겠습니다. 그런데 PST지표로 확인하니 c지점을 기준으로 c지점 이전에는 상승 사이클이고 c지점 이후에는 하락 사이클로 전환됨을 알 수 있었습니다.

여기서 문제가 발생합니다. 기간설정을 MA1은 5일, MA2는 20일, MA3는 60일로 설정했더니, [자료 1-18]처럼 c지점을 기준으로 상승 사이클과 하락 사이클이 구분되어 MA1은 하락 사이클 내에 존재하지만, MA2와 MA3는 상승 사이클 내에 존재함을 알 수 있습니다. PST이론상 하락 사이클 내에서만, 하락추세로 생각해서 매도진입을 할 수 있습니다. 상승 사이클 내에서 매도진입은 P2구간으로 생각해서 관망하는 것이 맞습니다. 다시 말해서 기간설정에 따라서 잘못된 데이터가 들어와서 수식을 계산하기 때문에, 현재 시점인 d지점에서 왜곡된 역배열 결과를 보고 매도진입하면 수익 내기가 어렵습니다.

그러면 여러분께 다른 질문을 해보겠습니다. 만약 상승 사이클 내에서 정배열이 되어 매수진입하면 수익이 날까요? 물론 수익이 날 확률이 하락 사이클 내에서 정배열이 되어 매수진입하는 것보다는 높습니다. 그러나 만족할 결과가 안 나올 수도 있습니다. 이유는 여러분은 아직 매수진입 시 상승강화 구간(P1구간)과 상승보합 구간(P2구간)을 구별하지 못하기 때문입니다. PST지표가 있으면 상승 사이클 내에서 상승강화 구간과 상승보합 구간을 실시간으로 구별해서 거래할 수 있습니다. 그러나 일반지표인 가격이동평균선은 안타깝게도 구별할 수가 없습니다.

[자료 1-16]에서 g지점에 해당하는 지점을 PST지표로 보니 상승 사이클 내에 있는 것은 맞습니다. PST지표로 확인하면 가는 빨간색선이 굵은 빨간색선 아래에 있기에 P4-2구간임을 한 번에 알 수 있습니다. PST이론상 P4-2구간은 상승 다이버전스가 발생하는 위험한 구간이니 관망해야 합니다.

또한, k지점에서 굵은 빨간색선과 굵은 파란색이 교차해서 굵은 파란색선이 굵은 빨간색선 위에 존재하기 때문에 하락 사이클이 시작되었다고 볼 수 있습니다. 하락 사이클 동안 상승처럼 보이는 캔들은 P2 구간에서 발생한 것으로 역시 관망해야 합니다. 하락 사이클 동안 계속 저점을 보이면서 상승할 때마다 바닥인 줄 알고 매수진입을 하면 절대로 안 됩니다. 저나 여러분은 바닥에서 추세를 되돌리는 마켓 메이커가 아니라는 것을 늘 명심하시길 바랍니다.

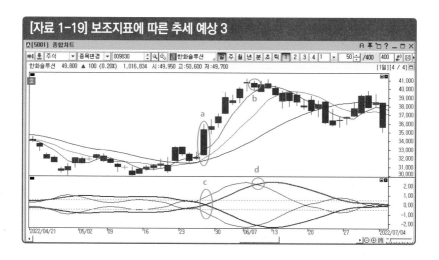

[자료 1-19] 보조지표에 따른 추세 예상 3

[자료 1-19]는 '한화솔루션' 종목, 2022년 4월 21일부터 7월 4일까지 일봉차트로 추세를 보여줍니다. PST지표를 보니 a지점에서 상승 사이클이 시작되고, d지점까지 안전한 구간으로 보입니다. a지점에서 정배열 때 매수진입해서 b지점에서 매수청산하면 좋은 수익 결과를 기대할 수 있습니다. 이렇듯 가격평균이동선이 정배열일 때, 단순히 매수진입이 얼마나 위험한 것인지 PST이론과 PST지표가 증명을 해드렸습니다. 한 번 잘 생각해보시길 바랍니다.

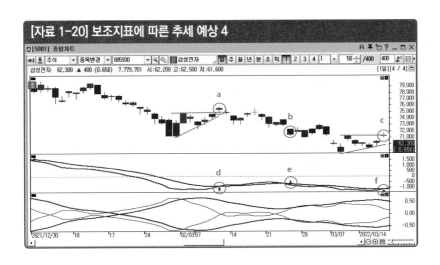

[자료 1-20] 보조지표에 따른 추세 예상 4

　　[자료 1-20]은 '삼성전자' 종목, 2021년 12월 30일부터 2022년 3월 17일까지 일봉차트로 추세를 보여줍니다. 추세 아래에 트레이더들이 보조지표 중 많이 사용하는 MACD와 PST지표를 불러봤습니다. 손실을 보는 트레이더는 MACD 보조지표를 볼 것입니다. d지점에서 단기 이동평균선(빨간색선)이 장기 이동평균선(파란색선)을 우상향하는 골든크로스(Golden Cross)가 나오고 전고점 저항선을 돌파하는 a지점에서 매수진입을 할 것입니다. 또한, a지점에서 저항선을 통과하는 상승 삼각형 패턴 모양까지 나와서 많은 수익을 기대했지만, MACD 보조지표를 보니 e지점에서 단기 이동평균선이 장기 이동평균선을 우하향하는 데드크로스(Dead Cross)가 나오는 b지점에서 책에서 배운대로 매수청산을 할 것입니다. 가격이 a지점에서 b지점으로 내려왔으니 결국 손해를 본 것입니다. 여러분은 무엇이 문제라고 생각하세요? 분명히 책에서는 MACD 보조지표를 활용하면 골든크로스에서 매수진입하고 데드크로스에서 매수청산하면 수익이 난다고 공부했고, 실전 거래에서도 수익 날 때도 있었다고 말씀하실 것입니다.

고수 PST교육 수강생은 왜 수익이 나는지, 왜 손실이 나는지를 구별하지 못해서 오십니다. MACD 보조지표를 사용할 때도 마찬가지입니다. 여러분은 어느 경우는 MACD 보조지표를 사용해서 수익이 나고 어느 경우는 수익이 안 나는지를 구별하지 못하십니다. 구별이 안되면 반반 승률밖에는 안 됩니다. 왜 반반 승률로 실전 거래를 하시나요? 3월 18일, 추세상 저점을 찍고 상승하다가 다시 저항선을 c지점에서 통과할 때 매수진입을 해서 수익이 난다고 생각하시나요? c지점에서 MACD 보조지표를 보니 골든크로스가 되어 매수신호라고 판단하고 매수진입하고 싶어 하실 것입니다.

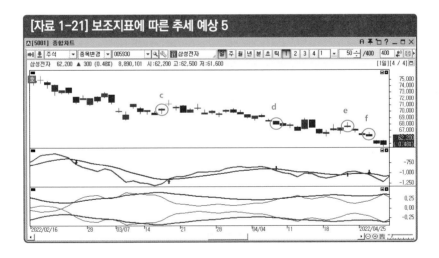

[자료 1-21] 보조지표에 따른 추세 예상 5

[자료 1-21]은 '삼성전자' 종목, 2022년 2월 16일부터 4월 28일까지 일봉차트로 추세를 보여줍니다. MACD 보조지표를 보고 골든크로스인 매수신호가 나왔을 때, c지점에서 매수진입합니다. 데드크로스인 매도신호가 나왔을 때, d지점에서 매수청산했다면 손해를 보셨을 것입니다. 또한, MACD 보조지표를 보고 골든크로스인 매수신호가 나왔을

때 e지점에서 매수진입하고, 데드크로스인 매도신호가 나왔을 때, f지점에서 매수청산하면 손해를 보셨을 것입니다.

여러분은 무엇이 문제라고 생각하시나요? 물론 PST지표로 확인하면 하락 사이클이 계속 유지되고 있기 때문에 c지점과 e지점에서 매수진입(P2구간)한 자체가 잘못입니다. PST이론상 레버리지가 일대일 상품인 주식거래는 사이클과 같은 방향으로 거래를 해야지 수익을 기대할 수 있습니다. 즉, 매수진입으로 수익 나기 위해서는 상승 사이클 내에서만 주식거래를 해야 합니다. 그리고 MACD 보조지표에 대한 너무 맹신한 것도 문제라고 할 수 있습니다. MACD 보조지표를 한 번 PST이론적으로 생각해보겠습니다.

MACD는 Moving Average Convergence and Divergence의 약자로써 주가의 단기 이동평균선과 장기 이동평균선의 수렴과 확산을 나타내는 보조지표입니다. 가격이동평균선의 단점인 시차 발생을 극복하고자 만든 지표라고 합니다.

일반적인 추세는 단기 이동평균선과 장기 이동평균선이 주가의 변동으로 인해서 수렴(Convergence)과 확산(Divergence)이 반복된다는 원리에 기반을 두고 이 두 이동평균선의 차이가 가장 큰 시점을 찾아내서 추세 변화의 신호를 찾습니다.

MACD는 메인선인 MACD선(빨간선)과 보조선인 Signal선(파란선)으로 구성됩니다. 그리고 MACD선은 단기 지수이동평균과 장기 지수이동평균의 차이로 구해지며 일반적으로 단기 이동평균선의 경우는 12일, 장기 이동평균선의 경우는 26일로 세팅합니다. 주가가 상승할 때는 단기 지수이동평균이 장기 지수이동평균보다 위쪽에 위치하면 MACD선이 플러스(+)가 됩니다. 반대로 주가가 하락할 때는 단기 지수이동평균이 장기 지수이동평균보다 아래쪽에 위치해 MACD선이 마이너스(-)가 되지요.

MACD선 = [단기 지수이동평균 - 장기 지수이동평균]
Signal선 = [MACD선] 지수이동평균

Signal선은 일정기간 동안 MACD 지수이동평균으로 정의되고, 일반적으로 MACD의 9일 지수이동평균을 사용합니다. 즉, 12일 동안의 지수이동평균과 26일 동안의 지수이동평균을 구한 후 이들 간의 차이를 다시 9일 동안의 지수이동평균으로 계산한 것입니다. 그래서 MACD선이 Signal선을 교차하는 지점이 단기 이동평균과 장기 이동평균간의 차이가 가장 큰 것으로 생각할 수 있습니다. 매수신호는 MACD선이 Signal선 위로 올라가게 되면 MACD가 9일 동안의 평균보다 높게 형성되었을 때 나타나고 이때를 골든크로스라고 부릅니다. 매도신호는 MACD선이 Signal선 아래로 내려가게 되면, MACD가 9일 동안의 평균보다 낮게 형성되고 이때를 데드크로스라고 부릅니다.

골든크로스(매수신호) = MACD선 ≥ Signal선
데드크로스(매도신호) = MACD선 ≤ Signal선

MACD 보조지표는 추세 전환 시점을 예측하기보다는 추세의 방향과 주가의 움직임을 분석하는 데 유용한 지표라고 일반적인 책에서 설명합니다. PST이론상 MACD의 내용을 살펴보면, 기간을 설정할 때

12, 26, 9를 일반적으로 사용합니다. 이 숫자로 설정하면 여러분이 상승추세라고 생각한 구간이 PST지표상 상승 사이클 내에 있는지, 하락 사이클 내에 있는지 구별을 할 수 없다는 것이 문제의 시작입니다.

[자료 1-20] c지점과 e지점에서 골든크로스가 나와서 매수진입을 MACD 보조지표에서는 할 수 있습니다. 하지만 PST지표로 확인하면 c지점과 e지점에 해당하는 위치는 하락 사이클이기 때문에 매수진입을 하면 안 되고, 관망해야 합니다. MACD 보조지표를 올바르게 사용하기 위해서는 상승 사이클에서 골든크로스일 때 매수진입을 고려해야 하고, 하락 사이클에서 데드크로스일 때 매도진입을 고려해야 합니다.

결국, 실전 거래할 때 중요한 것은 MACD 보조지표를 활용하기 전에 현재 위치가 상승 사이클인지 하락 사이클인지 구별하는 것입니다. 이해가 되시지요?

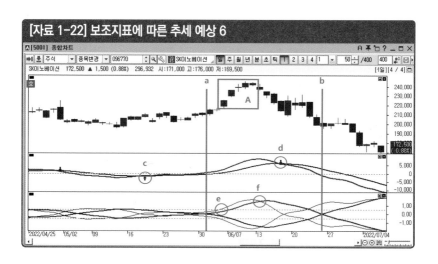

[자료 1-22] 보조지표에 따른 추세 예상 6

[자료 1-22]는 'SK이노베이션' 종목, 2022년 4월 25일부터 7월 6일까지 일봉차트로 추세를 보여줍니다. MACD 보조지표를 사용해서

골든크로스인 c지점에서 매수진입 한 후 데드크로스인 d지점에서 하면 거의 수익이 나지 않음을 알 수 있습니다. 이유는 매수진입한 c지점이 PST지표로 보면 굵은 파란색선이 굵은 빨간색선 위에 존재하므로 하락 사이클인데 이때 매수진입을 했기 때문입니다. PST이론상 하락 사이클일 경우에는 매수진입을 하지 마시고 관망을 해야 합니다.

그러면 상승 사이클 구간은 어디일까요? 굵은 빨간색선이 굵은 파란색선을 우상향 통과하는 a라인부터 굵은 빨간색선이 굵은 파란색선 아래로 우하향으로 통과하는 b라인까지입니다. 상승 사이클 구간 중에서도 안전하게 수익을 기대할 수 있는 구간은 가는 빨간색선(T3)가 굵은 빨간색선(T4)위에 존재하는 e지점부터 f지점까지입니다. PST지표를 사용해서 매수진입과 매수청산을 하면 녹색박스 A영역만큼 수익을 기대할 수 있겠습니다.

이렇듯이 여러분이 MACD 보조지표를 보고 실전 거래를 했을 때 그 진입시점이 상승 사이클인지 하락 사이클 구간인지 모르고 거래하면 얼마나 위험한 거래인지를 알 수 있습니다. 어떤 사이클 구간인지는 일반 오픈된 현존 보조지표는 알 수가 없고 오직 PST지표만 알 수 있습니다. PST이론과 PST지표 사용 설명은 추후 해드리겠습니다.

[자료 1-23]은 'NAVER' 종목, 2022년 6월 20일부터 8월 29일까지 일봉차트로 추세를 보여줍니다. 추세 위에는 여러분이 보조지표 중 많이 사용하는 볼린저밴드(Bollinger Band)가 있고 추세 아래에는 PST지표가 있습니다. 볼린저밴드는 중심선을 기준으로 추세가 변동함에 따라 표준편차(Standard Deviation)를 계산해서 상한선과 하한선으로 나타납니다.

추세를 이루는 캔들은 하한선에 도착하면 매수진입를 고려합니다.

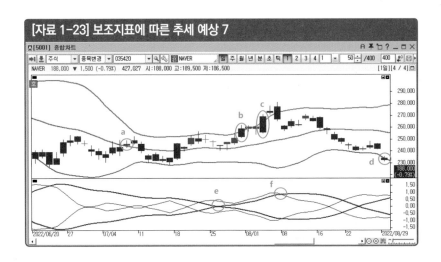

[자료 1-23] 보조지표에 따른 추세 예상 7

상승추세가 되면 1차 저항선이 중심선이 되고, 중심선을 우상향으로 통과하면 다시 매수진입이 됩니다. 중심선은 지지선으로 생각할 수 있고, 캔들이 상한선까지 매수보유가 가능한 볼린저밴드로 생각할 수 있습니다.

반대로 캔들은 상한선에 도착하면 매도진입를 고려합니다. 하락추세가 되면 1차 저항선이 중심선이 되고, 중심선을 우하향으로 통과하면 다시 매도진입이 되며 중심선은 지지선으로 생각할 수 있습니다. 캔들이 하한선까지 매도보유가 가능하다고 볼린저밴드로 생각할 수 있습니다. 그런데 과연 이대로 볼린저밴드 보조지표를 사용하면 수익이 날까요?

a지점에서 캔들이 우상향으로 중심선을 통과할 때 매수진입을 하면 볼린저밴드 사용법대로 수익이 나야 하는데, 추세가 하락해서 손실을 본 것을 알 수 있습니다. 이유는 무엇일까요? 추세 아래에 있는 PST 지표로 확인하니 a지점의 위치는 굵은 파란색선이 굵은 빨간색선 위에 존재하므로 하락 사이클 중이기 때문에 절대로 매수진입을 하면 안 되고 관망해야 합니다. 또한, b지점과 c지점에서 캔들이 상한선을 통과할

때 매도진입을 하면 볼린저밴드 사용법대로 추세는 하락해야 하는데 추세가 상승하는 것을 볼 수 있습니다. PST지표로 e지점부터 f지점까지는 추세가 상승한다고 알려주기에 매도진입으로 하면 안 됩니다. 그러면 d지점에서 볼린저밴드 사용법대로 캔들이 하한선을 닿고 우상향하니, 매수진입하면 수익이 날까요?

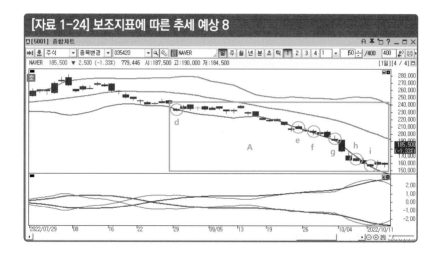

[자료 1-24]는 'NAVER' 종목, 2022년 7월 29일부터 10월 13일까지 일봉차트로 추세를 보여줍니다. [자료 1-23] d지점에서 볼린저밴드 사용법대로 매수진입하고 i지점까지 보유했다면 녹색박스 A영역만큼 큰 손실을 봤을 것입니다.

더군다나 e지점, f지점, g지점, h지점, i지점에서 계속 추세가 바닥같이 보입니다. 캔들이 볼린저밴드 하한선에 닿고 우상향하기에 저점 매수진입을 계속했다면 마음이 편하지 않으셨겠지요? 이유가 무엇인지 저와 같이 한 번 생각해보겠습니다.

볼린저밴드는 1980년대 존 볼린저(John Bollinger)가 가격이 변동성이 심한 구간에서 Envelop지표가 적절한 매매 시점을 알려주지 못한다는 단점을 보완하고자 만든 대표적인 변동성 지표입니다. Envelop와 볼린저밴드의 유일한 차이점은 상한선과 하한선의 간격이 변화하는지 여부입니다. Envelop의 경우 일정한 비율을 설정해놓으면 일정하게 유지되지만 볼린저밴드는 승수 설정에 따라서 그 범위가 확대 또는 축소됩니다.

볼린저밴드는 가격이 이동평균선을 중심으로 표준편차 범위 안에서 등락을 계속한다는 것을 전제로 만들어진 기술적인 지표입니다. 가격의 움직임을 포착할 수 있도록 설정된 중심선과 상한선과 하한선으로 구성되어 있습니다. 가격 움직임의 예상범위를 밴드로 표현해서 시각적인 효과를 준다는 점에서 다른 보조지표들과 차이를 보입니다.

상한선 : 중심선 + (표준편차 × 승수)
중심선 : 이동평균선
하한선 : 중심선 − (표준편차 × 승수)

볼린저밴드 공식은 일반적으로 기간은 20일과 승수는 2로 설정을 합니다. 그러면 중간선은 20일 이동평균선으로 계산이 되고 상한선과 하한선은 계산된 중심선에서 20일 표준편차를 계산한 것에 승수 2를 곱한 것을 더하고 빼서 구할 수 있습니다. 이렇게 만들어진 밴드의 변화 또는 가격의 밴드 이탈 여부 등과 같이 가격의 변동성을 바탕으로 미래의 가격을 예측하는 데 사용됩니다. 기간과 승수는 여러분이 설정할 수 있지만, 가격이 너무 상한선과 하한선에 닿는다면 기간과 승수를 증가할 필요가 있습니다. 반대로 가격이 너무 상한선과 하한선에 안 닿는다면 기간과 승수를 축소할 필요가 있습니다. 통계학적으로 정규분포를 이루는 특정 구간에서 승수를 2로 설정하면 표준편차 이내에 사건이 발생할 확률은 약 95%입니다. 이를 볼린저밴드에 적용하면 가격이 볼린저밴드 안에 있을 확률이 약 95%가 된다는 것을 의미합니다. 가격이 상한선과 하한선을 이탈할 확률은 고작 5%에 불과하다는 것을 뜻하지요. 하지만 실전 거래에서 그대로 적용이 되면 좋지만 그렇지 않습니다.

볼린저밴드를 이용한 매매는 어떻게 하는지 살펴보겠습니다. 가격의 등락폭이 적은 상황, 즉 횡보구간에서는 볼린저밴드 폭(상한선~하한선)이 축소되고 이는 조만간 가격 변동성이 커질 것으로 해석할 수 있습니다. 반대로 가격이 뚜렷한 상승 또는 하락을 보일 경우에는 변동성이 확대됩니다. 볼린저밴드 폭이 확장되고 이는 본격적인 추세의 전환이 이루어지는 시점이라고 할 수 있습니다. 그리고 가격이 볼린저밴드를 벗어날 경우에는 현재 가격이 중심선과 이격이 커진 상황을 보여주는 것으로 현재의 추세가 반전될 확률이 높다고 해석할 수 있습니다.

PST이론으로 볼린저밴드를 생각하면 우선 기간과 승수의 설정이 사용자마다 다를 것이고, 매수진입을 했을 때 과연 추세가 상승이 맞을지 또는 매도진입을 했을 때 과연 추세가 하락이 맞을지 모르기에 볼린저밴드를 사용하는 데 한계가 있을 수 있다고 생각합니다.

[자료 1-25]는 '두산에너빌리티' 종목, 2022년 7월 14일부터 9월 26일까지 일봉차트로 추세를 보여줍니다. 볼린저밴드를 사용하는 트레이더들은 현재 캔들이 상한선을 닿을 때 매도진입으로 준비하고, 하한선을 닿을 때 매수진입을 준비합니다. PST교육을 받은 수강생들은

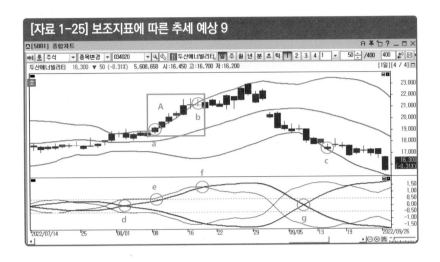

[자료 1-25] 보조지표에 따른 추세 예상 9

볼린저밴드는 관심이 없고 PST지표를 사용해서 현재 추세가 어떤 사이클 내에 있는지 확인합니다.

PST지표를 확인하니 d지점 이전까지는 하락 사이클이고 d지점부터 g지점까지는 상승 사이클이고 g지점 이후는 다시 하락 사이클인지 한 번에 알 수 있습니다. PST이론상 상승 사이클내에서만 매수진입을 고려해야 하고 하락 사이클 내에서만 매도진입을 고려해야 합니다. 상승 사이클 내에서도 가는 빨간색선(T3)이 굵은 빨간색선(T4)위에 존재해야 안전한 구간임을 알 수 있고 가는 빨간색선이 기준점선을 우상향으로 통과하는 e지점에서 매수진입을 고려해야 합니다. e지점에서 볼린저밴드를 확인하니 캔들이 a지점에서 상한선에 닿은 것을 볼 수 있습니다. 볼린저밴드 사용법상 캔들이 상한선에 닿으면 중심선과 이격이 벌어져서 다시 이격을 줄이려는 성향이 있어서 매도진입을 고려해야 합니다. 아직도 여러분이 추세를 결정하는 사이클을 분석하지 않고 볼린저밴드를 사용하면서 실전 거래에서 수익을 기대하지 않으시길 바랍니다. e지점부터 f지점까지가 상승 사이클 내에서 가장 안전하게 매수진입으로 수익을 낼 수 있다고 PST지표가 알려주고 있습니다.

캔들로 보면 a지점에서 매수진입을 한 후 b지점에서 매수청산을 하면 녹색박스 A영역만큼 수익을 기대할 수 있습니다. 그러면 c지점에서 매수진입을 하면 될까요? PST지표로 보니 c지점에 해당하는 곳이 하락 사이클 내에 있기 때문에 매수진입하지 않고 관망해야 합니다. 이제는 이해하시겠지요?

기간설정 판단의 오류

　여러분은 실전 거래에서 기간설정을 어떻게 하시나요? 저는 보조지표 판단의 오류에서 여러분이 보조지표를 사용할 때 기간설정에 대해서 말씀드렸습니다.

　PST이론상 보조지표에서 설정, 차트에서 봉 개수 설정, 기준차트 설정 등에 따라서 추세가 다르게 보일 수 있습니다. 추세가 다르게 보이면 마켓 메이커는 상승추세를 만드는데 여러분은 매도진입(주식거래에서는 매수청산, 선물거래에서는 매도진입)을 하고, 마켓 메이커는 하락추세를 만드는데 여러분은 매수진입(주식거래에서는 매수진입, 선물거래에서는 매수진입)을 할 수도 있습니다. 하나씩 살펴보겠습니다.

　[자료 1-26]은 'S-oil' 종목, 2022년 7월 12일부터 9월 22일까지 일봉차트로 추세를 보여줍니다. 추세 아래에 트레이더들이 보조지표 중 많이 사용하는 RSI를 불러봤습니다. 설정값은 원래 주어진 값으로 RSI 기간은 14, Signal 기간은 9로 바꾸지 않고 그대로 사용했습니다.

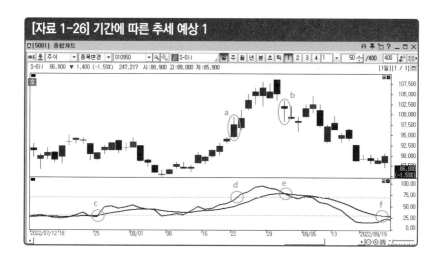

[자료 1-26] 기간에 따른 추세 예상 1

RSI 보조지표 사용법은 과매수(RSI≥70)일 때는 매도진입을 고려하고 과매도(RSI≤30)일때는 매수진입을 고려해야 합니다.

그러나 PST이론으로는 이와 반대로 거래를 합니다. 과매수(RSI≥70)일 때는 매수진입을 고려하고 과매도(RSI≤30)일 때는 매도진입을 고려해야 합니다. PST이론으로 RSI로 거래하는 방법은 그전에 출간한 PST 시리즈 책을 참고하시길 바랍니다.

PST이론으로 RSI 보조지표를 가지고 해석해보겠습니다. 우선 매수진입을 하기 위해서는 상승 사이클의 시작과 끝을 찾아보아야 합니다. 상승 사이클은 Signal선인 파란색선이 50을 우상향하는 c지점부터 시작하고, 다시 50을 우하향으로 내려가는 f지점까지라는 것을 알 수 있습니다. 그러면 상승 사이클 중에서 매수진입과 매수청산은 어디서 할까요? PST이론상 매수진입은 RSI선인 빨간색선이 파란색선 위에서 70을 우상향 통과하는 d지점입니다. RSI선에서 d지점에 해당하는 매수진입 시점은 추세에서 a지점입니다.

또한, 매수청산은 빨간색선이 과매수 기준선인 70 이상에서 파란색선과 교차하는 e지점입니다. RSI선에서 e지점에 해당하는 매수청산 시점은 추세에서 b지점에 해당함을 알 수 있습니다. 그러면 결론적으로 a지점에서 매수진입을 한 후, b지점에서 매수청산을 하면 수익은 났지만 별로 효과적인 거래를 하지는 못했습니다.

이유는 RSI 원래 사용법이 아닌 PST이론을 RSI에 적용해서 수익이 나더라도 기간설정이 틀렸기 때문입니다. 기간설정에 따라서 RSI선과 Signal선의 위치가 바뀔 수 있으므로 상승 사이클의 시작점과 끝점, 매수진입 시점과 매수청산 시점도 바뀔 수 있습니다. 이해가 되시지요?

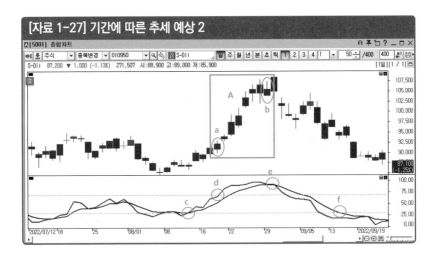

[자료 1-27] 기간에 따른 추세 예상 2

[자료 1-27]은 'S-oil' 종목, 2022년 7월 12일부터 9월 22일까지 일봉차트로 추세를 보여줍니다. [자료 1-27]은 [자료 1-26]과 동일한 기간 RSI 보조지표에서 설정값만 PST이론이 잘 맞도록 수정해봤습니다.

설정값은 원래 주어진 값으로 RSI 기간은 5, Signal 기간은 10으로 하면 어떻게 될지 볼까요? 상승 사이클은 Signal선인 파란색선이 50을 우상향하는 c지점부터 시작하고 다시 50을 우하향으로 내려가는 f지점까지라는 것을 알 수 있습니다. [자료 1-26]과 비교하면 상승 사이클이 훨씬 줄어든 것을 알 수 있습니다.

상승 사이클 중에서 매수진입과 매수청산은 어디서 할까요? PST이론상 매수진입은 RSI선인 빨간색선이 파란색선 위에서 70을 우상향 통과하는 d지점입니다. RSI선에서 d지점에 해당하는 매수진입 시점은 추세에서 a지점입니다. 또한, 매수청산은 빨간색선이 과매수 기준선인 70 이상에서 파란색선과 교차하는 e지점입니다. RSI선에서 e지점에 해당하는 매수청산 시점은 추세에서 b지점에 해당한다는 것을 알 수 있습니다. 즉, a지점에서 매수진입을 한 후 b지점에서 매수청산을 하면 녹색박스 A영역만큼 수익을 낼 수 있습니다. [자료 1-26]과 비교하면 매수진입과 매수청산이 매우 정확하다는 것을 알 수 있습니다. 이처럼 RSI 보조지표를 비롯해서 모든 보조지표에서 기간설정에 따라 진입과 청산 위치가 다르게 보여 결과적으로 수익의 결과도 다르게 가져올 수 있습니다.

이번에는 차트에서 봉 개수 설정에 관해서 생각해보겠습니다. 여러분은 한 개의 차트에서 시간인 X축에 대해서 봉 개수를 몇 개로 설정해서 보시나요?

[자료 1-28]은 '현대건설' 종목, 2022년 9월 30일부터 11월 21일까지 일봉차트로 추세를 보여줍니다. 여기서 사용된 봉 개수는 d처럼 '35'개를 사용했습니다. 봉 개수를 35개를 사용했을 때 트레이더마다

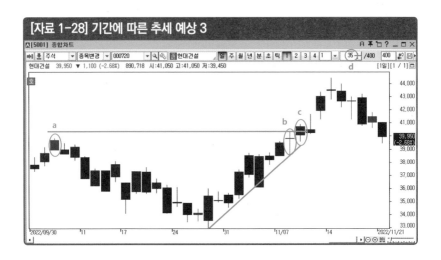

[자료 1-28] 기간에 따른 추세 예상 3

추세를 보는 방법이 다르겠지만, a지점과 b지점을 저항선으로 생각한 후 c지점에서 매수진입을 할 수도 있습니다. 이번에는 봉 개수를 다르게 설정해보겠습니다.

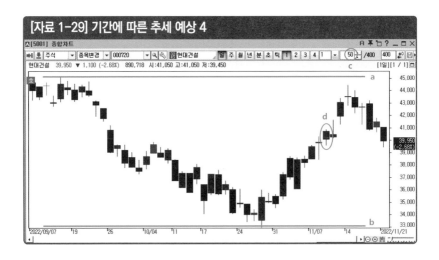

[자료 1-29] 기간에 따른 추세 예상 4

[자료 1-29]는 '현대건설' 종목, 2022년 9월 7일부터 11월 21일까지 일봉차트로 추세를 보여줍니다. 여기서 사용된 봉 개수는 c처럼

'50'개를 사용했습니다. 봉 개수를 50개를 사용했을 때 트레이더마다 추세를 보는 방법이 다르겠지만, 저항선 a선과 지지선 b선 사이에 추세가 보이므로 보합이라고 생각하겠습니다. [자료 1-28]에서 매수진입한 d지점에서는 관망하겠습니다. 한 번 더 봉 개수를 다르게 설정해보겠습니다.

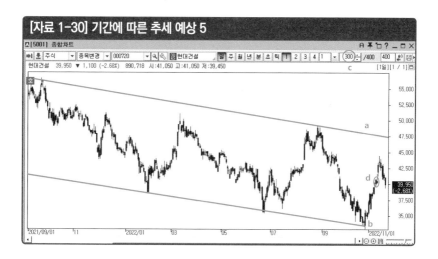

[자료 1-30] 기간에 따른 추세 예상 5

[자료 1-30]은 '현대건설' 종목, 2021년 9월 1일부터 11월 21일까지 일봉차트로 추세를 보여줍니다. 여기서 사용된 봉 개수는 c처럼 '300'개를 사용했습니다. 봉 개수를 300개를 사용했을 때 트레이더마다 추세를 보는 방법이 다르겠지만, 저항선 a선과 지지선 b선 사이에 추세가 보이기에 하락이라고 생각해서 [자료 1-28]에서 매수진입한 d지점에서는 관망하겠습니다.

한 차트에서 봉 개수에 설정을 달리하면, 보이는 추세가 상승, 보합, 하락으로 다르게 보이는 것을 확인하셨겠지요? 그러면 여러분은 봉 개수를 몇 개로 설정하시겠습니까? 제가 생각하는 정답은 봉 개수가 아니라 추세의 사이클을 확인하는 것입니다.

만약 [자료 1-30]처럼 봉 개수 300개로 설정 시 1년 2개월 동안 상승과 하락을 반복하지만, 사이클은 하락 사이클처럼 보입니다. 그러나 [자료 1-28]처럼 봉 개수 35개로 설정 시 추세가 보합에서 상승추세처럼 보여 매수진입으로 수익을 기대할 수 있습니다.

[자료 1-28]에서도 하락 사이클 중에서 매수진입으로 수익을 냈다면 PST이론상 P2구간에서 수익이 난 것으로 볼 수 있습니다. P2구간은 일반적으로 사이클과 반대 방향을 의미합니다. 예로 상승 사이클 내에서 P2구간은 하락추세를 말하고, 하락 사이클 내에서 P2구간은 상승추세를 말합니다. P2구간에서 수익은 사이클과 같은 방향이 아니라 반대 방향으로 진입을 하기에 큰 기대를 할 수는 없습니다. 물론 가끔은 하락 사이클에서 매수진입(P2구간)한 후 사이클이 상승 사이클로 바뀌어서 P1, P2, P3, P4구간으로 바뀐 후 P4구간 최고점에서 매수청산을 하면 가장 큰 수익을 낼 수 있습니다. 이런 경우는 예외적으로 일어날 수도 있습니다.

저는 PST교육에서 한 차트 당 봉 개수를 35개로 설정하라고 가르칩니다. 기준차트를 60분으로 생각할 때 하루가 오전 9시부터 오후 3시 30분까지 거래를 할 수 있으므로 60분 캔들은 7개로 하루 추세가 보입니다. 그리고 일주일이 평일 기준으로 주 5일 거래가 가능하므로 35개면 일주일 추세가 보이기 때문에 35개로 설정하는 것입니다. 그러나 다시 말씀드리지만 한 차트에서 봉 개수 35개가 중요하지 않습니다. 그 안에서 보이는 사이클이 상승 사이클인지 하락 사이클인지 구별이 선행되어야 합니다. 만약 35개 봉안에서도 사이클의 시작이 안 보이면 차트 하단의 스크롤 바를 좌측으로 이동시켜 반드시 사이클의 시작을 찾아야 합니다. 예로 상승 사이클의 시작이 있으면 상승 사이클의 끝이 존재하고 상승 사이클 내에 타임 프레임인 P1, P2, P3, P4 구간을 분류할 수 있고 상승강화 구간인 P1구간과 재상승강화 구간인 P4구간에서 매수진입으로 수익을 기대할 수 있습니다. PST이론과 PST지표에 대한 설명은 추후 해드리겠습니다.

이번에는 기준차트 설정에 관해서 생각해보겠습니다. 여러분은 기준차트를 무엇으로 하시나요? TV를 보면 대부분 전문가들은 일봉차트를 기준으로 보며 추세선을 그리고 진입시점과 청산시점을 고려합니다. 가끔은 주봉차트도 보고, 월봉차트도 보는 전문가도 있으십니다. 문제는 PST이론상 기준차트가 클수록 P2구간의 되돌림이 커진다는 겁니다. 주식거래에서 투자 금액이 클수록 P2구간의 되돌림을 손실을 보면서 계속 보유하기는 어렵습니다. 그리고 선물거래처럼 레버리지가 큰 거래는 P2구간의 되돌림을 더욱 크게 느끼게 됩니다. 그래서 실전 거래에서는 기준차트를 높이지 말고 줄여야 합니다.

주식거래에는 기준차트를 무엇으로 설정하면 좋을까요? 전문가분들이 말하는 일봉차트가 맞을까요? 제가 PST이론을 20년 동안 연구하면서 얻은 결과, 주식거래에서는 기준차트가 60분차트로 설정하고, 선물거래에서는 기준차트를 10분차트로 설정하면 PST지표가 잘 맞는다는 것을 찾아냈습니다.

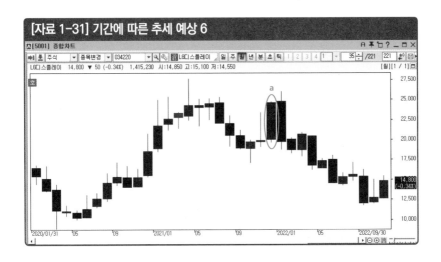

[자료 1-31] 기간에 따른 추세 예상 6

[자료 1-31]은 'LG디스플레이' 종목, 2020년 1월 1일부터 2022년 11월 21일까지 월봉차트로 추세를 보여줍니다. a지점 캔들을 보면 2021년 12월 1일부터 12월 30일까지 한 달 동안 상승한 것을 보입니다. 여러분은 월봉차트를 보고 2021년 12월 1일부터 매수진입하고, 12월 30일에 매수청산을 하면 한 달 동안 보유할 때 마음이 어떠셨을까요? 편안하게 보유할지, 그렇지 않을지는 주봉차트로 확인해보겠습니다.

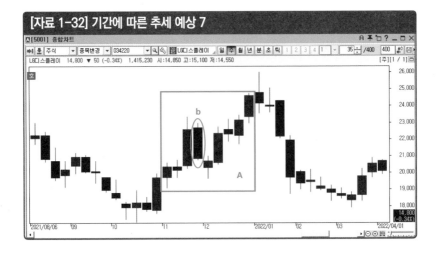

[자료 1-32] 기간에 따른 추세 예상 7

[자료 1-32]는 'LG디스플레이' 종목, 2020년 8월 6일부터 2022년 4월 1일까지 주봉차트로 추세를 보여줍니다. 녹색박스 A영역은 [자료 1-31] a지점 월봉 캔들 한 개를 주봉 캔들로 보여줍니다. 매수진입 후 4번째 봉 b지점에서 한 주일 동안 하락을 많이 한 것처럼 볼 수 있습니다. 이 구간이 PST이론상 P2구간입니다. 상승 사이클 내에서 상승보합 구간을 만드는 상승이익실현 구간입니다. 투자 금액이 큰 경우는 한 주 동안 손실을 보면서 계속 보유하기는 쉽지 않을 것 같습니다.

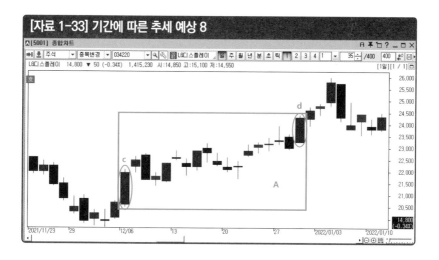

[자료 1-33]은 'LG디스플레이' 종목, 2021년 11월 23일부터 2022년 1월 10일까지 일봉차트로 추세를 보여줍니다. 녹색박스 A영역은 [자료 1-31] a지점 월봉 캔들 한 개를 주봉 캔들로 보여줍니다. 어떠신 가요? 월봉차트로 보는 것과 주봉차트로 보는것과 일봉차트로 보는 것이 모두 각각 다르게 추세가 보이지 않으시나요? 더군다나 차트를 타임 프레임 관점에서 보면 더욱 차이가 크게 납니다.

일봉차트로 보면 한 달 내내 상승한 것처럼 월봉차트에서 보이는 것도 c지점과 d지점의 장대 양봉에서만 강한 상승을 했고 나머지 구간에서는 별로 강한 상승이 없었습니다. 수학적으로 보면 월봉차트인 [자료 1-31] a지점 양봉의 크기는 일봉차트인 [자료 1-33]에서 c지점과 d지점의 양봉 크기를 더한 것과 거의 비슷함을 알 수 있습니다.

이렇듯이 기준차트에 따라서 트레이더마다 보는 시각도 다르게 보이기에 기준차트 설정도 중요합니다. 기준차트의 중요성은 추후 PST이론에서 타임 프레임 부분에서 자세히 설명해드리겠습니다.

뉴스해석 판단의 오류

여러분은 실전 거래를 할 때 뉴스나 신문 등 정보를 얼마나 보시나요? 21세기에 사는 여러분은 각종 정보의 바다에 빠져 있습니다. 뉴스, 신문, 핸드폰 등 정보를 제공하는 채널이 너무나 많이 있습니다. 주식 거래를 하실 때 A종목에 관한 뉴스가 호재로 나오면 매수진입을 하시겠습니까? 매수진입을 안하고 관망하면 A종목의 주가는 오르고 꼭 내가 매수진입을 하면 A종목의 주가는 내려가는 경험을 여러분은 경험하셨을 것입니다. 왜 그럴까요? 여러 가지 이유가 있겠지만, 가장 큰 이유는 여러분은 절대로 추세를 만드는 마켓 메이커가 아닌데도 불구하고 꼭 매수진입을 하면 자기 합리화를 하면서 계속 상승을 원하기 때문입니다. 여러분과 저는 절대로 마켓 메이커가 아니라 추세를 따라가는 마켓 팔로어라는 것을 잊어서는 안 됩니다. 뉴스를 한 번 보겠습니다.

2022년 11월 18일에 보도된 '네옴시티 테마주' 관련 〈쿠키뉴스〉 기사입니다. 무함마드 빈 살만 사우디아라비아 왕세자가 방한하면서 사우디아라비아가 추진 중인 '네옴시티' 관련주의 희비가 엇갈렸다고 시작합니다. 기사에 따르면, 현대로템은 2%대 상승세를 이어나갔지만, 롯데정밀화학은 하락세로 돌아섰고, 보도 당일 9시 51분 기준으로 현대로템은 전 거래일보다 650원(2.32%) 오른 2만 8,700원에 거래되었습니다. 현대로템은 1개월 새 약 19.63%가 오르는 등 강세를 보였으며, 같은 시간 롯데정밀화학은 전 거래일보다 800원(1.27%) 내린 6만 2,400원에 거래되었습니다.

현대로템은 사우디 투자부와 네옴시티 관련 철도 협력 양해각서(MOU)를 체결한 것이 알려지면서 강세를 이어나갔고, 네옴시티의 철도 인프라 구축을 위해 사우디 철도청과 철도차량 제조공장 설립 등을 협력해나가기로 했습니다.

롯데정밀화학도 사우디에 석유화학 제품 생산 거점 설치 등을 골자로 한 MOU를 체결하면서 지난 17일 주가가 소폭 상승했다가 하락세로 돌아섰습니다. 기존 수혜주로 꼽힌 한미글로벌은 이날 5.05% 하락하며 3만 4,800원에 거래되었습니다. 빈 살만 왕세자의 방한으로 인한 기대감이 주가에 많이 반영돼 차익실현 물량이 나오면서 수혜주들이 약세로 돌아섰다는 분석도 있었습니다. 네옴시티는 600조 원 이상이 투자되는 사우디의 초대형 미래 신도시 건설사업 프로젝트이며, 사우디 투자부는 보도 전날인 17일 열린 '한·사우디 투자 포럼'에서 네옴시티 프로젝트를 포함한 다양한 분야에서 국내 기업들과 25건의 MOU를 체결했다는 내용의 뉴스였습니다.

이 뉴스를 보고 많은 투자자분이 MOU 체결한 종목을 매수하셨습니다. 현대로템, 롯데정밀화학, 한미글로벌이 뉴스에 나왔는데, 이 종목들의 차트를 살펴보겠습니다.

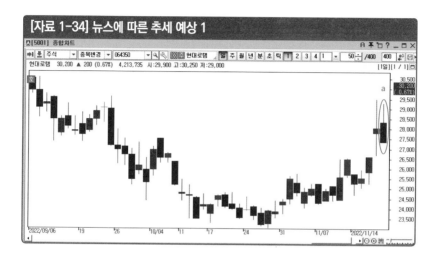

[자료 1-34] 뉴스에 따른 추세 예상 1

[자료 1-34]는 '현대로템' 종목, 2022년 9월 6일부터 2022년 11월 18일까지 일봉차트로 추세를 보여줍니다. a지점은 음봉 캔들이 뉴스가 나온 11월 18일 당일 결과입니다. 보신 것처럼 시가는 28,350원, 저가는 27,350원, 고가는 29,300원, 종가는 27,350원입니다.

뉴스에서도 28,700원 전날 종가대비 2.32% 상승 중이라고 했습니다. 이때 이 뉴스를 보고 매수진입한 트레이더는 당일 종가가 27,350원으로 끝나 손실을 보고 말았습니다. 뉴스를 보고 매수하면 안 된다는 교훈을 얻었을 것입니다.

[자료 1-35]는 '롯데정밀화학' 종목, 2022년 9월 6일부터 2022년 11월 18일까지 일봉차트로 추세를 보여줍니다. b지점은 음봉 캔들이 뉴스가 나온 11월 18일 당일 결과입니다. 어떠신가요? 시가는 63,300원, 저가는 61,000원, 고가는 63,400원, 종가는 61,400원이었습니다.

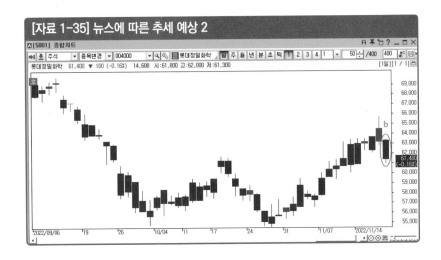

[자료 1-35] 뉴스에 따른 추세 예상 2

만약 뉴스를 보고, 고가 63,400원일 때 캔들이 양봉으로 보여서 매수 진입한 트레이더가 있다고 가정해보겠습니다. 그 트레이더는 종가 때까지 보유하면서 큰 손실을 봤을 것입니다. 이 종목 역시 뉴스를 보고 매수하면 안 된다는 교훈을 얻었을 것입니다.

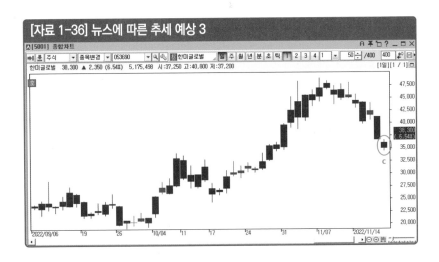

[자료 1-36] 뉴스에 따른 추세 예상 3

[자료 1-36]은 '한미글로벌' 종목, 2022년 9월 6일부터 2022년 11월 18일까지 일봉차트로 추세를 보여줍니다. c지점은 음봉 캔들이 뉴스가 나온 11월 18일 당일 결과입니다. 어떠신가요? 시가는 36,000원, 저가는 34,450원, 고가는 36,600원, 종가는 34,950원이었습니다. 만약 뉴스를 보고, 고가 36,600원일 때 캔들이 양봉으로 보여서 매수진입한 트레이더가 있다고 가정해보겠습니다. 종가 때까지 보유했다면 큰 손실을 봤을 것입니다. 이 종목 역시 뉴스를 보고 매수하면 안 된다는 교훈을 얻었을 것입니다.

저는 PST교육을 할 때 실전 거래에서는 뉴스를 참고만 하고, 맹신하면 안 된다고 말씀드립니다. 더군다나 가끔 나쁜 세력들은 한 종목을 매집해놓고 좋은 뉴스를 흘려보내 손실을 보는 트레이더들이 매수할 때 그들은 청산한다는 슬픈 뉴스를 여러분도 들어보셨을 것입니다. PST이론과 PST지표를 활용하면 이런 호객 종목은 관망하실 수 있으니 걱정하지 마시길 바랍니다.

2022년 11월 23일 〈매일경제〉에 보도된 뉴스를 보겠습니다. '빈살만의 사우디 국부펀드, 카카오엔터에 8,000억 투자 추진, 그룹주 삼총사 일제히 상승세'라는 내용입니다. 뉴스에 따르면, 보도된 당일 23일에 카카오그룹주가 일제히 상승했다고 합니다.

이런 상승의 배경에는 무함마드 빈살만 사우디아라비아 왕세자가 이끄는 사우디아라비아 국부펀드 퍼블릭인베스트먼트(PIF)의 카카오엔터테인먼트 투자 추진 소식이 있다고 보도했습니다. 당일 오전 10시 기준 카카오는 전 거래일 대비 2,500원(4.6%)오른 5만 6,800원에 거래 중이었고, 같은 시간에 카카오페이(3.19%), 카카오뱅크(3.00) 등 카카오그룹주 역시 동반 상승하고 있다고 전했습니다. PIF는 최근 싱가포르투자청(GIC) 등과 함께 카카오엔터 투자 논의를 진행 중이며, 내년 상장을 앞둔 카카오엔터는 약 1조 원의 자금을 유치할 계획인데, 이 중 7,000억~8,000억 원가량을 PIF와 GIC가 투자하는 식이 전망인 것으로 알려졌다고 합니다.

카카오엔터는 투자금 유치를 통해 인수, 합병(M&A)을 추진하는 등 성장을 가속화할 것으로 보이고, 카카오엔터는 지난해 북미 최초 웹툰 플랫폼 타파스미디어 인수 등 공격적인 M&A 행보를 이어왔다고 합니다.

모회사인 카카오도 올해 엔터테인먼트 사업 확대의 일환으로 서울시와 손잡고 국내 최초 대중음악 전문 공연장 '서울아레나' 건설에 나섰다고 보도했습니다.

이 뉴스를 보고 많은 투자자분이 장 초반에 관련 종목을 매수하셨습

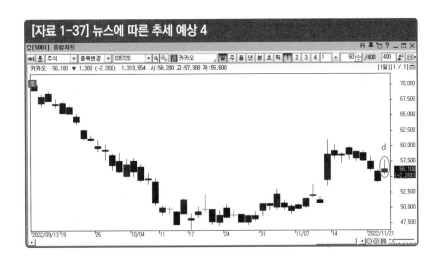

[자료 1-37] 뉴스에 따른 추세 예상 4

니다. 뉴스에 나온 종목인 카카오, 카카오페이, 카카오뱅크의 차트를 각
각 살펴보겠습니다.

　[자료 1-37]은 '카카오' 종목, 2022년 9월 13일부터 2022년 11월
23일까지 일봉차트로 추세를 보여줍니다. d지점은 음봉 캔들이 뉴스가
나온 11월 18일 당일 결과입니다. 어떠신가요? 시가는 56,300원, 저가
는 55,400, 고가는 57,700원, 종가는 55,700원으로 끝났습니다. 만약
뉴스를 보고, 고가 57,700원일 때 캔들이 양봉으로 보여서 매수진입한
트레이더가 있다고 가정해보겠습니다. 종가 때까지 보유했다면 큰 손
실을 봤을 것입니다. 이 종목 역시 뉴스를 보고 매수하면 안 된다는 교
훈을 주었을 것입니다.

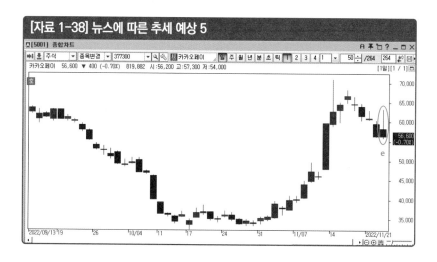

　[자료 1-38]은 '카카오페이' 종목, 2022년 9월 13일부터 2022년
11월 23일까지 일봉차트로 추세를 보여줍니다. e지점은 음봉 캔들이
뉴스가 나온 11월 23일 당일 결과입니다. 어떠신가요? 시가는 58,300

원, 저가는 55,900원, 고가는 63,300원, 종가는 56,300원으로 끝났습니다. 만약 뉴스를 보고, 고가 63,300원일 때 캔들이 양봉으로 여서 매수 진입을 한 트레이더가 있다고 가정해보겠습니다. 종가 때까지 보유했다면 큰 손실을 봤을 것입니다. 이 종목 역시 뉴스를 보고 매수하면 안 된다는 교훈을 주었을 것입니다.

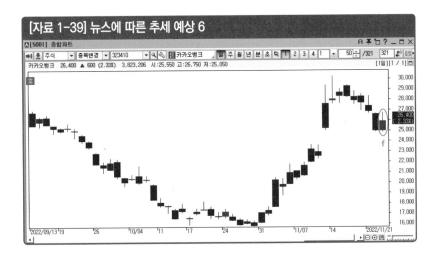

[자료 1-39] 뉴스에 따른 추세 예상 6

[자료 1-39]은 '카카오뱅크' 종목, 2022년 9월 13일부터 2022년 11월 23일까지 일봉차트로 추세를 보여줍니다. f지점은 음봉 캔들이 뉴스가 나온 11월 23일 당일 결과입니다. 어떠신가요? 시가는 25,900원, 저가는 24,850원, 고가는 26,750원, 종가는 25,500원으로 끝났습니다. 만약 뉴스를 보고, 고가 26,750원일 때 캔들이 양봉으로 보여서 매수 진입을 한 트레이더가 있다고 가정해보겠습니다. 종가 때까지 보유했다면 큰 손실을 봤을 것입니다. 이 종목 역시 뉴스를 보고 매수하면 안 된다는 교훈을 주었겠지요.

뉴스보다 차트가 빠릅니다. 손실을 보는 트레이더의 문제는 차트를 정확하게 분석하지 못한다는 것입니다. 그러나 PST이론과 PST지표를 사용하면 차트를 정확하게 분석할 수 있습니다. 뉴스해석 판단의 오류로 손실을 보지 않게 되니 걱정하지 않으셔도 됩니다.

PART
02

PST이론

PST이론의 기초

앞서 실전 거래를 하기 전에 가장 중요한 것 중 하나가 추세를 정확하게 분석하는 것이라고 말씀드렸습니다. 그러면 추세(Trend)란 무엇일까요? 저는 PST교육을 할 때 이 질문을 꼭 물어봅니다. 실전 거래에서 수익을 못 내는 경우는 추세분석을 잘못해서 거래의 첫 단추를 잘못 끼우면서 시작하기 때문입니다.

추세의 사전적 의미는 물가 동향과 경제 통계의 시계열을 관찰할 때 나타나는 규칙적 또는 불규칙적인 변동의 경향을 말합니다. 또 다른 정의는 경제변동 중에서 장기간에 걸친 성장, 정체, 후퇴 등 변동 경향을 나타내는 움직임입니다.

[자료 2-1]처럼 PST이론에서 추세는 추세를 만드는 '마켓 메이커(Market Maker)'와 추세를 따르는 마켓 팔로어(Market Follower)가 특정가격에서 만나는 행위를 말합니다. 즉, 단위시간 동안 표시(캔들)를 시간에 흐름에 따라서 나타낸 것을 추세라고 정의합니다. 마켓 메이커는 매수

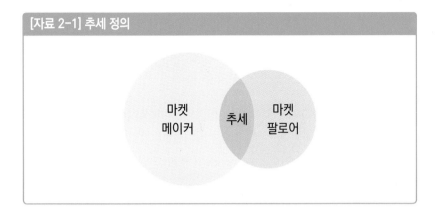

[자료 2-1] 추세 정의

마켓 메이커 추세 마켓 팔로어

세력과 매도세력이 있습니다. 일반적으로 마켓 팔로어는 마켓 메이커 보다 거래량도 적고 거래 강도도 작습니다. 마켓 팔로어는 절대로 추세를 만들 수 없고, 마켓 메이커만 추세를 만든다고 가정하겠습니다.

주식거래는 마켓 메이커의 매수진입으로 가격이 상승하고, 마켓 메이커의 매수청산으로 가격이 하락합니다. 한 방향 거래이기 때문에 그렇습니다. 그러나 선물거래는 양 방향 거래가 가능하기 때문에 매수진입 또는 매도진입이 가능합니다. 청산할 때는 진입할 때와 반대 포지션을 취하면 청산됩니다. 차이점은 추세가 상승일 때 주식거래는 매도세력이 매수청산자만 존재하지만 선물거래는 매도세력이 매수청산자도 있고 실제 매도진입자도 있다는 것입니다. 이해가 되시나요?

제가 세계 50개국 이상을 다니면서 주식거래, 선물거래 등 책을 구입해서 보면 내용이 기본적 분석, 기술적 분석, 이론 등 거의 비슷하게 구성되어 있습니다. 과거부터 현재까지 전혀 내용의 발전이 없습니다. 저는 현재 최근 5년 동안 매년 일 년에 한 권씩 PST시리즈로 PST를 연구해서 책을 출간하고 있습니다. 책을 쓴 저자들은 무수히 많고, 방송에 나오는 전문가는 전 세계에 많은데, 왜 주식거래, 선물거래 등에서 트레이더의 90%가 손실을 볼까요? 저 또한 국내교재와 해외교재를 많이 보고 실전 주식거래, 선물거래 등을 했다가 손실을 봤습니다. 저는 '왜 책대로 했는데 왜 손실을 볼까?' 고민하다가, 주식거래는 한 방향거래고, 선물거래는 양방향 거래방법인데 똑같은 이론을 적용하면 맞을 수도 있고 틀릴 수도 있다는 것을 발견하게 되었습니다. 지금은 아주 당연한 생각 같지만 PST이론이 탄생하기 전까지는 그렇지 않았습니다.

만약 한 트레이더가 10번 거래에서 9번 이익을 보고 1번 손실을 본다고 가정하면 여러분은 어떻게 생각하세요? 여러분은 그 트레이더가 매우 고수 같다고 생각할 수도 있겠지만, 저는 다시 여러분께 이런 질문을 해보겠습니다. "1번 손실을 볼 때 혹시 손실을 볼 것을 알고 거래했나요?"라고 말입니다.

PST이론상 9번 수익 날 때 본인만의 확실한 룰(Rule)과 욕심(Greed)을 안 내는 마인드 컨트롤을 할 수 있다면 마지막 10번째도 수익을 내야 한다고 생각합니다. 다르게 생각하면 죄송하지만 9번 수익 난 것 중에도 확실한 룰도 없이 거래해서 운 좋게 수익이 난 것도 있지 않을까요? 저한테 PST교육을 받은 수강생들은 1번 손실 날 때 혹시 손실이 날 수 있는 것을 알고서 거래를 합니다. 일반적으로 손실을 볼 수 있는 구간은 P2구간입니다. 물론 전략상 P2구간에서는 거래를 안 하는 것도 맞을 수 있습니다. 그러나 마인드 컨트롤을 정말 잘할 수 있으면 일반 트레이더가 수익이 어려운 P2구간에서도 수강생은 거래해서 수익을 낼 수 있습니다. 요즘 수강생 중에 주식 실전 거래와 선물 실전 거래로 100연승 이상을 하신 분이 많이 나와서 가르친 보람을 느끼고 있습니다.

저는 PST교육을 할 때 수강생들한테 현재 차트를 보고 이어서 나올 다음 캔들의 흐름이 보이는지 물어봅니다. 주식거래인 경우는 이 종목의 오늘 최고가가 나왔는지, 안 나왔는지 또는 이 종목이 계속 상승할지 또는 이 종목이 계속 하락할지 물어봅니다.

만약 여러분이 다음 캔들의 흐름이 보이지 않으면, 아직 실전 거래를 하시면 안 됩니다. 물론 PST교육을 받고 PST지표를 활용하면 여러분의 궁금증을 모두 풀 수가 있습니다.

[자료 2-2] Real과 False 정의

주식(A)	PST
매수	Real
청산	False

주식거래는 한 종목에 대한 특정 가격에 대해서 매수자와 청산자가 거래 체결이 되면 시간의 흐름에 따라 추세가 이루어집니다. 한 가격만 존재해서 A로만 표시됩니다. PST이론은 추세가 상승하는 것 중에서 정말로 마켓 메이커의 매수세력만 존재해서 상승할 때를 '진짜(Real)상승'이라고 생각합니다. 이익과 손실을 포함한 청산으로 상승하면 '가짜(False)상승'으로 간주합니다.

[자료 2-3]은 추세가 상승 사이클 내에서 상승보합을 일정구간에서 보이다가 저항선을 우상향으로 통과하는 a지점부터 되돌림 없이 상승하는 b지점까지 상승추세를 보입니다. PST이론상 진짜상승인 것입니다. 그리고 이 구간을 P1구간이라고 정의합니다.

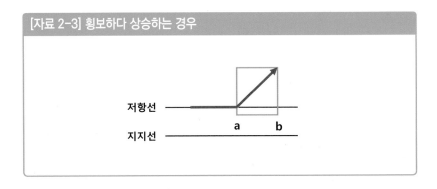

[자료 2-3] 횡보하다 상승하는 경우

저항선 ———
지지선 ———
a b

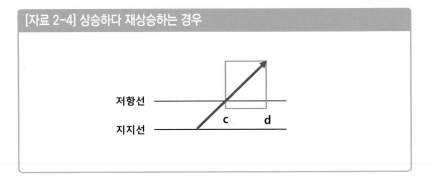

[자료 2-4] 상승하다 재상승하는 경우

저항선 ———
지지선 ———
c d

[자료 2-4]는 추세가 상승 사이클 내에서 상승처럼 보입니다. 하지만 c지점에서 매수진입한 트레이더가 d지점에서 이익을 본 후 매수청산을 한다면 d지점에서의 상승추세는 다이버전스가 발생하지 않는 재상승(P4-1구간)구간이면 진짜상승입니다. 그러나 다이버전스가 발생하는 재상승(P4-2)구간은 가짜상승입니다.

[자료 2-5]는 상승 사이클 내에서 상승처럼 보입니다. 하지만 e지점에서 매수진입한 트레이더가 f지점에서 손해를 본 후 매수청산을 한다면 f지점에서의 상승추세는 가짜상승으로 봅니다. 그리고 이 구간을 P2구간이라고 정의합니다. P2구간 진입은 일반적으로 한 사이클에서 반

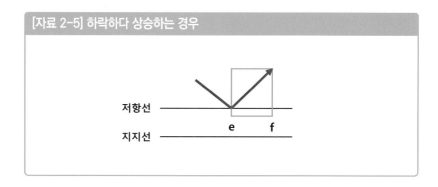

[자료 2-5] 하락하다 상승하는 경우

저항선

지지선

e   f

대로 진입 때 발생합니다.

이렇게 모든 추세는 상승추세와 하락추세, 보합이 반복됩니다. 상승 추세 중에서 진짜상승과 가짜상승을 구별해서 진짜상승만 찾아내서 안 전하게 거래하는 방법이 PST이론의 시작입니다.

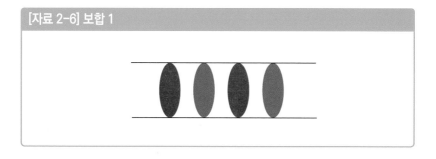

[자료 2-6] 보합 1

일반적으로 추세는 상승추세, 보합, 하락추세 이 3가지밖에 없습니 다. 그러면 간단한 질문을 먼저 하겠습니다. [자료 2-6]의 추세는 어떤 추세처럼 보이시나요? 보합처럼 보이시지요? 물론 저도 보합처럼 보입 니다. 이제 PST이론을 적용해서 분석해보겠습니다. 모든 추세는 상승 추세, 보합, 하락추세로 구성되어 있는데, 주식거래에서 수익을 낼 수 있는 추세는 상승추세뿐이므로 상승추세에서 생각해보겠습니다.

여러분이 생각하는 기준차트(예 : 주식거래에서는 60분)를 설정하고 캔들이 상승이면 빨간색 동그라미로, 캔들이 하락이면 파란색 동그라미로 그려보겠습니다. [자료 2-6]처럼 빨간색 동그라미 2개와 파란색 동그라미 2개만 나왔을 때, 추세는 저항선과 지지선 사이에 있기 때문에 보합입니다. 이해되시겠지요?

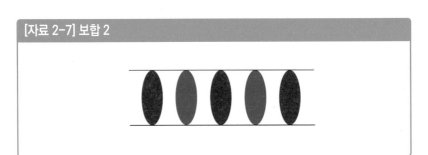

[자료 2-7] 보합 2

[자료 2-6]이후 다음 캔들이 [자료 2-7]처럼 빨간색 캔들이 보이면 추세가 무엇일까요? 빨간색 동그라미 3개와 파란색 동그라미 2개 나왔으니 추세는 상승으로 보입니다. 하지만 아직도 저항선과 지지선 사이에 있기 때문에 역시 보합이 맞습니다. 그러면 [자료 2-6]도 추세가 보합이고, [자료 2-7]도 추세가 보합이면 차이점이 무엇인가요? 당연히 시각적으로 보면 매수에 해당하는 빨간색 동그라미가 하나 더 있습니다. 이 차이를 아무도 발견하지 못했지만 PST이론상 지금부터 동그라미에 해당하는 부분을 '주기(Period)'라고 정의하겠습니다. 이 경우는 상승보합에 해당하므로 매수진입 하면 안 되고, 관망해야 합니다.

참고로 PST이론은 추세를 상승강화, 상승보합, 횡보보합, 하락보합, 하락강화 5가지로 분류를 합니다. 상승강화 때만 매수진입을 고려하고 상승보합, 횡보보합, 하락보합 경우는 관망하고, 하락강화 때만 매도진입을 고려합니다. 매수진입과 매도진입은 기준차트를 중심으로 하위 타임 프레임이 모두 매수진입 조건과 매도진입 조건이 맞을 때만 가능합니다.

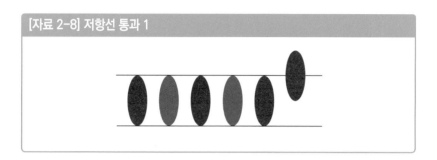

[자료 2-8] 저항선 통과 1

[자료 2-8]처럼 [자료 2-7]이후 한 번 더 상승에 해당하는 빨간색 동그라미가 나왔을 때, 매수진입하면 수익이 날까요? 수익이 발생할 수도 있고, 손실이 발생할 수도 있습니다. 이 경우 빨간색 동그라미가 저항선을 우상향으로 통과하는데, 이 부분을 PST이론상 지금부터 '힘(Strength)'이라고 정의하겠습니다.

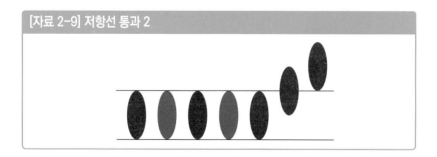

[자료 2-9] 저항선 통과 2

[자료 2-9]처럼 [자료 2-8]이후 한 번 더 상승해서 빨간색 동그라미가 나왔을 때, 매수진입하면 수익이 날까요? 이 경우도 마찬가지로 수

익이 발생할 수도 있고, 손실이 발생할 수도 있습니다. 이 경우 빨간색 동그라미가 저항선을 우상향으로 통과하는데, 이 부분을 PST이론상 지금부터 '상승추세(Uptrend)'라고 정의하겠습니다.

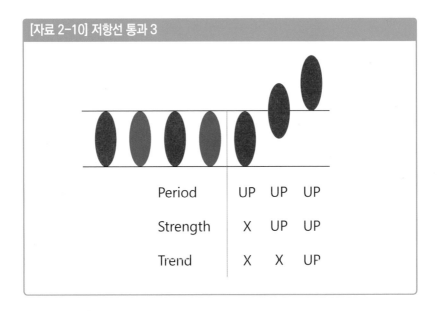

[자료 2-10] 저항선 통과 3

Period	UP	UP	UP
Strength	X	UP	UP
Trend	X	X	UP

추세를 PST이론으로 정리하면 [자료 2-10]과 같습니다.

1. 주기(Period)는 추세보다 작은 단위로 아무리 많이 발생해도 추세는 보합입니다.
2. 힘(Stength)은 추세보다 작은 단위로 주기보다 늦게 발생하고 저항선을 통과합니다.
3. 추세(Trend)는 주기와 힘을 합으로 이루어집니다.
4. 추세가 발생 이후 수익이 나기 위해서는 반드시 타임 프레임을 맞춰야 합니다.

주기와 힘과 추세의 상관관계는 다음과 같습니다.

1. 주기가 플러스(+)이고 힘도 플러스(+)이면 추세는 '상승강화'입니다.

2. 주기가 마이너스(-)이고 힘은 플러스(+)이면 추세는 '상승보합'입니다.

3. 주기와 힘의 합이 0이면 추세는 '횡보보합'입니다.

4. 주기는 플러스(+)이고 힘은 마이너스(-)이면 추세는 '하락보합'입니다.

5. 주기는 마이너스(-)이고 힘도 마이너스(-)이면 추세는 '하락강화'입니다.

주식거래는 매수진입으로만 수익을 기대할 수 있기 때문에 상승강화 구간에서 반드시 타임 프레임을 맞춰 매수진입해야 합니다. 선물거래는 양방향 거래가 가능하기 때문에 매수진입은 상승강화 구간에서 하고, 매도진입은 하락강화 구간에서 반드시 타임 프레임을 맞춰서 해야 합니다.

타임 프레임의 이해

"타임 프레임(Time Frame)이란 무엇일까요?" 공부를 많이 한 수강생들도 수업시간에 타임 프레임에 대해서 이렇게 질문을 드리면, 처음 들어본다는 분이 많았습니다. 타임 프레임 용어는 제가 PST이론을 만들면서 처음 등장한 용어입니다. 우선 차트와 타임 프레임의 정확한 차이점을 말씀드려야 이해가 쉬울 것입니다.

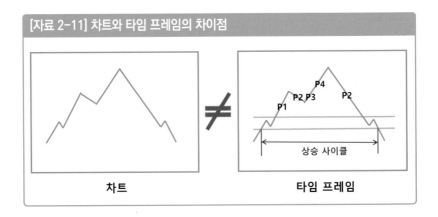

[자료 2-11] 차트와 타임 프레임의 차이점

[자료 2-11]처럼 차트는 시간이 흐름에 따라 그냥 가격의 흐름인 추세를 보여주는 것입니다. 타임 프레임은 그 차트에서 추세의 위치(Position)인 P1, P2, P3, P4구간을 구별한 것까지 포함한 것입니다.

아직 이해가 어려우시지요? 차근차근 쉽게 풀어서 설명해드리겠습니다. PST이론은 여러분이 주식거래를 하실 때 매수진입으로 수익을 기대하시면서 그냥 상승추세처럼 보이는 차트를 보고 거래하는 것이 아닙니다. 기준차트에서 상승 사이클 내에 있는 추세를 타임 프레임으로 분석해서 P1구간 또는 P4-1구간에서 매수진입하고, 하위 타임 프레임까지 P1구간 또는 P4-1구간이 모두 맞는 시점에서 매수진입하는 것입니다. 실전 거래할 때 제일 중요한 것이 타임 프레임 분석입니다. 타임 프레임을 잘못하면 거래의 첫 단추를 잘못 끼는 것과 같습니다.

대부분의 트레이더들은 실전 거래에서 과거 데이터(Past Data)를 분석해서 손실을 보고, PST교육 수강생들은 현재 데이터(Current Data)를 분석해서 수익을 얻습니다.

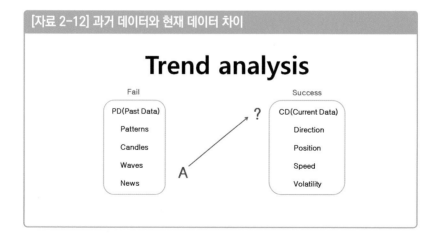

[자료 2-12] 과거 데이터와 현재 데이터 차이

[자료 2-12]처럼 손실을 보는 트레이더들은 대부분 봉 개수 설정부터 잘못해서 과거 데이터부터 계산해서 보여주는 패턴분석, 캔들분석, 파동이론, 뉴스청취 등을 합니다. PST이론은 추세를 분석하기 전에 가장 먼저 할 것이 사이클 분석이라고 말씀드렸습니다. 상승 사이클 내에 상승추세가 있고 하락 사이클 내에 하락추세가 있다고 보기 때문입니다. 그런데 상승 사이클이 봉 개수 설정과 기준차트에 따라서 다를 수가 있습니다. 잘못된 봉 개수, 기준차트를 사용하면서 실전 거래를 하면 당연히 손실을 볼 수밖에 없지 않을까요?

PST이론은 현재 데이터인 추세의 방향(Direction), 위치(Position), 속도(Speed), 변동성(Volatility)을 실시간으로 분석하면서 거래하기 때문에 실전 거래에서 성공할 수 있습니다. 그런데 현재 데이터 중 가장 중요한 것이 무엇일까요? 정답은 바로 추세의 위치 분석입니다.

그리고 추세의 위치를 분석한 것이 타임 프레임입니다. 이해가 되시지요? 단순한 차트를 타임 프레임으로 분석하면 현재 추세의 위치가 'P1, P2, P3, P4구간'으로 구별을 할 수 있습니다. P2구간을 세밀하게 보면 P2-1, P2-2구간으로 분류할 수 있고, P4구간도 세밀하게 분석하면 P4-1, P4-2구간으로 분류할 수 있습니다. 일반적인 매수진입은 P1구간, P4-1구간에서만 해야 하지만 기준차트에 한해서만 P4-2구간과 P2-1구간만 허용을 합니다. 그리고 주식거래인 경우는 기준차트가 60분이므로 기준차트보다 하위차트인 1분, 3분, 5분, 10분, 30분에서 타임 프레임은 반드시 P1구간과 P4-1구간이 되어야 합니다.

현재 데이터에서 추세의 위치파악을 한 후 속도와 변동성이 정해집니다. 추세의 위치파악이 매우 중요한데, 일반적인 보조지표로는 찾을 수가 없고 오직 PST지표로만 가능합니다. 추세의 속도는 매수진입한 후 추세의 움직임이 빠를지 또는 느릴지를 결정합니다. PST지표는 마켓 메이커가 진짜 저항선을 우상향 통과 후 tan30도, 45도, 60도 이상으로 추세가 진행되는 종목만 여러분께 알려드립니다. 기울기 각도가 크다는 의미는 같은 X축인 시간 동안 보유하면 Y축의 가격의 높이가 높다는 것을 의미합니다. 많은 수익을 짧은 시간 동안 기대할 수 있습니다.

추세의 변동성은 현재 진입하고자 하는 시점이 변동성이 있는 구간인지 또는 없는 구간인지를 구별합니다. 주식거래는 일반적으로 1배 레버리지를 사용하기 때문에 진입 후 되돌림 구간(P2구간)을 만나도 계속 보유를 할 수 있습니다. 하지만 선물거래는 높은 레버리지(예 : 해외선물 30배 ~50배 레버리지)를 사용하기 때문에 진입 후 되돌림 구간에서 손실을 보면서 계속 보유하기는 어렵습니다. P1, P4-1, P2-1구간은 되돌림이 없는 구간이고, P4-2, P2-2는 되돌림이 있는 구간이라고 정의합니다.

[자료 2-12]처럼 4가지 현재 데이터를 반드시 분석해야 하는데 대부분의 손실을 보는 트레이더는 추세의 방향만 대강 분석한 후 실전 거래를 합니다.

여러분은 어떠세요? 추세가 계속 하락하는데 주가가 바닥인 줄 알고 계속 매수진입으로 하면서 '도대체 어디가 바닥이지?'라는 의문을 가지신 적은 없으신가요? 왜 하락 사이클에서 존재하는 하락추세에서 P2구간으로 매수진입하시나요? 여러분이 추세를 마켓 메이커라면 정말 바닥에서부터 매수진입을 할 수 있지만, 안타깝게도 여러분은 추세를 추종하는 마켓 팔로어기 때문에 하락 사이클에서 P2구간에서 매수진입하면 안 되고 상승 사이클에서 P1 또는 P4-1구간에서 매수진입해야 합니다. 이렇듯이 실전 거래에서 수익이 나면 본인의 룰이 맞았다고 착각하고, 손실을 보면 운이 없었다고 자기 합리화를 합니다. 추세의 방향은 대강 맞을 수도 있지만, 추세의 위치, 속도, 변동성을 분석하지 못하면 실전 거래에서 수익을 기대할 수가 없습니다.

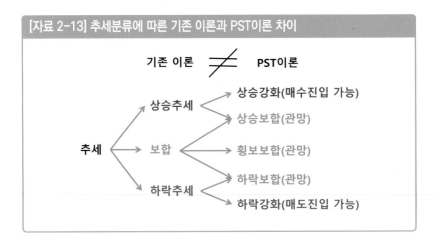

[자료 2-13] 추세분류에 따른 기존 이론과 PST이론 차이

기존 이론으로 추세는 [자료 2-13]처럼 상승추세, 보합, 하락추세 단 3가지로 분류합니다. 주식거래는 한 방향 거래이므로 상승추세일 때만 수익을 기대할 수 있고 선물거래(국내선물, 해외선물 포함)에서는 양방향 거래가 가능하므로 상승추세와 하락추세 모두에서 수익을 기대할 수 있습니다. 그러나 실제 거래를 해보면 상승추세에서 매수진입을 했을 때 반드시 주식거래나 선물거래로 수익을 내고, 하락추세에서 매도진입을 했을 때 반드시 선물거래로 수익내기가 어렵다는 것을 알게 됩니다. 이유는 단순하게 상승추세에서 매수진입을 하고 하락추세에서 매도진입을 했기 때문입니다.

PST이론은 기존 이론과는 달리 추세를 [자료 2-13]처럼 상승강화, 상승보합, 횡보보합, 하락보합, 하락강화 5가지로 분류를 합니다. 매수진입은 반드시 상승강화 때만 하고, 매도진입은 반드시 하락강화 때만 해야 수익을 기대할 수 있습니다. 가장 중요한 것이 상승보합은 상승추세처럼 보이지만, 실전 거래에서는 수익 내기가 어렵습니다. 하락보합 역시 하락추세처럼 보이지만, 실전 거래에서 수익 내기가 어렵기 때문에 관망해야 합니다.

사이클은 상승 사이클과 하락 사이클이 반복됩니다. 가장 첫 번째로 현재 여러분이 진입하는 시점에서 구간이 상승 사이클인지 하락 사이클인지를 반드시 구별해야 합니다. 상승 사이클에서는 매수진입으로만 수익을 내야 하고, 매도진입은 관망해야 합니다. 하락 사이클에서는 매도진입으로만 수익을 내야 하고, 매수진입은 관망해야 합니다. 일반적으로 보합은 옆으로 횡보하는 것을 보합이라고 생각할 수 있지만, 시간이 지나가도 일정한 간격(Bandwidth)을 유지하면서 상승, 횡보, 하락하는 것을 상승보합, 횡보보합, 하락보합이라고 PST이론은 생각해서 관망합니다.

현재 일반 HTS에서 제공하는 보조지표로는 추세를 5가지로 분류할 수가 없지만, PST지표를 활용하면 추세를 실시간으로 5가지 분류해서 거래할 수 있습니다.

[자료 2-14]는 상승 사이클 내에서 타임 프레임으로 분석해서 P1, P2, P3, P4 구간으로 보여줍니다. 타임 프레임으로 분석한 각각의 추세의 위치는 실전 거래에서 매우 중요하니 한 구간씩 공부하겠습니다.

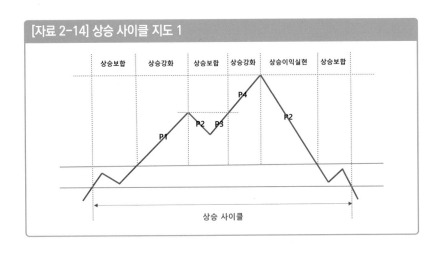

[자료 2-14] 상승 사이클 지도 1

상승보합 상승강화 상승보합 상승강화 상승이익실현 상승보합

P1 P2 P3 P4 P2

상승 사이클

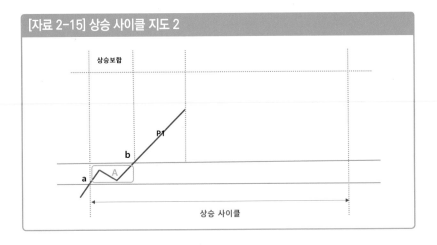

[자료 2-15] 상승 사이클 지도 2

상승보합

P1

b

a A

상승 사이클

[자료 2-15]는 상승 사이클 내에서 상승보합 구간을 보여주고 있습니다. 상승 사이클의 시작과 끝은 PST32지표를 사용해서 T3가 T4 위에 있으면 쉽게 찾아낼 수 있습니다. PST지표에 대한 설명은 추후에 하겠습니다.

상승 사이클의 시작점인 a지점부터 저항선을 통과하는 b지점까지의 노란색 박스 A영역은 상승보합 구간으로 관망해야 합니다. 이 구간은 아직 P1구간이 나오기 전 구간으로 되돌림이 있는 구간입니다.

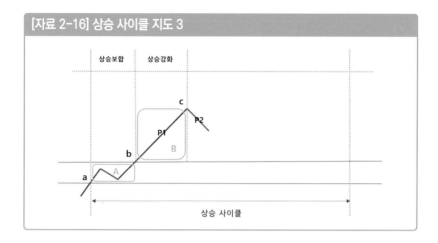

[자료 2-16] 상승 사이클 지도 3

[자료 2-16]은 상승 사이클 내에서 상승강화 구간인 P1구간을 보여줍니다. 추세가 저항선인 b지점을 우상향으로 통과해서 빨간색 캔들이 계속 유지되다가 c지점에서 파란색 캔들로 바뀌어서 추세가 우하향으로 내려온다면 b지점부터 c지점까지 노란색박스인 B영역을 'P1구간'으로 정의하겠습니다. P1구간은 상승 사이클에서 오직 한 번만 발생합니다. 실전 거래에 제일 좋은 매수진입 시점은 b지점처럼 P1구간의 시작점입니다. 물론 PST이론상 기준차트인 60분차트 P1구간에서 첫 번째 캔들에서 하위 타임 프레임도 모두 P1구간과 P4-1구간에서 매수진입을 해야지 수익을 기대할 수 있습니다.

주의할 점은 P1구간 시작 전에 상승보합 없이 추세가 하락하다가 상승하면 그 구간은 P1구간이 아니라 P2구간이 되고 P1구간 시작 전에 추세가 상승하다가 연이어서 계속 상승하면 그 구간은 P1구간이 아니라 P4구간이 되어 모두 관망해야 합니다.

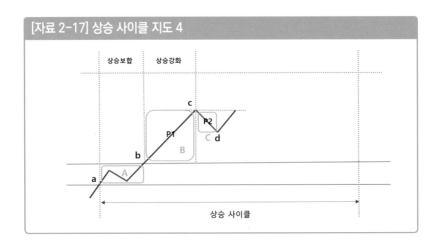

[자료 2-17] 상승 사이클 지도 4

[자료 2-17]은 상승 사이클 내에서 상승보합 구간인 P2구간을 보여 줍니다. P2구간은 일반적으로 한 사이클의 상태에서 반대인 방향으로 나타납니다. [자료 2-17]에서는 상승 사이클 내에서 추세가 하락처럼 보인 부분은 모두 P2구간으로 생각하시면 됩니다. P2구간은 P1구간이 존재한 상태에서 P1구간과 반대 방향으로 나오는 c지점부터 d지점까 지인 노란색박스인 C영역을 의미합니다. C영역의 캔들은 모두 음봉인 파란색 캔들만 보여야 합니다. d지점부터는 다시 빨간 캔들이 등장해 서 P2구간이 끝이 납니다.

만약 d지점에서 빨간색 캔들이 나와서 추세가 상승하지 않고, 계속 파란색 캔들이 나오고 추세가 하락해서 상승 사이클이 끝날 수도 있습 니다. 그러면 여기서 상승 사이클은 P1구간과 P2구간만 존재하게 됩니 다. 이해가 되시지요?

일반적으로 P2구간은 상승추세 브이(V)자 형태인 작은 하락추세처 럼 보입니다. PST이론상 이 P2구간은 P1구간에 대한 이익실현 구간으 로 생각할 수 있습니다.

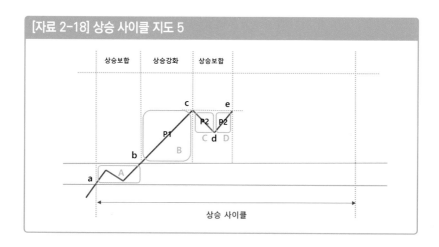

[자료 2-18] 상승 사이클 지도 5

[자료 2-18]은 상승 사이클 내에서 상승보합 구간인 P2구간을 보여줍니다. 노란색박스인 D영역은 반드시 상승 사이클 내에서 P1구간이 나오고 P2구간이 나온 후, P2구간의 반대 방향으로 추세를 그리면서 전고점인 c지점을 통과하지 않아야 합니다.

P2구간에서 파란색 캔들이 연속으로 우하향으로 내려오다가 다시 빨간색 캔들이 나오면 P2구간 시작이고, D영역에서 캔들은 모두 양봉인 빨간색 캔들이 보여야 합니다.

중요한 것은 만약 캔들이 c지점보다 높은 가격까지 상승한다면 D영역은 P2구간이 아니라 P3구간으로 봐야 합니다. 실전 거래에서는 C영역과 D영역은 모두 상승보합 구간이므로 매수진입하지 않고 관망해야 합니다.

[자료 2-19]는 상승 사이클 내에서 상승보합 구간인 P3구간과 상승강화 구간인 P4구간을 보여줍니다. P4구간의 시작은 c지점의 전고점보다 높은 e지점부터 f지점까지인 노란색 박스 E영역입니다. P4구간의

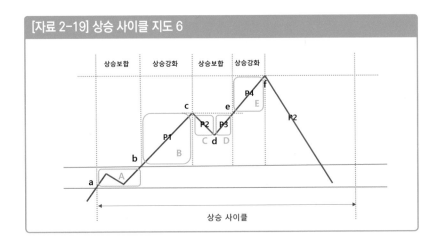

[자료 2-19] 상승 사이클 지도 6

캔들 색깔은 모두 양봉인 빨간색 캔들만 나와야 합니다. 만약 빨간색 캔들이 나오다가 한 개라도 파란색 캔들이 나와서 가격이 하락하면 그 지점부터는 다시 P2구간이 시작된다고 생각해야 합니다.

재상승처럼 보이는 P4구간은 하락 사이클 내에서는 재하락처럼 보입니다. 그리고 P4구간은 하락 다이버전스가 발생하지 않는 P4-1구간과 하락 다이버전스가 발생하는 P4-2구간으로 분류할 수 있습니다. PST이론상 P4-1구간은 되돌림(=휩소)이 발생하지 않는 재상승 구간으로 매수진입할 수 있습니다. 그러나 P4-2구간은 되돌림이 발생하는 재상승 구간으로 매수진입보다는 관망하는 편이 좋습니다. P4-1구간과 P4-2구간을 구별하면서 매수진입이 어려우면, P4구간에서 매수진입보다는 P1구간 시작인 b지점에서 매수진입한 후 보유하는 전략이 좋습니다. 마켓 메이커가 저항선을 우상향 돌파하고 P1구간 시작점인 b지점에서 매수진입을 했다고 가정하면 절대로 손해를 보며 진입가격까지 내려오는 추세를 만들지는 않기 때문입니다.

[자료 2-19]에서 또 하나 중요한 것은 P4구간이 나오기 전까지 D영역은 [자료 2-18]처럼 P3구간이 아니라 P2구간으로 생각해야 합니다. 이후 추세가 상승으로 이어져 E영역이 생기면 E영역은 P4구간으로 생각하고 D영역은 P2구간이 아니라 P3구간으로 바꾸어 생각해야 합니다. 이해가 되시나요? 즉, P3구간은 반드시 P1, P2, P4구간이 선행으로 존재해야 한다는 의미입니다. 레버리지를 사용하는 선물거래에서는 P2구간, P3구간을 진입해서 수익을 기대할 수 있습니다. 하지만 주식거래에서는 상승보합 구간인 P2구간과 P3구간은 관망해야 합니다.

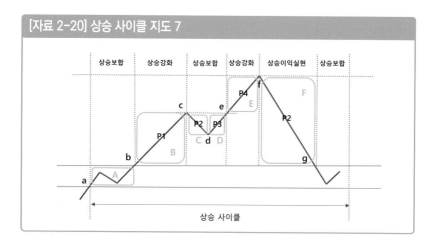

[자료 2-20] 상승 사이클 지도 7

[자료 2-20]은 상승 사이클 내에서 상승이익실현 구간인 P2구간을 보여줍니다. 여기 P2구간의 시작은 이전 구간인 P4구간에서 최고점을 찍고 파란색 캔들로 음봉이 나타나는 f지점부터 g지점까지의 노란색박스인 F영역입니다. F영역에서 캔들은 모두 파란색 캔들이 나와야 하고 만약 파란색 캔들이 나오다가 다시 빨간색 캔들이 나오면 다시 P2구간이 시작됩니다.

여기서 제가 하나 질문을 드리겠습니다. C영역의 P2구간과 F영역의 P2구간은 어떻게 구별을 할 수 있을까요? C영역의 P2구간은 P1구간의 시작인 b지점까지 내려오지 않고 D영역이 나오는 재상승을 위한 P2구간입니다. F영역의 P2구간은 가격이 g지점까지 내려와서 b지점과 같아지면 상승 사이클이 거의 꺼지는 상승이익실현 구간으로 보시면 됩니다. 주식거래에서 P2구간은 매도진입으로 수익을 낼 수가 없으므로 관망하면 됩니다. 물론 선물거래에서는 매도진입으로 수익을 낼 수 있으므로 P2구간에서 타임 프레임이 맞으면 매도진입으로 수익을 기대할 수 있습니다.

P2구간은 [자료 2-20]처럼 일반적으로 P1, P2, P3, P4구간이 먼저 존재해야 합니다. 물론 P3, P4구간 없이 P1, P2만 있는 상승 사이클이 있을 수도 있습니다. 그러면 한 사이클 동안에는 P1, P2, P3, P4, P2구간의 반복으로 생각할 수 있습니다. 실전 거래에서 여러분이 매수진입하는 위치가 P1, P4-1구간이면 수익을 기대할 수 있겠지만, 나머지 구간에서는 수익을 기대하지 마시길 바랍니다.

저는 타임 프레임을 적용해서 추세 위치 파악이 너무 중요하기 때문에 PST교육 시간에 실시간 차트를 띄워놓고 현재 위치가 어느 위치인가를 맞추는 연습을 합니다. PST이론상 매수진입할 때 추세 위치에 따라서 매수청산은 거의 정해지기 때문입니다. 물론 선물거래로 매도진입할 때도 동일하게 적용됩니다.

[자료 2-21]은 상승 사이클 내에서 상승보합인 G영역을 보여줍니다. 노란색박스인 G영역은 상승이익실현 구간인 F영역의 끝점인 g지

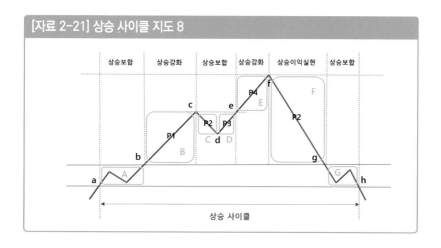

[자료 2-21] 상승 사이클 지도 8

상승보합　상승강화　상승보합　상승강화　상승이익실현　상승보합

상승 사이클

점부터 상승 사이클의 끝점인 h지점까지를 의미합니다. G영역에서의 캔들의 색깔은 빨간색 캔들과 파란색 캔들이 서로 바뀌면서 하락하는 변동성이 많은 구간입니다. h지점은 상승 사이클의 끝점이므로 h지점 이후에는 하락 사이클의 시작이라고 보시면 됩니다. 하락 사이클의 시작점부터 끝점까지는 추세가 하락과 상승을 반복하면서 하락하기 때문에 주식거래인 경우는 매수진입하지 않고, 관망해야 합니다. 앞서 말씀 드린 대로 하락 사이클 내에서 일반 보조지표로 이동평균의 정배열이나 MACD의 골든크로스가 나왔을 때 매수진입을 해도 수익을 기대하기 어렵습니다.

마켓 메이커가 [자료 2-21]처럼 추세를 만들었을 때, 가장 좋은 수익을 내는 지점은 어디일까요? b지점에서 매수진입하고, f지점에서 매수청산을 한 경우일까요? 이 경우는 상승보합 구간인 C영역과 D영역을 계속 보유해야 합니다. 반면에 B영역만 거래하고 C영역과 D영역은 거래하지 않고 관망한 후 E영역만 다시 거래해서 수익이 난다면 이 방법도 좋은 전략입니다. 물론 욕심이 없는 분들은 P1구간인 B영역만 거래해서 하루 1% 목표수익에 도달하면 청산하고, 거래를 그만하는 것도 좋은 전략입니다.

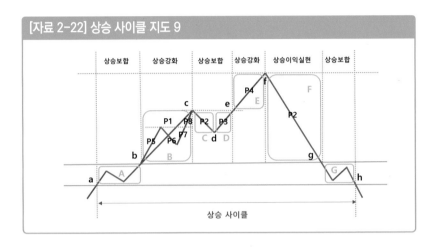

[자료 2-22] 상승 사이클 지도 9

[자료 2-22]는 상승 사이클 내에서 P1구간인 B영역을 다시 하위 타임 프레임으로 생각해봤습니다. 주식거래는 기준차트를 60분으로 생각합니다. B영역은 60분짜리 빨간색 캔들이 계속 가격이 상승하면서 나올 때, 60분보다 낮은 하위 타임 프레임으로 생각하면 P5, P6, P7, P8구간으로 다시 분류할 수 있습니다. 즉, P1=P5+P6+P7+P8으로 생각할 수 있습니다. 여기서 P5, P6, P7, P8구간은 타임 프레임으로 생각하면, 각각 P1, P2, P3, P4구간과 같게 생각할 수 있습니다. 물론 P5, P6, P7, P8구간이 한 번만 나올 수 있고 여러 번 반복해서 나올 수도 있겠습니다.

PST이론으로 기준차트인 60분 캔들은 P1구간인 b지점부터 c지점까지는 빨간색 양봉 캔들만 나옵니다. 하지만 기준차트보다 낮은 하위 차트인 1분, 3분, 5분, 10분, 30분 차트로 다시 분류해서 보면, b지점부터 c지점까지 상승과 하락이 반복하면서 우상향으로 결국 상승하는 추세가 생깁니다. 이해가 되시나요? 정말 중요한 이론이니 몇 번 생각하면서 반드시 이해하셔야 합니다.

그러면 매수 진입 시 손실을 보지 않는 방법은 무엇일까요? 기준차트 60분 이하 모든 하위 타임 프레임에서 모두 P1구간과 P4-1구간이 동시에 나왔을 때, 매수진입하면 손실 없이 수익을 낼 수 있습니다. B영역에서 하위 타임 프레임으로 생각하면 P1구간에 해당하는 구간이 P5구간이고, P4에 해당하는 구간이 P8구간에 해당하는 구간입니다.

03

기준차트 분석

타임 프레임에 대해서는 어느 정도 이해하셨을 것으로 생각합니다. 그러면 이제 기준차트의 타임 프레임을 공부해보겠습니다. "기준차트란 무엇일까요?"하고 수업시간에 수강생들께 질문을 드리면 기준차트를 처음 들어본다는 분이 많았습니다. 기준차트도 제가 PST이론을 만들면서 등장한 용어입니다.

많은 전문가가 강의할 때, 대부분 일봉차트를 보고 설명합니다. 제가 앞서 말씀드렸듯이 추세는 트레이더마다 보는 시각이 다르고, 만약 시각이 같은 트레이더가 있어도 각각 보는 기준차트의 타임 프레임에 따라 추세가 다시 분류되어 다르게 보일 수 있습니다.

PST이론상 주식거래에서는 기준차트를 60분으로 보고, 선물거래에서는 기준차트를 10분이라고 생각합니다. [자료 2-23]은 60분차트로 타임 프레임을 T1으로 생각해봤습니다. 타임 프레임에서 수익을 기대

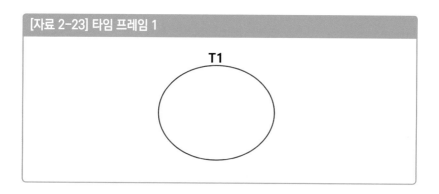

[자료 2-23] 타임 프레임 1

T1

할 수 있는 구간은 P1구간과 P4-1구간입니다. [자료 2-23]에서 빨간
색 동그라미 부분을 P1구간 또는 P4-1구간이라고 생각하면 60분 캔
들이 모두 빨간색으로 계속 상승한다고 이해하시면 됩니다. 지름에 해
당하는 X축은 시간에 해당하고 그 시간은 60분, 또는 60분 이상이 될
수도 있습니다.

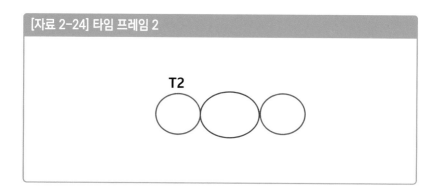

[자료 2-24] 타임 프레임 2

T2

[자료 2-24]는 [자료 2-23]보다 작은 하위 타임 프레임을 보여줍니
다. 여기서 타임프레임은 T2라고 정의하겠습니다. T2에서 빨간색 동그
라미는 P1구간과 P4-1구간이고 파란색 동그라미는 P2, P3, P4-2구간
으로 생각하시면 됩니다.

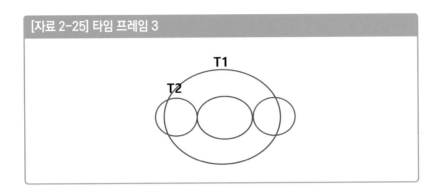

[자료 2-25] 타임 프레임 3

[자료 2-25]는 기준차트인 60분 타임 프레임(T1)과 기준차트보다 작은 하위 타임 프레임(T2)을 합성한 자료입니다. 매수진입으로 되돌림 없이 수익을 기대할 수 있는 구간이 보이시나요? T1과 T2가 빨간색 동그라미 공통적인 영역인 부분에서 매수진입과 매수청산을 하면 되돌림 없이 수익을 기대할 수 있습니다.

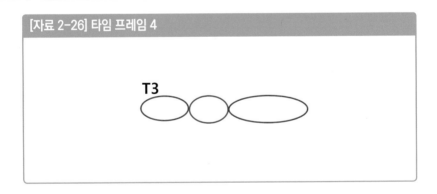

[자료 2-26] 타임 프레임 4

[자료 2-26]는 [자료 2-24]보다 작은 하위 타임 프레임을 보여줍니다. 여기서 타임프레임은 T3라고 정의하겠습니다. T3에서 빨간색 동그라미는 P1구간과 P4-1구간이고 파란색 동그라미는 P2, P3, P4-2구간으로 생각하시면 됩니다.

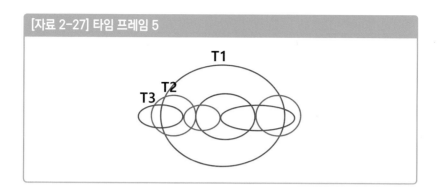

[자료 2-27] 타임 프레임 5

[자료 2-27]은 기준차트인 60분 타임 프레임(T1)과 기준차트보다 작은 하위 타임 프레임 T2와 T3를 합성한 그림입니다. 매수진입으로 되돌림 없이 수익을 기대할 수 있는 구간이 보이시나요? T1과 T2와 T3가 빨간색 동그라미 공통적인 영역인 부분에서 매수진입과 매수청산을 하면 되돌림 없이 수익을 기대할 수 있습니다.

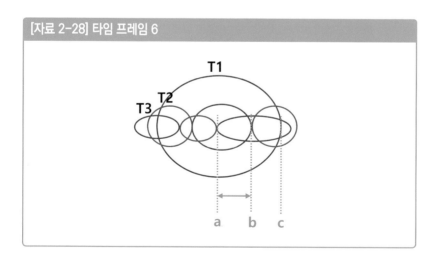

[자료 2-28] 타임 프레임 6

[자료 2-28]은 [자료 2-27]에서 각각의 타임 프레임인 T1, T2, T3의 공통적인 영역을 보여줍니다. a지점부터 b지점까지입니다. 물론 a

지점에서 매수진입을 해서 b지점에서 매수청산을 하지 않고 c지점까지 보유한 후 매수청산하면 조금은 수익을 기대할 수 있습니다. 하지만 b지점 이후부터는 T2에서 파란색 동그라미가 나오기 때문에 P2구간, 즉 되돌림 구간을 만나게 됩니다. 이해가 되시나요?

주식거래보다 선물거래에서는 높은 레버리지를 사용하게 되기 때문에 P2구간의 되돌림을 견디기 어렵습니다. 그렇기에 되돌림이 없는 안전한 구간을 기준차트 타임 프레임을 포함해서 하위차트 타임 프레임도 모두 동일한 매수진입 조건이 되어야 합니다.

주식거래인 경우 기준차트를 60분으로 정할 때, 기준차트를 포함해서 하위차트(1분, 3분, 5분, 10분, 30분)의 타임 프레임을 모두 맞춘다면 발생하는 경우의 수는 몇 개일까요? 정답은 $2 \times 2 \times 2 \times 2 \times 2 \times 2 = 64$, 64개가 발생합니다. 그럼 실전 거래에서 1/64일 확률로 모든 타임 프레임이 맞을 때를 어떻게 찾을 수가 있을까요? 6개의 타임 프레임이 맞는 경우를 매수진입이 조건이 되는 순서별로 생각해볼까요?

A : 1분 → 3분 → 5분 → 10분 → 30분 → 60분
B : 60분 → 30분 → 10분 → 5분 → 3분 → 1분

A의 경우는 일반적으로 타임 프레임이 하위차트부터 맞는 경우로 PST이론상 P2구간에서 나타납니다. 주식 장이 크게 하락하고, 다음 날 이른바 기술적 반등이라고 말하는 P2구간에서 나타나는데 실전 거래에서는 거래하지 말고 관망을 해야 합니다. 그리고 B의 경우는 일반적으로 타임 프레임이 상위차트부터 맞는 경우로 PST이론상 P1구간 또는 P4구간에서 나타납니다. B경우는 되돌림이 없는 구간에서 상승강

화 구간이 나오기 때문에 실전 거래에서 매수진입를 해야 수익을 기대할 수 있습니다.

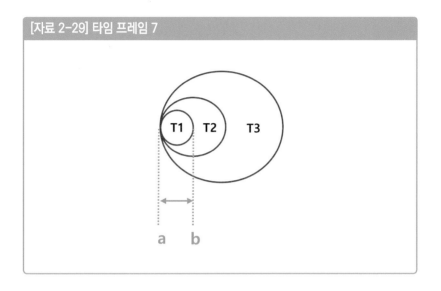

[자료 2-29] 타임 프레임 7

각 시간 차트마다 타임 프레임은 서로 다르게 발생합니다만 만약 [자료 2-29]처럼 T1, T2, T3가 a지점에서 모두 동일하게 시작되는 점을 쉽게 알 수가 있으면 실전 거래에서 쉽게 매수진입할 수 있겠지요? 또한, 욕심을 내지 않고 b지점에서 매수청산한다면, T1구간에서는 무조건 수익을 기대할 수 있을 것입니다. 현재 보조지표로는 시작점을 발견할 수가 없지만 PST지표를 사용하면 아주 쉽고 빠르게 여러분께 진입 매수진입 시점을 찾을 수 있습니다.

[자료 2-30]은 타임 프레임과 P1구간에서 추세의 상관관계를 나타냅니다. 매수진입 시 저항선을 통과하고 P1구간에서 첫 번째 양봉 캔들이 나온 후 그다음에 추세가 어떻게 진행될까요? 지금까지는 아무 생

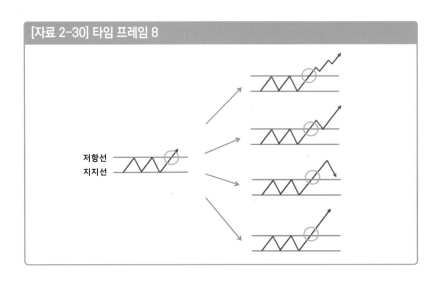

[자료 2-30] 타임 프레임 8

저항선
지지선

각 없이 매수진입을 하면 [자료 2-30]의 A, B, C, D 경우를 모두 경험하셨을 것입니다. 그러나 PST이론을 공부하시면 앞으로 저항선을 통과한 후 추세의 진행을 예측할 수 있습니다.

차트가 1분, 3분, 5분, 10분, 30분, 60분이라고 생각하고, 각 차트에서 타임 프레임이 맞거나, 맞지 않을 때에 따라 A, B, C, D 경우가 발생합니다. 정리하면 다음과 같습니다.

A : 1분, 3분 타임 프레임 안 맞고 5분, 10분, 30분, 60분 타임 프레임 맞음.
B : 5분, 10분 타임 프레임 안 맞고 1분, 3분, 30분, 60분 타임 프레임 맞음.
C : 60분 타임 프레임 안 맞고 1분, 3분, 5분, 10분, 30분 타임 프레임 맞음.
D : 1분, 3분, 5분, 10분, 30분, 60분 타임 프레임 모두 맞음.

많은 손실을 보는 트레이더들은 A처럼 하위 타임 프레임을 무시하고 거래를 하십니다. 만약 상위 타임 프레임에서 P1구간 시작점에서 매수진입을 했을 때, 하위 타임 프레임의 추세가 하락처럼 보이는 P2구간이면 어떻게 하실 건가요? 손실을 보면서 보유하실 건가요? 투자금액이 적은 주식거래는 가능하겠지만, 투자금액이 큰 주식거래거나, 레버리지가 큰 선물거래에서는 P2의 되돌림 구간을 버티기가 어렵습니다. 제발 실전 거래에서 손실을 보면서도 P2구간에서 버티는 어리석은 방법은 택하지 않으시길 바랍니다.

여러분은 저항선과 지지선을 어떻게 정하시나요? 여러분이 정하는 저항선과 지지선은 마켓 메이커가 정하는 저항선과 지지선과 같지 않으니 참고만 해야 합니다. 절대적으로 신뢰하면서 거래를 하면 안 됩니다. 그리고 하락추세 중 지지선에서 상승으로 살짝 보일 때 저점 매수 진입하시면 안 됩니다. 하락추세 중 정말 바닥에서 터닝하면서 상승으로 추세를 만들면서 올라갈 때는 마켓 메이커만이 알 수가 있기 때문입니다.

PST이론은 현재 캔들이 지지선과 저항선 사이에 움직일 때는 절대로 매수진입하지 않고 관망합니다. 그리고 캔들이 저항선을 우상향 통과할 때, P1구간과 또는 P4-1구간이 진짜 상승을 하면 그 저항선을 상향돌파선(Breakout Line Up)이라고 생각해서 매수진입합니다. 그 저항선을 우상향 통과 시 tan60도~tan90도의 기울기를 보이면 그 저항선을 상향가속선(Accelation Line Up)이라고 생각해서 매수진입합니다. PST지표가 있으면 캔들이 상향돌파선과 상향가속선을 통과하는 시점을 쉽게 찾을 수 있습니다. 물론 선물거래로 매도진입으로 수익을 낼 경우는 캔들이 하향돌파선과 하향가속선을 통과하는 시점도 쉽게 찾을 수 있습니다.

B는 중위 차트(3분, 5분) 타임 프레임이 맞지 않는 경우입니다. 처음 매수진입 시에는 되돌림 없이 추세가 상승으로 보이다가도 다시 내려 옵니다. 캔들이 저항선을 통과 후 내려올 때, 그 저항선이 다시 지지선 처럼 보일 때도 있고, 캔들이 아까 통과한 저항선보다 더욱 가격이 내려올 수 있습니다. 5분차트보다도 10분차트 타임 프레임을 맞추지 않는 경우가 그렇습니다.

C는 기준차트인 60분차트 타임 프레임을 맞추지 않고 1분차트부터 30분차트까지 타임 프레임만 맞춘 경우입니다. 제가 왜 주식거래에서는 기준차트가 60분차트이고 선물거래에서는 기준차트가 10분차트라고 했을까요? 제 경험상 많은 테스트를 해봤더니, C처럼 추세상승이 많이 못가더라도 매수진입 후 손해 보지 않는 차트를 설정한 것입니다.

D는 1분차트부터 60분차트까지 모두 타임 프레임이 맞는 경우입니다. D가 C보다 기준차트 타임 프레임을 높였기 때문에 조금 더 많은 수익을 기대할 수 있습니다. 그렇다면 여기서 질문을 하나 드리겠습니다. 만약 주식거래에서 기준차트를 60분으로 하지 않고 더 큰 상위차트(120분, 1일)를 사용하면 더욱 수익을 낼 수가 있을까요?

정답은 맞습니다. 기준차트를 60분보다 120분으로 또는 120분보다 1일차트를 기준차트로 생각하면 더욱 많은 수익을 기대할 수가 있습니다. 하지만 두 가지가 문제가 발생합니다.

첫째로 1분, 3분, 5분, 10분, 30분, 60분, 120분, 1일 8개의 차트 타임 프레임이 모두 맞을 경우가 적고 둘째로 기준차트를 상위차트로 높일수록 P2구간인 추세의 되돌림이 보다 커진다는 것입니다. 되돌림이 클수록 보유는 힘들어집니다. PST교육을 할 때 주식거래에서 기준차트를 60분차트라고 가르치지만, 저는 주식거래에서 기준차트를 120분차트나 1일차트로 설정합니다. 앞선 두 가지 문제가 있지만, 그래도 120분차트나 1일차트 타임 프레임이 맞는 종목이 더 확실하게 수익을 가져다주기 때문입니다. 여러분도 기준차트는 자신에게 맞는 시간 차트를 설정하시면 됩니다.

추세 기울기 분석

이제 여러분은 주식거래에서 상승 사이클 내 기준차트를 60분으로 보고, 기준차트 포함한 모든 하위 타임 프레임이 맞는 P1구간에서 매수 진입하면, 수익을 기대할 수 있다는 것을 아셨을 것입니다. 여기서 고민한 숙제가 하나 더 있습니다. 매수진입 후 추세의 기울기가 만약 탄젠트(Tangent) 1도가 안 되어, 1년 정기예금 이자보다 적으면 주식거래보다도 정기예금에 투자하는 것이 좋을 것입니다.

PST이론과 PST지표를 활용하면 상승강화 구간인 P1구간과 P4-1구간에서 매수진입 시 추세의 기울기를 설정할 수가 있어서 보다 효율적으로 거래하실 수 있습니다.

[자료 2-31]처럼 먼저 X축을 시간으로 생각하고 Y축을 가격이라고 설정하겠습니다. 시간 흐름에 따라 X축상에서 추세가 a지점부터 c지점까지 움직인다고 보고, 매수진입으로 수익이 난 경우를 h1, h2로 생각해보겠습니다. a지점부터 c지점까지를 상승 사이클 내에서 상승강화

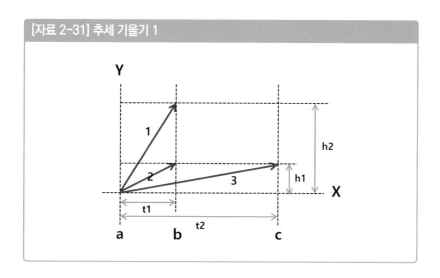

[자료 2-31] 추세 기울기 1

구간이 P1구간으로 생각하면, 추세1, 추세2, 추세3 모두 수익을 낼 수 있겠습니다.

여러분이 보기에는 어느 경우가 가장 효과적인 거래를 했다고 생각하시나요? 당연히 추세1입니다. 하나씩 살펴보겠습니다. 추세3은 a지점부터 c지점까지인 t2시간 동안 h1만큼 밖에 수익이 안 난 경우입니다. 보유시간을 감안하면 만족할 만한 수익이 나지 않았습니다. 만약여러분이면 일부러 추세3을 선택하지는 않을 것입니다. 추세2는 a지점부터 b지점까지인 t1시간 동안 h1만큼 수익이 났습니다. 추세3과 같은 수익인 h1이지만 시간은 적게 걸렸습니다. 결국은 추세2가 추세3보다는 효과적인 경우라고 볼 수 있습니다.

추세1은 a지점부터 b지점까지인 t1시간 동안 h2만큼 수익이 많이 난 경우입니다. 보유시간과 비교하면 가장 많은 수익이 났습니다. 추세1, 추세2, 추세3을 비교하면 추세1〉추세2〉추세3 순서대로 효과적인 거래라고 볼 수 있습니다. 그러면 효과적인 거래는 무엇과 비례

(Proportion) 관계일까요? 그것은 바로 '기울기'입니다.

$$\text{추세의 기울기}(\theta) = \frac{\Delta y}{\Delta x} = \frac{y2-y1}{x2-x1} \propto \text{추세의 속도} \propto \text{효과적인 거래}$$

추세의 기울기는 탄젠트 각도로 가격의 변화량(Δy)을 시간인 x축의 변화량(Δx)으로 나누면 구할 수 있습니다. 시간이 적고 이익이 클수록 추세의 기울기가 크고 이것은 추세의 속도가 빠르게 진행됨을 알 수 있으므로 결국 가장 효과적인 거래(Best Effective Trading)을 추구할 수 있습니다.

[자료 2-31] a지점에서 매수진입을 했을 때 이후 나오는 추세의 기울기가 클지, 작을지를 미리 알 수가 있을까요? 일반지표로는 알 수 없지만 PST지표는 미리 기울기를 설정해서 거래할 수 있습니다. PST지표를 활용하면 기울기가 작을 때는 거래를 하지 않습니다. 기울기가 작을 때는 추세의 속도도 비례해서 느리게 움직이기 때문에 수익이 난다 해도 효과적인 거래가 되지 않기 때문입니다.

> PST6지표 : tan30도 $\leq \theta <$ tan90도 (P1구간, P4구간 진입 가능)
> PST14지표 : tan45도 $\leq \theta <$ tan90도 (P1구간, P4, P2-1구간 진입 가능)
> PST56지표 : tan60도 $\leq \theta <$ tan90도 (모든 구간 진입 가능)
> PST100지표 : tan60도 $\leq \theta <$ tan90도 (모든 구간 진입 가능)

PST지표를 활용하면 추세가 상승보합에서 상승강화로 바뀌는 P1구간과 P4-1구간에서 추세의 기울기를 새롭게 세팅해서 거래할 수 있습니다. PST6지표는 P1, P4-1, P4-2구간에서 매수진입 후 기울기가 tan30도 이상부터 tan90도 미만으로 추세가 나올 것을 예상할 수 있고, PST14지표는 P1, P4-1, P4-2, P2-1구간에서 매수진입 후 기울기가 tan45도 이상부터 tan90도 미만으로 추세가 나올 것을 예상할 수 있습니다. 실전 거래에서 P2구간에서 매수진입을 한다는 것은 폭락 장 이후 추세가 이른바 기술적 반등처럼 보일 때 매수진입하는 것처럼 보입니다. 그러나 PST지표를 활용하면 하락 사이클이 아직 끝나지 않는 상태에서 매수진입하는 것으로 해석이 됩니다. PST56지표와 PST100지표는 모두 tan60도 이상부터 tan90도 미만으로 추세가 나올 것을 예상할 수 있습니다. 하지만 PST6, PST14, PST56지표는 추세를 2차원으로 생각해서 만든 지표이고, PST100지표는 추세를 3차원으로 생각해서 만든 지표입니다. 각 지표에 대한 설명은 추후 자세히 하겠습니다.

추세의 기울기를 미리 설정한 PST지표를 실전 거래에 활용하면 매우 편하게 거래할 수 있습니다. 기울기가 클수록 더 효과적인 거래를 할 수 있지만, 충분한 연습 없이 PST지표를 활용했다가 늦게 매수진입해서 손실을 볼 수도 있으니 주의하셔야 합니다.

매수진입 후 추세의 기울기가 반드시 존재해야 되돌림이 작습니다. 동의하시나요? 마켓 메이커 입장에서 현재 가격에서 원하는 가격까지 추세를 상승시킬 때 천천히 하면 시간이 오래 걸립니다. 마켓 팔로어가 알아내어 매수진입을 쫓아서 할 수는 있습니다. 그러면 마켓 메이커 입장에서는 마켓 팔로어를 떼어 내려고 많은 흔들림인 노이즈를 만들어야 하고 이 구간(=P2구간)에서는 투자 비용도 많이 들 것입니다. 그러므로 마켓 메이커 입장에서 단시간에 원하는 가격까지 추세를 강하게 상승시킬 때는 당연히 기울기가 높게 나타나야 하고 속도가 빨라야 합니다.

앞서 말씀드린 PST지표를 보면 tan90도를 포함하지 않습니다. tan90도로 추세가 움직이면 수직상승으로 움직여야 하는데, 이것은 마켓 메이커만이 알 수 있습니다. 선물거래에서 PST35지표를 사용하면 기울기를 tan0도 이상부터 tan90도 이하까지 예측할 수 있습니다. 여기서는 tan90도가 포함되어 수직상승도 예측할 수가 있습니다. 수많은 실전 테스트를 해본 결과, 주식거래에서는 사용할 수 없고 해외선물거래에서는 사용할 수 있다는 것을 알아냈습니다. tan90도로 수직상승하는 캔들은 동일한 캔들에서는 절대로 매수진입할 수 없습니다. 한 캔들 앞에서 먼저 매수진입한 후 대기하는 전략을 택해야 합니다. 여기서는 tan0도가 포함되어 약간의 노이즈(=되돌림)가 발생할 수 있습니다. 주식거래인 경우는 오후 3시 30분에 주식 장이 마감되고 다음 날 오전 9시에 주식 장이 시작이 되어 추세가 멈추면 실시간으로 추세를 분석한 데이터가 안 들어와서 PST지표로 분석하는 데 한계가 있습니다. 그러나 해외선물거래에서는 평일 기준으로 24시간 추세가 움직이므로 다음 캔들이 tan90도인 수직상승과 arctan90도인 수직하락으로 추세를 만드는 것을 예상할 수 있습니다.

[자료 2-32]는 'KT&G' 종목, 2022년 11월 28일부터 2022년 12월 2일까지 60분차트로 추세를 보여줍니다. 추세 아래에 PST6지표와 PST32지표를 불러봤습니다. PST6지표는 P1구간과 P4구간 진입 후 tan30도≤θ<tan90도 또는 arctan30도≤θ<arctan90도로 추세의 기울기를 예측합니다.

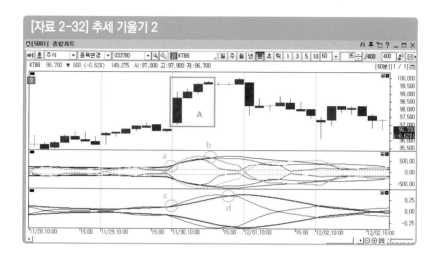

[자료 2-32] 추세 기울기 2

실전 거래 시 반드시 어떤 사이클인지 먼저 확인해야 합니다. PST32 지표를 보면 굵은 빨간색선이 굵은 파란색선 위에 있는 구간은 상승 사이클 구간입니다. 그 구간 안에서 가는 빨간색선이 굵은 빨간색 위에 있는 구간, 즉 c지점에서 d지점까지가 되돌림이 없는 P4-1구간임을 알 수 있습니다.

P1구간과 P4-1구간에서 타임 프레임을 맞춰서 매수진입하면 수익이 날까요? PST이론상 당연히 수익이 납니다. 다만 매수진입부터 추세의 기울기가 너무 낮으면 시간 대비 수익이 너무 적게 날 수도 있습니다. 그러니까 매수진입 시 추세의 기울기를 설정해서 진입하는 것이 매우 중요합니다. 추세의 기울기는 일반 보조지표로는 알 수가 없고 오직 PST지표로만 알 수 있습니다.

c지점부터 d지점 사이에서 PST6지표를 활용하겠습니다. 주기의 변화량을 뜻하는 굵은 녹색선이 추세의 변화량을 뜻하는 빨간색선, 파란색선, 검정색선 위에서 시작하는 a지점에서 매수진입합니다. 이후 녹색

선이 다시 검정색선 아래로 내려가는 b지점에서 매수청산하면, 녹색박스 A영역만큼 수익을 얻을 수 있습니다. 어떠세요? 대단하지 않으신가요? 상승 사이클이 살아있는 5일 동안 매수진입 후 5일 보유전략보다는 상승 사이클 내에서 되돌림이 없는 안전한 구간을 찾은 다음 추세의 기울기를 설정한 PST6지표를 활용해서 매수진입과 매수청산을 하면, 짧은 보유기간에 가장 많은 수익을 얻는 효과적인 거래를 할 수 있습니다.

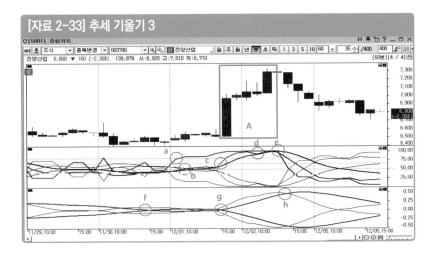

[자료 2-33]은 '진양산업' 종목, 2022년 11월 29일부터 2022년 12월 5일까지 60분 차트로 추세를 보여줍니다. 추세 아래에 PST14지표와 PST32지표를 불러봤습니다. PST14지표는 P1구간과 P4구간 진입 후 tan45도≤θ<tan90도 또는 arctan45도≤θ<arctan90도로 추세의 기울기를 예측합니다.

PST14지표는 PST6지표에 비해서 추세의 기울기를 더 높이 설정을 할 수 있습니다. 기울기가 높다는 것은 보다 효율적인 거래를 기대할 수 있다는 의미입니다. PST14지표를 사용하면, PST6지표보다 기능면에서 더 탁월하겠습니다. PST지표에 대한 설명은 추후 하겠습니다.

PST32지표는 추세의 위치를 파악하는 데 사용합니다. PST지표를 만들기 전까지는 트레이더 본인이 일반 보조지표로 추세의 위치를 생각해야 했습니다. 하지만 PST32지표를 활용하면 추세를 쉽고 완벽하게 알아낼 수 있습니다. 사이클의 시작과 끝을 파악하는 것이 실전 거래에서 가장 우선이라고 말씀드렸습니다.

11월 29일부터 f지점까지는 굵은 빨간색선이 굵은 파란색선 위에 존재하기 때문에 상승 사이클 구간이라고 봅니다. f지점부터 g지점은 반대로 굵은 파란색선이 굵은 빨간색선 위에 존재하기 때문에 하락 사이클 구간으로 생각하시면 됩니다. 그리고 다시 g지점부터 12월 5일까지는 상승 사이클이라고 쉽게 파악할 수 있습니다. g지점부터 h지점까지 가는 빨간색선이 굵은 빨간색 위에 존재하기 때문에 이 구간이 되돌림이 작은 안전한 구간으로 생각할 수 있습니다. PST14지표를 보면 굵은 빨간색선이 첫 번째 기준선 a지점을 통과하고, 굵은 파란색선이 두 번째 기준선인 c지점을 지나며, 굵은 검정색선이 세 번째 기준선인 b지점을 공통적인 통과하는 c지점에서 매수진입을 합니다. 이때 추세의 기울기는 tan45도 이상으로 나타나므로 1차 매수청산은 d지점에서, 2차 매수청산은 e지점에서 하면 녹색박스 A영역만큼 수익을 기대할 수 있습니다.

[자료 2-34]는 '넷마블' 종목, 2022년 11월 24일부터 2022년 10월 31일까지 60분 차트로 추세를 보여줍니다. 추세 위에는 PST56지표와 추세 아래에는 PST32지표를 불러봤습니다. PST56지표는 P1, P2, P3, P4 모든 구간에 진입 후 tan60도≤θ<tan90도 또는 arctan60도≤

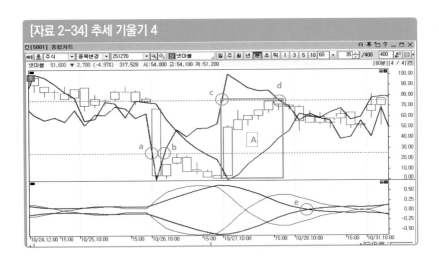

[자료 2-34] 추세 기울기 4

θ<arctan90도로 추세의 기울기를 예측합니다. 모든 구간에 진입해서 수익을 낼 수 있다는 것은 매수진입 이외에 매도진입이 가능한 선물(국내선물, 해외선물) 거래에서도 활용할 수 있습니다.

PST56지표는 PST14지표에 비해서 추세의 기울기를 더 높이 설정을 할 수 있습니다. 기울기가 높다는 의미는 더욱 효율적인 거래를 기대할 수 있다는 것입니다. PST56지표를 사용하면 PST14지표보다 기능적으로 탁월하겠습니다. PST지표에 대한 설명은 추후 하겠습니다.

PST32지표는 역시 추세의 위치를 파악하는 데 사용합니다. PST32 지표를 보면 10월24일부터 e지점까지는 굵은 파란색선이 굵은 빨간색 선 위에 있으므로 하락 사이클 구간입니다. 하락 사이클 구간에는 매도진입으로 수익을 기대해야지 매수진입으로 수익을 기대하는 것은 P2 진입으로 이론상 어렵습니다.

PST56지표를 보면 하락 사이클 구간 중 추세선을 뜻하는 굵은 빨간색선이 아래 기준선인 ALD(Accelation Line Down, 하향가속선)을 우하향으로 통과하는 a지점에서 매도진입한 후 다시 ALD을 우상향 통과하는 b지점에서 매도청산을 장대 음봉만큼 수익을 기대할 수 있습니다. 매수진입으로 수익을 내는 주식거래는 관망해야 합니다. 매수진입하면 엄청나게 손실이 클 수 있습니다.

반대로 하락 사이클이지만 굵은 빨간색선이 위 기준선인 ALU (Accelation Line Up, 상향 가속선)을 우상향 통과하는 c지점에서 매수진입한 후 다시 ALU를 우하향 통과하는 d지점에서 매수청산하면 녹색박스 A영역만큼 수익을 기대할 수 있습니다.

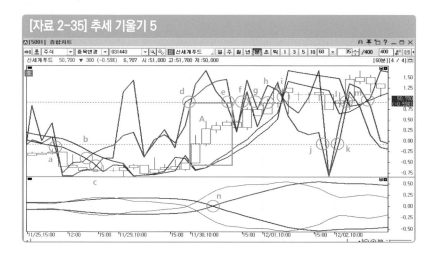

[자료 2-35] 추세 기울기 5

[자료 2-35]는 '신세계푸드' 종목, 2022년 11월 25일부터 2022년 12월 2일까지 60분 차트로 추세를 보여줍니다. 추세 위에는 PST100지표와 추세 아래에는 PST32지표를 불러봤습니다. PST100지표도 PST56지표와 같이 P1, P2, P3, P4 모든 구간에 진입 후 $\tan 60$도$\leq\theta$ $<\tan 90$도 또는 $\arctan 60$도$\leq\theta<\arctan 90$도로 추세의 기울기를 예측합니다. 모든 구간에 진입해서 수익을 낼 수 있다는 것은 매수진입 이

외에 매도진입이 가능한 선물(국내선물, 해외선물) 거래에서도 활용될 수 있습니다. PST100지표와 PST56지표와 차이점은 PST56지표는 추세를 2차원으로 분석한 다음 적분을 한 번 계산했고, PST100지표는 추세를 3차원으로 분석한 다음 적분을 두 번 계산했습니다. PST지표에 대한 설명은 추후 하겠습니다.

추세를 2차원으로 계산한 PST지표를 활용해서 매수진입을 한 다음 매수청산은 일반적으로 기준차트보다 한 단계 낮은 하위차트로 하면 됩니다. 추세를 3차원으로 계산한 PST지표를 활용해서 매수진입한 다음 매수청산은 기준차트로 매수청산해도 괜찮다는 장점이 있습니다. 물론 매도진입과 매도청산도 동일한 차트로 가능합니다.

PST100지표를 보면 추세를 뜻하는 굵은 빨간색선 2개가 위의 기준선인 ALU를 우상향 통과 시 매수진입합니다. 아래 기준선인 ALD를 모두 통과 시, 매수청산하면 됩니다. 단, ALD를 통과하기 전에 거래 가능 시간을 뜻하는 굵은 파란선을 통과하면 청산해야 합니다. PST100지표는 아무 구간에서도 조건이 맞으면 진입이 가능하므로 PST32지표는 참고만 하면 됩니다. a지점에서 매도진입한 후 b지점과 c지점에서 매도청산하면 됩니다. j지점에서 매도진입한 후 k지점에서 매도청산하면 됩니다. 하락 사이클 중인 d지점에서 매수진입을 한 후 상승 사이클로 바뀐 e지점에서 매수청산을 하면 녹색박스 A영역처럼 수익을 기대할 수 있습니다.

나머지 지점에서는 PST100지표를 사용해서 여러분이 매수진입과 매수청산을 찾아보시길 바랍니다. 제가 만든 PST지표와 현재 HTS에 오픈된 모든 보조지표는 캔들의 움직임을 분석해서 표시하는 후행성

(Lagging) 지표입니다. 그러나 PST지표는 PST이론이 추세의 사이클부터 생각하기 때문에 현행성(Current) 지표에 가깝다고 말할 수 있습니다.

추세의 속도를 결정하는 추세의 기울기는 주식거래에서는 탄젠트 각도만 고려해야 합니다. 하지만 양방향 거래가 가능한 선물거래에서 매수진입으로 수익을 낼 때는 탄젠트 각도를 고려해야 하고, 매도진입으로 수익을 낼 때는 아크탄젠트(Actangent) 각도를 고려하면 됩니다. 주식거래는 선물거래보다 거래량이 작기 때문에 아무리 PST지표가 강한 상승이 나오는 기울기를 예측할 수 있어도 조심해야 합니다. 왜냐하면 거래량이 작을 때는 원하는 만큼 수익을 기대할 수가 없기 때문입니다. 그래서 주식거래에서는 반드시 항상 전체 거래량, 외국인이나 기관 투자자의 매수량, 프로그램 매수량 등을 확인하면서 PST지표를 활용해야 합니다.

추세 최고점 예측

이제 여러분은 주식거래에서 상승 사이클 내 기준차트를 60분으로 보고, 기준차트 포함한 모든 하위 타임 프레임이 맞는 P1구간에서 추세의 기울기를 설정해서 매수진입하면 수익을 기대할 수 있다는 것을 아셨으리라 믿습니다. 다음에는 무엇을 고민해야 할까요? 그것은 최고점을 맞추는 것입니다. 주식거래에서 그날 하루의 최고가격을 맞힐 수가 있을까요? 반대로 선물거래에서 어느 기준차트를 대상으로 한 사이클 내에서 최고가격이나 최저가격을 맞힐 수가 있을까요?

주식방송을 보면 주식 장이 마감되고 많은 전문가가 TV에 나와서 차트를 보면서 분석해줍니다. 거래가 끝난 차트를 보고 분석하는 것은 어려운 일이 아닙니다. 과연 그 전문가들이 실시간 차트를 보면서 라이브로 분석을 할 수 있을까요? 분석하는 분이 그 종목의 추세를 만드는 마켓 메이커가 아닌 이상 그 종목의 추세를 맞추기가 쉽지 않습니다.

그러나 PST이론과 PST지표가 있으면 가능합니다. 여러분은 제가 이렇게 말하면 당연히 불가능하다고 말씀하실 것입니다. 모두가 불가능하다고 하는 일을 아무도 도전하지 않으면 발전이 없지 않을까요? 저는 주식 책이나 방송을 보면서 '주식거래를 할 때 하루의 최고점을 알 수 없을까?'라고 스스로 의문을 가졌습니다. 처음에 제 주위 분들한테 물어보니 모두 불가능하다고 했습니다. 저도 그럴 줄 알았는데 PST연구를 20년 동안 하다 보니 문제의 해답을 찾았습니다. 물론 매수진입한 후 매수청산까지 보유시간을 며칠 보유하지 않고 하루 중 거래를 마친다고 가정하면, 당일 최고가격이 나왔으면 더는 보유할 필요가 없습니다. 매수한 트레이더는 추세가 상승이면, 계속 상승을 지속할 것 같아 종일 보유하고 싶을 것입니다. 하지만 저는 어느 시점에서 하루의 최고가격이 지나가면 종일 보유한다는 것은 의미가 없는, 비효율적인 거래라고 생각합니다.

[자료 2-36] 실시간 휴대전화 주식방송 예상 및 결과

[자료 2-36]은 수년 전부터 제가 매일 오전 9시부터 오전 10시까지 주식 실전 거래를 하면서 수강생들께 참고하시라고 보낸 실시간 휴대전화 주식방송 내용입니다. 9시 개장 전에 PST지표를 활용해서 어제 외국인 매수한 종목 중에서 오늘 상승할 종목을 분석해서 말씀드립니다. 개장하면 실제로 제가 주식을 매수한 후, 목표수익은 1%로 정하고 당일 최고가 전에 청산합니다. 물론 세금과 수수료를 모두 제외하고 하

루 1% 목표수익이 적다는 분도 계실 수 있습니다. 그러나 매일 1%씩 복리로 수익이 난다면 어떨까요?

　저도 과거에는 변동성이 큰 코스닥 종목이나 개별 중소형 종목을 택해서 거래했지만, 지금은 코스피200 대형주로만 거래합니다. 수강생들이 "하루에 수수료, 세금 제외하고 순수익으로 1%를 내기가 어렵지 않나요?"라고 묻습니다. PST지표는 짧은 시간 보유하며 빠른 속도로 강하게 상승하는 종목을 찾아내고 최고점을 맞힐 수 있게 도와주어서 가능합니다. 장중에 하루 최고점과 종일 하락하는 종목을 맞춘다는 것은 전 세계 누구도 아직 발견하지 못했습니다. 하지만 PST이론과 PST지표는 수년간 실시간으로 계속 증명하고 있습니다. 제게 주식 교육을 받은 분들은 매일 제 주식거래 문자서비스를 받아보실 수 있습니다.

　본인이 보유한 종목이 장중 최고점에 도착하면 하루 보유전략이면 더는 보유할 필요가 없습니다. [자료 2-36]을 보면 저는 오전 10시 44분에 현대로템을 29,400원에 매수진입한 후 30,300원에 매수청산해서 세금, 수수료를 공제하고 2.77% 수익을 냈습니다. 또한, 오전 9시부터 오전 10시까지 1~2% 상승 중인 종목 중 여러 종목을 관심 종목으로 말씀드리고 장 마감 후 많은 종목이 5% 이상 상승으로 마감했습니다. 오전 9시 30분에 SK케미칼 종목이 오늘 최고가라고 말씀드렸는데 6시간 후 오후 3시 30분 장이 끝나고 보니 역시 사전에 말씀드린 대로 최고가를 맞췄습니다.

　여러분은 어떻게 생각하시나요? 과연 우연일까요? 그런데 PST이론과 PST지표를 활용해서 계속 우연처럼 맞췄다면, 우연이 아니라 필연일 수도 있습니다.

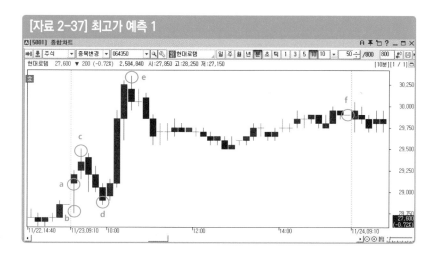

[자료 2-37]은 '현대로템' 종목, 2022년 11월 23일 10분 차트로 하루 추세를 보여줍니다. 아무 보조지표를 띄우지 않고 그냥 추세만 보고 트레이더 스스로 지지선, 저항선, 추세선을 그리면서 진입과 보유와 청산이 가능할까요? 추세를 만드는 마켓 메이커는 가능하겠지만, 추세를 따라야 하는 저나 여러분은 추세를 정확하게 실시간으로 분석하는 무엇 없이는 불가능합니다. 저는 그 무엇이 PST이론과 PST지표라고 생각합니다.

장 시작할 때 a지점에서 상승 출발을 했습니다. 여러분 나름대로 일봉차트로 큰 추세를 분석했더니 상승추세가 이어져서 a지점에서 매수 진입을 했다면 어떻게 되었을까요? b지점까지 내려갔다가 c지점까지 상승했습니다. 만약 투자 금액이 많았다면 b지점까지 손실을 보면서 보유하기가 쉬웠을까요? 저는 어렵다고 생각합니다.

다행히 매수진입 가격 이상으로 상승한 c지점에서 하루의 최고점이라고 생각할 수 있을까요? 하루의 최고점이라 생각하면, 매수청산이 효과적인 거래입니다. 그러나 여러분은 일봉차트가 상승이라고 생각했기 때문에 11월 23일 당일은 종일 보유전략을 택하실 것입니다. 그다음에 문제가 또 발생하네요. c지점까지 상승한 가격이 다시 매수진입 가격인 a지점보다 하락해서 d지점까지 하락했습니다. 그러면 다시 손해를 보고 있는데 매수진입 후 두 번이나 손실 보면서, 큰 금액을 보유할 수 있을까요? d지점에서 e지점까지 강한 상승이 짧은 시간에 나왔습니다. 이날 최고점은 e지점으로 결정이 났고, 종가는 e지점보다 낮은 f지점으로 마감이 되었습니다.

결과론적이지만 마켓 메이커가 11월 23일 하루의 추세는 이렇게 만들었다고 볼 수 있습니다. 동의하시나요? 그러면 언제 매수진입해서, 언제 매수청산한 것이 가장 효율적인 거래라고 생각하시나요? PST이론과 PST지표를 가지고 분석해보겠습니다.

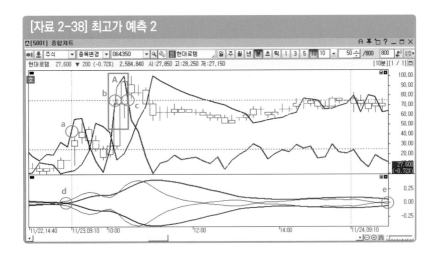

[자료 2-38] 최고가 예측 2

[자료 2-38]은 '현대로템' 종목으로 2022년 11월 23일 10분 차트로 하루 추세를 보여줍니다. 추세 위에는 PST56지표와 추세 아래에는 PST32지표를 불러봤습니다.

[자료 2-38]은 [자료 2-37]과 동일한 추세에 PST지표를 추가한 것입니다. PST32지표를 보니 d지점부터 e지점까지 굵은 빨간색선이 굵은 파란색선 위에 위치하기 때문에 상승 사이클 구간이라고 생각할 수 있습니다. 저는 PST56지표에서 빨간색선이 ALU를 우상향으로 통과하는 b지점에서 매수진입했습니다. 다시 빨간색선이 ALU를 우하향으로 통과하는 c지점에서 매수청산을 했더니 수익은 녹색박스 A영역처럼 되었고, 결과적으로 최고점 직전에서 청산했습니다.

물론 실전 거래 시에는 60분차트를 기준차트로 보고, 하위차트인 1분, 3분, 5분, 10분, 30분 차트와 상위차트인 120분, 1일 차트로 띄워놓고 각각의 타임 프레임을 맞춰서 매수진입해야 합니다. a지점에서 매수진입은 추세를 의미하는 빨간색선이 ALU를 우상향으로 통과하지 않기 때문에 관망합니다. 어떠신가요? 진입부터 청산까지 보유시간은 20분도 걸리지 않는 짧은 시간 동안 수익은 최고점 전에서 청산하는 가장 효과적인 거래를 했습니다. PST이론과 PST지표는 이렇게 여러분께 실전 거래에서 가장 효과적인 거래 방법을 제공하고 있습니다.

PST이론상 PST지표는 실시간으로 거래량이 많은 투자 상품에 잘 맞습니다. 거래량이 부족한 투자 상품은 아무리 PST지표가 추세를 실시간으로 정확히 분석한다고 해도 실전 거래에서는 원하는 만큼 수익을 얻지 못할 수 있습니다. 그러므로 국내선물이나 해외선물 거래에서는 거래량이 많아서 괜찮지만 주식거래에서는 외국인, 기관이 거래하는 대형주를 추천합니다.

　PST지표는 양방향 거래인 선물거래에서 매수진입과 매도진입으로 수익을 낼 수 있기 때문에 주식거래에서 종일 하락하는 것도 쉽게 찾을 수 있습니다. 물론 주식거래는 일반적으로 매도진입으로는 수익을 못 내기 때문에 추세가 하락하면 관망해야 합니다. 만약 여러분이 PST지표를 활용해서 어떤 종목이 계속 하락한다고 판단하면, 아무리 좋은 뉴스나 전문가가 그 종목을 매수진입하라고 추천해도 더는 속지 마시고 관망을 해야 합니다. 이제는 더는 하락하다가 살짝 반등하는 종목을 바닥을 확인하고자 저점매수를 반복하는 실수는 하지 않으셔야 합니다. 물론 폭락 장에서 기술적인 반등인 P2구간에서 진짜로 마켓 메이커가 진짜 상승추세를 만들 수도 있습니다. 이때도 PST지표가 찾아내서 매수진입하라고 여러분께 알려드릴 테니 걱정하지 않으셔도 됩니다. 그러면 어떻게 PST이론으로 하루의 최고점을 알 수가 있을까요? 비밀은 PST이론에 금융공학(Financial Engineering)을 탑재했기 때문입니다.

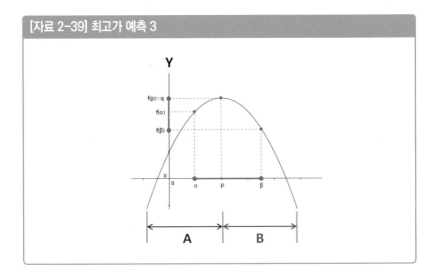

[자료 2-39] 최고가 예측 3

[자료 2-39]는 x축이 시간, y축이 가격인 2차원 평면도에서 추세를 포물선 형태인 이차함수 곡선으로 생각하고 어떤 특정 시간에 한 구간에서 추세가 $y=x^2$처럼 보인다고 가정한 자료입니다. 그러면 이 그래프가 특정 시각 p지점에서 최고가격인 q가 되려면, 추세 그래프인 이차함수는 $y=-(x-p)^2+q$가 되겠지요? 만약 실전 거래에서 청산하는 시각을 p지점에서 하지않고 a지점에서 하면 가격 y는 $-(a-p)^2+q$가 되고 β지점에서 하면 가격 y는 $-(\beta-p)^2+q$가 됩니다. 이해되시지요? 그러나 p지점을 제외한 나머지 다른 시각에서 청산하면 최고점이 아닌 것을 알 수가 있습니다.

그러면 왜 p지점에서 최고점이 나올까요? PST이론상 생각하면 $y=-(x-p)^2+q$그래프를 지점을 기준으로 A구간과 B구간으로 분류할 수 있습니다. 차이가 무엇일까요? A구간은 매수세력≥매도세력인 경우고, B구간은 반대로 매도세력≥매수세력인 경우입니다. 양방향 거래가 가능한 투자 상품은 매수세력과 매도세력이 다른 주체가 될 수 있습니다. 하지만 한 방향 거래만 가능한 주식거래는 매도세력이 청산세력이므로 주체가 동일하다고 생각해야 합니다. 이 논리를 활용하면 p지점 이후는 PST이론상 매수세력이 매도세력(=주식거래에서는 매수청산세력)보다 작아지는 시점입니다. 특정 구간에서 매수세력이 매도세력보다 크면 추세는 계속 상승할 것입니다. 매수세력이 매도세력보다 작아지면 추세는 상승이 멈춰지고, 상승보합으로 보이다가 언젠가는 하락추세로 바뀌게 될 것입니다. 주식거래인 경우는 매도세력이 따로 없으므로 매도세력을 매수진입한 청산하는 청산세력이라고 보면 이해가 쉽습니다. 그러므로 p지점이 지나가면 청산세력이 매수세력보다 크면 상승을 멈추겠지요. 앞으로 배울 PST지표에서는 p지점을 쉽게 찾을 수 있으니 걱정하지 않으셔도 됩니다. PST지표에 대한 자세한 설명은 추후 하겠습니다.

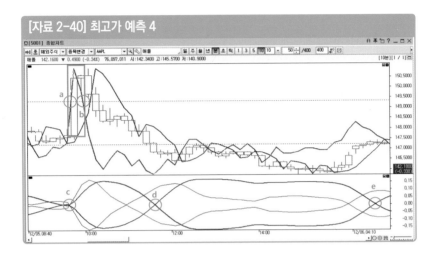

[자료 2-40] 최고가 예측 4

[자료 2-40]은 미국 주식 중 '애플' 종목입니다. 2022년 12월 05일 10분 차트로 하루 추세를 보여줍니다. 추세 위에는 PST56지표와 추세 아래에는 PST32지표를 불러봤습니다. 유진투자증권 HTS [5001] 종합차트 화면을 이용하면 국내주식, 국내선물, 해외주식을 PST지표를 활용해서 거래할 수 있습니다.

PST32지표를 보면 추세의 사이클은 c지점에서 상승 사이클이 시작되어 d지점에서 상승 사이클이 끝납니다. 다시 하락 사이클이 되고 e지점에서 하락 사이클이 끝이 남을 한 번에 알 수 있습니다.

매수진입은 PST56지표에서 추세를 의미하는 빨간색선이 ALU를 우상향으로 통과하는 a지점에서 하고 매수청산은 빨간색선이 ALU를 우하향으로 통과하는 b지점에서 하면 녹색박스만큼 수익을 얻을 수 있습니다. 미국 시간으로 9시 30분에 장이 시작해서 10분 캔들 두 번째가 진행됩니다. 매수청산 신호를 PST지표가 보여주었기에 매수청산하셔야 합니다. 10분 캔들 세 번째가 진행될 때 당일 최고가를 찍고 하락하는데 과연 욕심이 많은 트레이더들이 매수청산을 실전 거래에서 할 수 있을까요?

손실을 보는 트레이더들은 최고점을 100점이라고 가정할 때, 상승해서 올라가는 95점과 최고점 이후 하락해서 내려가는 95점이 동일하다고 생각할 것입니다. 그러나 PST이론상 상승해서 올라가는 95점에서는 매수세력이 매도세력보다 크기 때문에 원하는 가격에서 매수청산이 됩니다. 그러나 최고점 이후 내려가는 95점에서는 매도세력(=청산세력)이 매수세력보다 크기 때문에 원하는 가격에서 매수청산이 어려울 수도 있고 욕심이 생기면 매수청산을 안 할 수도 있습니다. 그러므로 PST이론은 기준차트를 중심으로 항상 최고점 전 매수청산을 원칙으로 합니다.

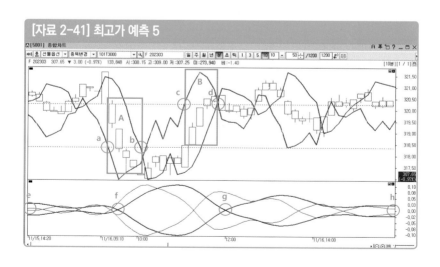

[자료 2-41] 최고가 예측 5

[자료 2-41]은 국내선물 '2023년 3월물' 종목입니다. 2022년 11월

16일 10분 차트로 하루 추세를 보여줍니다. 추세 위에는 PST56지표와 추세 아래에는 PST32지표를 불러봤습니다.

실전 거래를 할 때 가장 먼저 확인해야 할 것이 무엇일까요? 여러 번 말씀드려서 이제는 아시겠지요? 사이클의 시작과 끝을 확인해야 합니다. 추세의 사이클은 PST32지표를 활용하면 됩니다.

PST32지표로 확인하면 e지점부터 f지점까지는 상승 사이클 구간이고, f지점부터 g지점까지는 하락 사이클이고 g지점부터 h지점까지는 상승 사이클 구간임을 쉽게 알 수 있습니다. PST이론상은 상승 사이클 구간에서 매수진입을 고려해야 하고, 하락 사이클 구간에는 매도진입을 고려해야 합니다. 그러나 추세가 보합 구간으로 움직이면 이렇게 고려해서 거래해도 많은 수익을 기대하기 어렵습니다.

상승 사이클에서 매도진입을 고려하고, 하락 사이클에서 매수진입을 고려한다는 것은 무슨 의미일까요? 이것은 P2구간 진입으로 수익을 내겠다는 의미입니다. P2구간 진입은 반드시 기울기가 60도 이상으로 움직이는 PST56지표를 활용해야 합니다.

선물거래는 주식거래와 달리 매수진입과 매도진입으로 수익을 낼 수가 있습니다. 상승 사이클 구간인 a지점에서 빨간색선이 ALD를 우하향으로 통과할 때, 매도진입을 한 후 다시 빨간색선이 ALD를 우상향으로 통과하는 b지점에서 매도청산을 하면 녹색박스 A영역만큼 수익을 기대할 수 있습니다. 그리고 하락 사이클 구간인 c지점에서 빨간색선이 ALU를 우상향으로 통과할 때 매수진입한 후 다시 빨간색선이 ALU를 우하향으로 통과하는 d지점에서 매수청산을 하면 녹색박스 B영역만큼 수익을 기대할 수 있습니다.

06

진입 후 되돌림 발생 분석

이제 여러분은 주식거래에서 종목 선정 후, 타임 프레임이 맞는 P1 구간에 매수진입하고, 기울기를 설정해서 최고점 전까지 보유하면 원하는 수익을 얻을 수 있다는 것을 이해하셨을 것입니다. 그러면 실전 거래에서 다른 문제가 없을까요? PST교육을 할 때 수강생들께 가장 많이 듣는 질문이 진입 후 되돌림이 발생할 때 보유해야 할지, 아니면 청산을 해야 할지입니다. 상승하다가 되돌림이 발생해서 보유하면 가격이 진입가격까지 내려와서 손실을 보고 청산을 하면 되돌림이 끝나고 다시 상승해서 많은 이익을 볼수 있는 기회를 잃었다고 말씀하십니다.

일반 주식거래 책에서는 되돌림을 휩소, 'Pull-back', 'Retesting' 등의 같은 용어로 표현합니다. 당연한 말이지만 되돌림이 있는 구간은 매수진입하지 않고 관망하는 것이 제일 좋습니다. PST이론상 레버리지가 큰 상품인 해외선물이나 투자 금액을 많이 사용한 주식거래인 경우는 작은 되돌림에도 보유가 쉽지 않습니다. 그러면 되돌림이 있는 구간과 없는 구간을 어떻게 구별할 수 있을까요?

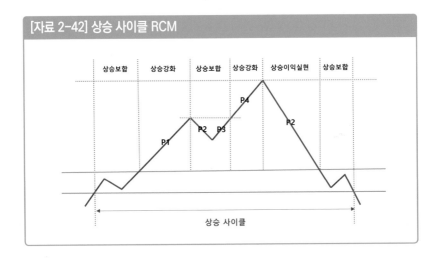

[자료 2-42] 상승 사이클 RCM

[자료 2-42]는 상승 사이클 RCM(Real Chart Map)입니다. 상승 사이클 구간에서 어느 구간이 되돌림이 없고 어느 구간이 되돌림이 있는 구간일까요? PST이론상 되돌림이 없는 구간은 P1구간과 P4-1구간이고 나머지 P2, P3, P4-2구간은 되돌림이 있는 구간입니다. P4구간은 되돌림이 발생 안 하는 P4-1구간과 되돌림이 발생하는 P4-2구간으로 분류합니다.

저는 PST교육을 할 때 수강생들께 실시간 차트를 띄워놓고, 현재 가격의 위치가 P1, P2, P3, P4구간에서 어느 구간인지 맞힐 때까지 수백 번이나 반복해서 질문합니다. 현재 가격의 위치가 어느 구간인지 모르면 본인이 진입한 시점에서 되돌림이 발생하는지, 안 하는지 처음부터 알 수 없습니다. 여러분은 어떻게 거래를 하시나요? 아직도 진입 후 되돌림이 발생하면 운이 나빴다고 합리화하지 않으세요? 실전 거래에서는 '운칠기삼(運七技三)'이라는 말이 통하지 않습니다. PST이론은 1/2

이길 확률로 거래하지 않고 2/2, 즉 100% 이길 확률로만 거래합니다. 그러므로 수강생들이 거래에서 100연승, 200연승, 300연승을 거둘 수 있는 것입니다. 주식거래에서 수익을 내는 수강생들은 되돌림이 없는 P1구간 또는 P4-1구간에서만 매수진입을 고려할 것입니다. 물론 하락추세에서 매도진입으로 수익이 날 수 있는 선물거래에서도 수익을 내는 수강생들은 되돌림 없는 P1구간 또는 P4-1구간에서만 매도진입을 고려할 것입니다. 여기서 중요한 것은 기준차트를 중심으로 하위차트에서 진입 방향과 반대로 되돌림이 나타나도, 결국 진입 방향으로 다시 되돌림이 나타나서 상위차트의 타임 프레임을 쫓아간다는 것입니다. 이해가 되시나요?

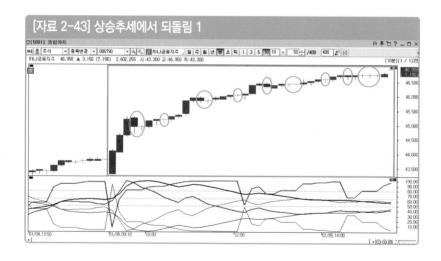

[자료 2-43]에서 녹색박스는 '하나금융지주' 종목, 2023년 1월 5일에 10분차트로 하루 추세를 보여줍니다. 종일 상승하다가 가끔씩 되돌림 구간이 녹색 동그라미 부분처럼 나왔습니다. 여러분은 매수진입한 후 P2구간에서 녹색 동그라미 부분을 만났다면 보유하실 건가요? 청산

하실 건가요? 정답은 당연히 보유해야 합니다. PST이론상 진입 시 안 밀리는 기준차트를 포함해서 하위 차트에서 타임 프레임이 모두 동일한 매수조건이면 안 밀리는 것을 알 수 있습니다. 진입 후 되돌림이 있어서 계속 상승할지 안 할지는 기준차트보다 큰 상위 차트에서 타임 프레임이 P1구간 또는 P4-1구간이면 안 밀리는 것을 알 수 있습니다.

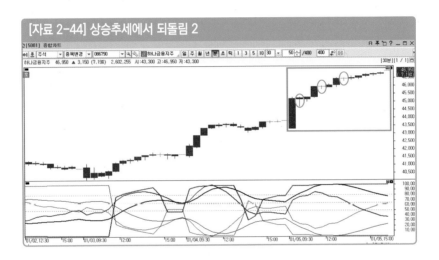

[자료 2-44]에서 녹색박스는 '하나금융지주' 종목, 2023년 1월 5일에 30분차트로 하루 추세를 보여줍니다. 종일 상승하다가 가끔씩 되돌림 구간이 녹색 동그라미 부분처럼 나왔습니다. [자료 2-43]에서 되돌림을 표시한 녹색 동그라미가 9번 나왔지만, [자료 2-44]에서는 녹색 동그라미가 3번 나온 것을 알 수 있습니다.

10분차트보다는 30분차트가 상위차트이고, 상위차트에서 P1 또는 P4-1구간이면 하위차트에서 되돌림이 있어도 계속 상승한다고 말씀드렸습니다. 이해가 되시나요? 1월 5일은 PST지표로 확인하니 P4-1구간임을 알 수 있습니다.

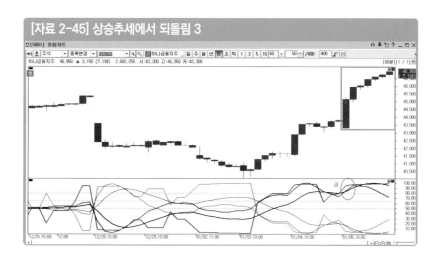

[자료 2-45] 상승추세에서 되돌림 3

[자료 2-45]에서 녹색박스는 '하나금융지주' 종목, 2023년 1월 5일에 60분차트로 하루 추세를 보여줍니다. 기준차트인 60분차트로 보니까 1월 5일 장 시작일 때 P4-1구간임을 알 수 있습니다. PST이론상 어떤 한 차트에서 P1 또는 P4-1구간이 나오면, 그 차트보다 작은 하위차트에서도 반드시 P1과 P4-1구간이 나옵니다. 그러므로 60분이 P4-1구간으로 매수진입 조건이 되었기에 하위차트인 1분, 3분, 5분, 10분, 30분차트에서도 매수진입 조건이 반드시 나오기에 매수진입을 쉽게 할 수 있습니다.

매수진입은 추세 아래 있는 PST14지표를 활용하면, 굵은 빨간색선이 첫 번째 기준선을 우상향으로 통과하고, 굵은 파란색선이 두 번째 기준선을 우상향으로 통과하며, 굵은 검정색선이 세 번째 기준선을 우상향을 통과하는 a지점에서 하면 됩니다.

한 가지 더 질문하겠습니다. 이 종목은 녹색박스에서 종가가 최고점으로 마감이 되었습니다. 여러분은 종가가 최고점으로 마감되는 것을 미리 알 수가 있을까요? 궁금하시지요? PST이론으로 맞힐 수 있습니다. 다음 자료를 보고 설명해드리겠습니다.

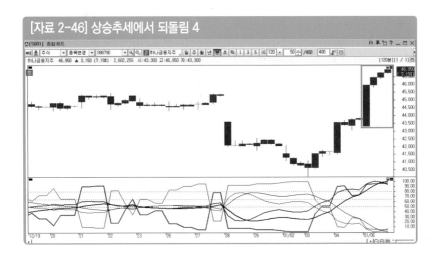

[자료 2-46]에서 녹색박스는 '하나금융지주' 종목, 2023년 1월 5일에 120분차트로 하루 추세를 보여줍니다. 주식거래에서 기준차트인 60분차트보다 상위차트를 120분차트라고 생각합니다. PST이론상 120분차트가 만약 P1과 P4-1구간이면 상승추세는 보통 이틀 연속으로 상승하기 때문에 이틀에 포함된 하루는 종가가 최고가가 되어야 합니다. 매우 중요한 팁이므로 잘 기억하시길 바랍니다.

[자료 2-47]에서 녹색박스는 'S-oil' 종목, 2022년 12월 29일에 10분차트로 하루 추세를 보여줍니다. 녹색 동그라미 부분에서 추세가 반전되어 상승하는 것 같아 매수진입을 했다면 수익 내기가 어렵습니다. 왜 그럴까요? 해답은 10분차트보다 상위차트인 30분차트를 보면 알수가 있습니다.

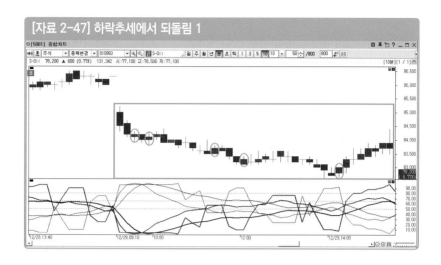

[자료 2-47] 하락추세에서 되돌림 1

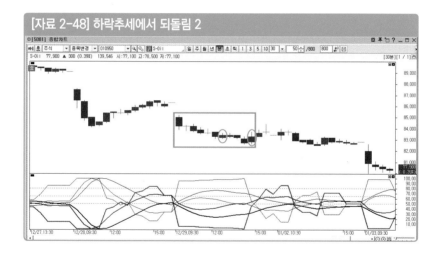

[자료 2-48] 하락추세에서 되돌림 2

[자료 2-48]에서 녹색박스는 'S-oil' 종목, 2022년 12월 29일에 30분차트로 하루 추세를 보여줍니다. 녹색 동그라미 부분에서 추세가 반전되어 상승되는 것 같아 매수진입을 했다면 수익 내기가 어렵습니다. 왜 그럴까요? 해답은 30분차트보다 상위차트인 60분차트를 보면 알 수 있습니다.

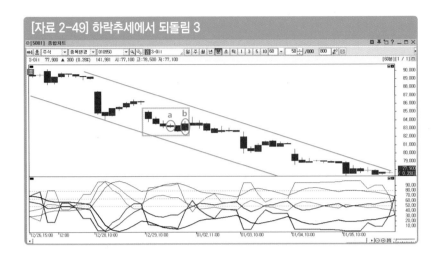

[자료 2-49] 하락추세에서 되돌림 3

　　[자료 2-49]에서 노란색박스는 'S-oil' 종목, 2022년 12월 29일에 60분차트로 하루 추세를 보여줍니다. 녹색 동그라미 부분에서 추세가 반전되어 상승되는 것 같아 매수진입을 했다면 수익 내기가 어렵습니다. 왜 그럴까요? 하락추세 중에 P2구간인 a지점에서 매수진입과 역시 하락추세 중에 P2구간인 b지점에서 매수진입은 수익 내기가 어려웠습니다. PST이론상 주식거래에서는 장 초반에서 거래가 당일거래로 수익 내기가 쉽습니다. 장 중인 a지점과 장 마감인 b지점에서 매수진입은 기준차트보다 더 상위차트의 타임 프레임을 반드시 확인해야 합니다.

　　[자료 2-50]에서 녹색박스는 'S-oil' 종목, 2022년 12월 29일부터 2023년 1월 5일까지 일봉차트로 추세를 보여줍니다. 추세 아래에 있는 PST14지표로 확인하니 추세는 매도진입이 가능한 P1구간임을 쉽게 알 수 있습니다. PST14지표의 특성은 매수진입 또는 매도진입 한 후 추세는 동일 색깔의 캔들이 기울기가 45도 이상~90도 미만으로 움직입니다. 가는 빨간색선이 첫 번째 기준선을 우상향으로 통과하고 가

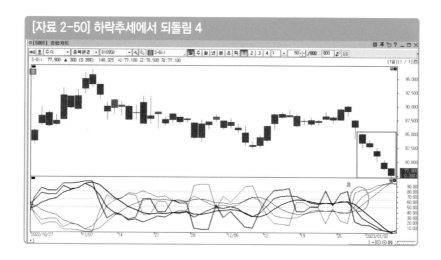

[자료 2-50] 하락추세에서 되돌림 4

는 파란색선이 두 번째 기준선을 우상향으로 통과하며 가는 검정색선
이 세 번째 기준선을 우상향으로 통과하는 a지점이 29일이고 이날부터
강력하게 추세는 하락합니다.

기준차트인 60분보다 상위차트가 매도진입이 가능한 P1구간이므로
주식거래에서 1분, 3분, 5분, 10분, 30분 차트에서 추세가 잠깐 상승한
다고 해서 매수진입을 하면 큰 손실이 발생하는 것을 알 수 있습니다.

장이 안 좋아 추세가 하락한 다음 날, 이른바 기술적 반등인 P2구간
에서 보통 장이 시작됩니다. 가장 어려운 것이 P2구간에서 매수세력이
거래량을 쏟아부으면서 상승으로 끌어올리는 것인데, PST이론상 이런
종목은 관심이 없습니다. 왜냐하면 강한 상승이 나와서 추세가 계속 갈
수 있지만, 반대로 조금 상승해서 일반 트레이더가 붙으면 매수세력인
마켓 메이커는 청산해서 결국 추세가 하락하는 것을 종종 볼 수 있기
때문입니다. 기준차트보다 큰 상위차트인 120분 또는 일봉차트에서 매
수진입 조건인 P1또는 P4-1구간이 아니면 매수진입하지 마시고 관망
하는 전략을 추천해드립니다.

07

하락추세에서 매수진입하기

2022년에는 주식 장이 좋지 않아서 수익을 내기가 쉽지 않았습니다. 한국은행 기준금리가 1.25%에서 3.25%로 계속 상승해서 주식 장의 하락을 예측할 수 있었습니다.

[자료 2-51] 종목별 손익률			
종목	2022년 1월 3일 시가(원)	2022년 12월 29일 종가(원)	손익률(%)
삼성전자	79,400	55,300	-30.3
LG에너지솔루션	597,000	435,500	-27.0
SK하이닉스	132,000	75,000	-43.2
현대차	211,500	151,000	-28.6
NAVER	379,000	177,500	-53.1
기아	82,900	59,300	-28.4
카카오	113,500	53,100	-53.2

[자료 2-51]은 시총 상위 종목 중 몇 가지 종목에 대한 2022년 주식 장 개시일인 1월 3일 시가와 주식 장 폐장일인 12월 29일 종가에 대한

손익률을 보여줍니다.

주식거래할 때는 종목 선정이 매우 중요합니다. 2022년 한 해는 주식이 하락장이라 [자료 2-51]처럼 대부분의 시총 상위 종목들이 크게 하락해서 1년 동안 장기보유한 트레이더가 수익 내기는 어려운 한 해였습니다.

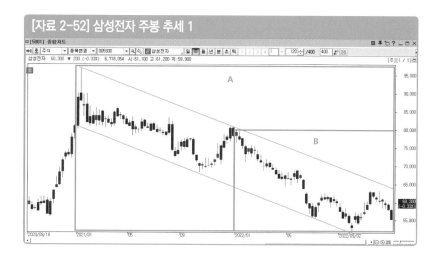

[자료 2-52] 삼성전자 주봉 추세 1

[자료 2-52]에서 녹색박스는 '삼성전자' 종목, 2020년 9월 8일부터 2022년 12월 29일까지 주봉차트로 추세를 보여줍니다. 녹색박스 A영역은 2021년 1월 4일부터 2022년 12월 29일까지 2년간 추세의 흐름입니다. 2년 동안 삼성전자 주식을 매수해서 계속 보유하고 있었으면 엄청나게 큰 손해를 봤을 것입니다. 많은 새내기 트레이더 중에서 삼성전자를 국민주로 택해서 계속 저점 분할매수를 하셨다는 기사도 뉴스에서 쉽게 접할 수 있습니다. 물론 삼성전자가 망하지 않았기에 계속 보유는 가능합니다. 하지만 2021년에 매수한 분이 2022년에 1년 더 보유하면서 저점매수 전략을 택했다면 마음이 편하지 않았을 것입니

다. 그러면 어떤 전략을 선택하는 것이 맞을까요?

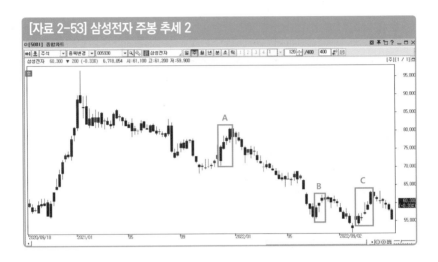

[자료 2-53]은 [자료 2-52]와 같습니다. 2021년에서 2022년까지 주봉으로 연속 상승하는 구간을 녹색박스로 표시해봤습니다. 2년 동안 하락추세 중에서 만약 녹색박스 A, B, C 영역에서 수익을 냈다면 여러분은 어떻게 생각하시나요?

하락추세에서 매수로 진입해서 수익을 내면 추세를 잘못 읽었다고 말씀하실 건가요?

아닙니다. PST이론은 하락추세 중 P2구간에서 매수로 진입하는 전략을 택해서 수익을 낼 수가 있습니다. 추세의 위치는 P1, P2, P3, P4구간을 트레이더가 타임 프레임으로 어떻게 정하느냐에 따라서 달라집니다. 물론 저도 녹색박스 영역 동안 처음부터 끝까지 매수해서 보유하라고 교육하지는 않았습니다. 왜냐하면 녹색박스 영역은 주봉차트로 표시해서 계속 상승한 것이지, 일봉으로 바꿔서 보면 상승(P1구간과 P4-1구간)과 하락(P4-2구간)을 반복하면서 가격이 상승하기 때문입니다.

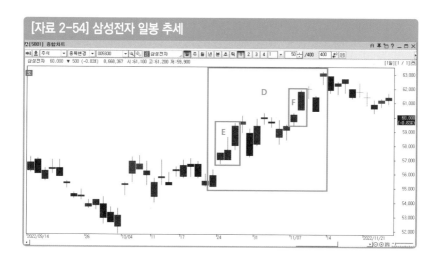

[자료 2-54] 삼성전자 일봉 추세

　[자료 2-54]에서 녹색박스는 '삼성전자' 종목, 2022년 9월 14일부터 2022년 11월 24일까지 일봉차트로 추세를 보여줍니다. 녹색박스 D영역은 [자료 2-53]에서 녹색박스 C영역과 같습니다. 어떤가요? 녹색박스 D영역을 녹색박스 C영역으로 볼 때는 양봉이 모두 나오면서 상승했지만, 동일 영역을 주봉차트보다 작은 일봉차트로 보니 역시 상승과(P1구간과 P4-1)구간과 하락(P4-2)을 반복하면서 가격이 상승합니다. 그런데 여기서도 저는 PST교육을 하면서 녹색박스 D영역에서 매수한 후 끝까지 보유하라고 가르치지 않았습니다. 녹색박스 E영역과 F영역만 거래하는 전략을 택하라고 말씀드렸습니다. 이해가 되시나요?

　PST이론상 주식거래에서는 기준차트를 60분차트로 보고 타임 프레임을 생각합니다. 일봉차트와 주봉차트를 기준차트로 하기에는 P2구간인 되돌림이 크기 때문에 추세가 만약 계속 상승을 하더라도 수익과 손실을 감수하면서 상승보합을 유지하기에는 심리적으로 어렵기 때문입니다.

하락추세에서 추세가 반등에서 올라오는 것을 전문가분들이 이른바 '기술적 반등'이라고 말씀을 하십니다. 기술적 반등처럼 보이는 추세를 큰 차트(예 : 일봉, 주봉, 월봉)로 보면 계속 하락추세처럼 보이지만 작은 차트(예 : 1분, 3분, 5분, 10분, 30분, 60분)로 보면 상승추세처럼 보일 수 있습니다.

하락추세에서 매수진입으로 수익을 내기 위한 전략은 기준차트를 설정을 작게 하고 반드시 PST지표로 타임 프레임을 분석해서 P1과 P4-1 구간에서 매수진입해야 합니다. 매수청산은 기준차트보다 작은 차트에서 고려해야 합니다.

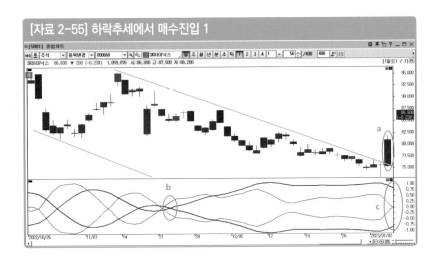

[자료 2-55] 하락추세에서 매수진입 1

[자료 2-55]는 'SK하이닉스' 종목, 2022년 10월 26일부터 2023년 1월 4일까지 일봉차트로 추세를 보여줍니다. 추세 아래에는 PST32지표를 불러봤습니다.

기준차트를 일봉으로 보면 추세는 하락추세처럼 보입니다. PST지표를 보면 b지점부터 c지점까지는 굵은 파란색선이 굵은 빨간색선 위에 위치하기에 a지점은 여전히 하락 사이클 안에 존재한다는 것을 알 수 있습니다. 그러면 P2구간인 a지점에서 매수진입을 하면 어떨까요?

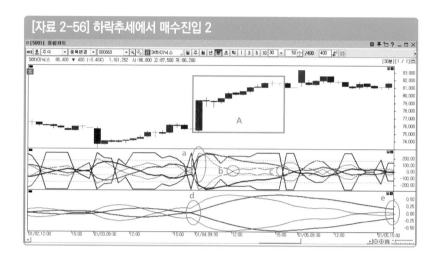

[자료 2-56]은 'SK하이닉스' 종목, 2023년 1월 2일 12시부터 1월 5일 15시30분까지 30분차트로 추세를 보여줍니다. 추세 아래에는 PST112지표와 PST32지표를 불러봤습니다.

녹색박스 A영역은 [자료 2-55]에서 a지점인 1월 4일을 10분차트로 하루의 추세를 보여줍니다. PST32지표로 보면 d지점부터 e지점까지 상승 사이클이라는 것을 알 수 있습니다. 그리고 PST112지표로 보면 a지점에서 굵기1 빨간색선(T1)≥60이고, 굵기2 빨간색선(T2)≥80이며, 굵기3 빨간색선(T3)≥50의 조건을 만족하기에 매수진입합니다. 매수청산은 기준차트인 60차트에서 T1이 교차하는 b지점에서 1차 매수청산을 하고, T2가 교차하는 c지점에서 2차 매수청산을 하면 녹색박스 A영역만큼 수익을 기대할 수 있습니다.

일봉차트로 하락추세에서 매수진입은 P2구간이지만, 60분차트에서

PST지표를 활용해서 타임 프레임을 분석한 후 거래할 수 있습니다.

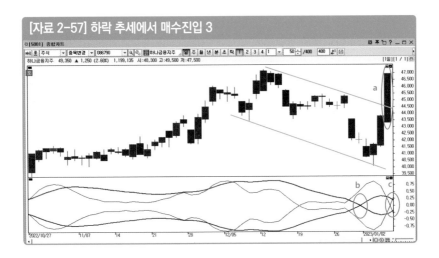

[자료 2-57]은 '하나금융지주' 종목, 2022년 10월 27일부터 2023년 1월 5일까지 일봉차트로 추세를 보여줍니다. 추세 아래에는 PST32지표를 불러봤습니다.

기준차트를 일봉으로 보면 추세는 하락추세처럼 보입니다. PST지표를 보면 b지점부터 c지점까지는 굵은 파란색선이 굵은 빨간색선 위에 위치하기에 a지점은 여전히 하락 사이클 안에 존재함을 알 수 있습니다. 그럼 P2구간인 a지점에서 매수진입을 하면 어떨까요?

[자료 2-58]은 '하나금융지주' 종목, 2023년 1월 3일 14시부터 1월 9일 10시30분까지 30분차트로 추세를 보여줍니다. 추세 아래에는 PST112지표와 PST32지표를 불러봤습니다.

먼저 PST32지표로 확인하면 1월 4일 추세는 일봉차트에서는 하락 사이클 내에 있습니다. 30분차트에서는 d지점과 e지점 사이에 있으므

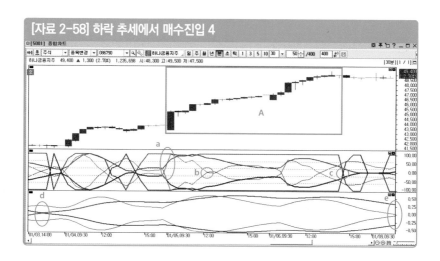

[자료 2-58] 하락 추세에서 매수진입 4

로 상승 사이클 내에 있는 것을 알 수 있습니다. 그리고 PST112지표을 사용하면 a지점에서 매수진입한 후, b지점에서 T1이 교차하므로 1차 매수청산을 하고, c지점에서 T2가 교차하므로 2차 매수청산을 하면 녹색박스 A영역만큼 수익을 기대할 수 있습니다.

08

진입 후 추세가
반대로 가는 이유

　손실을 보는 트레이더들은 "꼭 내가 진입하면 추세는 반대로 간다" 라는 말을 많이 합니다. 그래서 농담으로 손실을 보는 트레이더와 반대로 거래하면 수익이 날 수도 있다고 합니다. 왜 이 트레이더들이 매수진입하면 추세가 하락하고, 매도진입하면 추세가 상승한다고 생각하시나요?

　제가 앞서 '진입 후 되돌림 발생 분석' 편에서 PST이론상 1차 원인을 말씀드렸습니다. 1차 원인은 당연히 추세를 잘못 분석해서 발생합니다. 주식거래인 경우 현재 차트에서 사이클 분석을 먼저 해야 합니다. 상승 사이클이면 P1구간과 P4-1구간에서 타임 프레임이 맞을 때 매수진입해야 수익을 기대할 수 있습니다.

　양방향 거래가 가능한 국내선물, 해외선물 거래라면 현재 차트에서 사이클 분석을 먼저 한 후, 하락 사이클이면 P1구간과 P4-1구간에서 타임 프레임이 맞을 때, 매도진입해서 수익을 기대할 수 있습니다. 물론 국내선물, 해외선물 거래인 경우, 상승 사이클이면 주식거래와 동일하게 진입해서 수익을 기대할 수 있습니다.

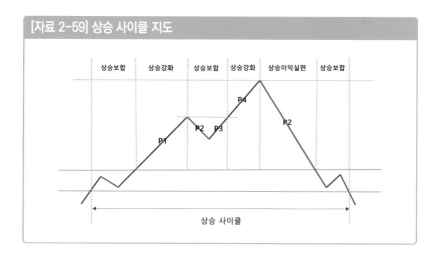

[자료 2-59]는 상승 사이클 지도입니다. 현재 추세를 PST지표로 분석한 후 매수진입은 P1구간과 P4-1구간에 타임 프레임을 맞춰 진입하면 수익을 기대할 수 있습니다. P2구간과 P4-2구간은 타임 프레임을 맞춰 진입해도 수익을 내기 어렵습니다.

2차원적 주식거래에서 추세의 위치를 분석할 때 사용하는 PST지표는 PST32지표입니다. 3차원적 주식거래에서 추세의 위치를 분석할 때 사용하는 PST지표는 PST125지표입니다. PST지표에 대한 설명은 추후 자세히 하겠습니다.

질문을 하나 드리겠습니다. 일반적으로 P1구간에서 타임 프레임까지 맞춰서 매수진입했는데 조금 상승하고 하락한 이유가 무엇일까요? 여기에 진입 후 추세가 반대로 가는 2차적인 원인이 있습니다.

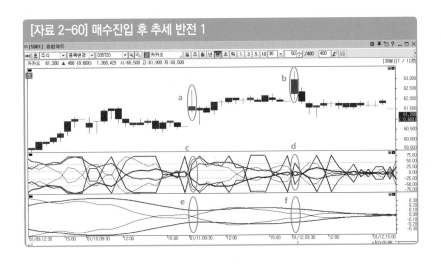

[자료 2-60] 매수진입 후 추세 반전 1

[자료 2-60]은 '카카오' 종목, 2023년 1월 9일 12시 30분부터 1월 12일 15시30분까지 30분차트로 추세를 보여줍니다. 추세 아래에는 PST112지표와 PST32지표를 불러봤습니다.

1월 11일 장 시작인 a지점과 1월 12일 장 시작인 b지점에서 매수진입했을 경우를 살펴보겠습니다. 시가보다 고가가 높으니 캔들은 양봉으로 조금은 상승을 보이다가 현재가가 시가보다 작아져서 음봉으로 하락 반전됨을 알 수 있습니다. PST32지표로 진입시점에서 추세의 위치를 보면 가는 빨간색선이 굵은 빨간색선 아래에 위치하므로 P4-2구간임을 알 수 있습니다. PST이론상 P4-2구간은 재상승을 기대할 수 있지만, 추세가 흔들면서 상승할 수 있기 때문에 진입을 안 하는 것도 좋은 전략입니다. 진입을 하려면 PST14지표보다는 PST112지표를 사용해서 P4-2구간에 진입해서 작은 상승으로 적은 수익을 기대할 수 있습니다. 작은 상승을 한 후 추세가 반전할 때 PST112지표는 청산시점을 알려줍니다. 적은 이익 또는 본전에서 청산해야 합니다. 그래서 PST112지표를 사용해서 P2구간이나 P4-2구간에서 진입할 경우는 주식거래보다는 레버리지가 큰 선물거래에 적합합니다.

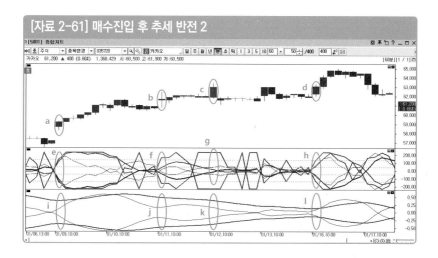

[자료 2-61]은 '카카오' 종목, 2023년 1월 6일 13시부터 1월 17일 13시까지 60분차트로 추세를 보여줍니다. 추세 아래에는 PST112지표와 PST32지표를 불러봤습니다.

[자료 2-60]에서 a지점에서 매수진입 후 추세가 반대로 가는 2차원인은 [자료 2-61]에서 b지점을 보면 알 수 있습니다. b지점 역시 PST32지표를 사용해서 j를 보면 P4-2구간입니다. 문제는 여기서 매수진입을 결정하는 PST112지표를 사용해서 f지점에서 매수진입을 하려고 했을 때입니다. T1(굵기1 빨간색선)이 T2(굵기2 빨간색선)과 T3(굵기3 빨간색선)보다 위에 위치해야 하는데 그렇지 않기 때문에 관망해야 합니다. 주식거래에서 기준차트인 60분차트에서 매수진입 조건이 안되기 때문에 30분차트에서 매수진입 후 캔들이 상승하다가 반전이 되어 하락하게 되는 것입니다. 이해가 되시나요?

[자료 2-60]에서 b점에서 매수진입 후 추세가 반대로 가는 2차 원인은 [자료 2-61]에서 c지점을 보면 알 수 있습니다. c지점 역시 PST32지표를 사용해서 k를 보면, P4-2구간입니다. 문제는 여기서 매수진입을 결정하는 PST112지표를 사용해서 g지점에서 매수진입을 하려고 보니 빨간색선이 아닌 파란색선 T1, T2가 위에 위치해서 매수진입 조건이 안됩니다. 30분차트에서 매수진입 후 캔들이 상승하다가 반전이 되어 하락하게 되는 것입니다.

[자료 2-61]에서 a지점과 d지점을 PST지표로 확인하면 모두 P4-2구간이지만, PST112지표로는 매수진입 조건이 됩니다. 여기서 타임프레임을 맞춘 후 매수진입을 했다면 수익이 날 수 있는데, 그 이유가 무엇일까요?

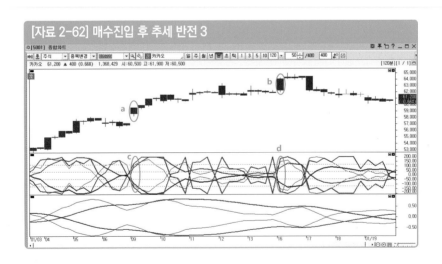

[자료 2-62] 매수진입 후 추세 반전 3

[자료 2-62]는 '카카오' 종목, 2023년 1월 3일 15시부터 1월 19일 15시30분까지 120분차트로 추세를 보여줍니다. 추세 아래에는

PST112지표와 PST32지표를 불러봤습니다.

[자료 2-61]에서 a지점은 기준차트인 60분차트를 타임 프레임에서 본 것입니다. [자료 2-62]에서 a지점은 동일 위치인 1월 9일 시초가에 기준차트보다 상위차트인 120분차트를 타임 프레임에서 본 것입니다. [자료 2-62] c지점에서 PST112지표를 사용해서 보면, T1이 T3보다 위에 위치하기에 P4-2구간에 관계없이 안전하게 수익을 낼 수 있음을 알 수 있습니다.

[자료 2-61]에서 d지점은 기준차트인 60분차트를 타임 프레임에서 본 것이고 [자료 2-62]에서 b지점은 동일 위치인 1월 16일 시초가에 기준차트보다 상위차트인 120분차트를 타임 프레임에서 본 것입니다. [자료 2-62] d지점에서 PST112지표를 사용해서 보면 T1이 T3보다 위에 위치하기에 P4-2구간에 관계없이 안전하게 수익을 낼 수 있음을 알 수 있습니다.

이렇듯이 주식거래에서 기준차트인 60분차트보다 큰 상위차트인 120분 또는 일봉차트에서 타임 프레임을 분석한 후, 매수진입 조건이 되면 60분차트보다 작은 하위 차트에서 매수진입 후 추세가 반전되어 하락하기는 쉽지 않습니다.

[자료 2-63]은 'DB하이텍' 종목, 2023년 1월 16일 15시부터 1월 20일 11시30분까지 30분차트로 추세를 보여줍니다. 추세 아래에는 PST112지표와 PST32지표를 불러봤습니다.

장 시작인 a지점과 b지점에서 매수진입을 했으면 가격이 역망치형으로 가격이 최고점 찍고 내려온 것을 알 수 있습니다. 이제 왜 역망치형처럼 캔들이 보이는 이유를 아시겠지요?

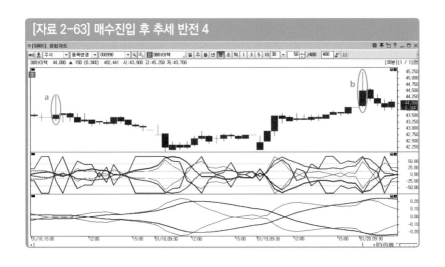

[자료 2-63] 매수진입 후 추세 반전 4

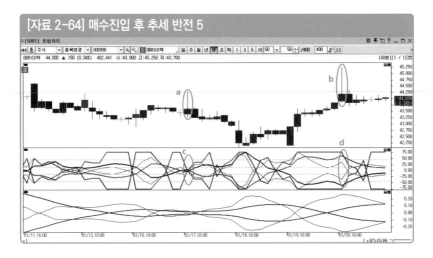

[자료 2-64] 매수진입 후 추세 반전 5

[자료 2-64]은 'DB하이텍' 종목, 2023년 1월 11일 14시부터 1월 20일 16시까지 60분차트로 추세를 보여줍니다. 추세 아래에는 PST112지표와 PST32지표를 불러봤습니다.

[자료 2-63] a지점과 동일한 지점인 [자료 2-64] a지점을 보면 하락 사이클 구간이고 매수진입이 안되는 것을 알 수 있습니다. 진입 후

추세가 반대로 가는 1차적인 이유는 기준 차트가 하락 사이클에서 매수진입을 하는 것입니다. 또한 기준차트인 60분차트에서 매수진입 조건이 안되기 때문에 60분차트보다 하위 차트인 30분차트에서 매수진입은 의미가 없습니다. 종종 장 시초가에 외국인들이 특정 종목을 매수하다가 시간이 지나면서 매도하는 것을 볼 수 있습니다. 하락 사이클 구간이나 P2구간에서 외국인 매수진입해서 추세가 잠깐 상승할 때 절대로 따라서 매수진입하시면 안 됩니다.

[자료 2-63] b지점과 동일한 지점인 [자료 2-64] b지점에서 PST지표로 d지점을 보면 상승 사이클 구간이지만 PST112지표로 T1이 T2, T3 보다 아래에 위치하므로 관망해야 함을 알 수 있습니다. 다시 말씀드리지만, 진입 후 추세가 반대로 가는 2차적인 이유는 이와 같이 기준차트인 60분차트에서 매수진입 조건이 안되는 상태에서 매수진입을 하면 기준차트보다 하위 차트인 30분차트에서 캔들 모양이 역망치 형태로 진입 후 추세가 반대로 가는 이유입니다.

PART
03

PST지표 이해

PST2지표 설명 및 이해

많은 트레이더들이 실전 거래에서 HTS에 오픈된 여러 보조지표 중 본인이 몇 가지를 선택해서 사용하고 있습니다. 그런데 오픈된 보조지표를 사용하면, 과거 추세는 맞는 것 같은데 현재 실전 거래에서는 잘 안 맞는다고 종종 느끼실 것입니다. 저는 일반 보조지표보다 더 정확하게 진입과 보유와 청산을 하는 저만의 지표를 만들고 싶었습니다. PST 이론을 정립한 다음 PST지표를 계속 발전시키면서 하나씩 만들고 있습니다. 처음 만든 PST1지표를 발전시킨 것이 PST2지표입니다.

[자료 3-1]은 수강생이 2023년 1월 18일에 하루 동안 PST2지표를 사용해서 해외선물을 거래한 결과(다음 카페 '숭실대 주식외환 전문가모임' 게재)입니다. 어떠신가요? 30전 30승 0패고, 수수료를 제외하고도 약 300만 원의 수익을 얻었습니다. PST지표를 사용할 때는 일반 보조지

[자료 3-1] PST2지표 활용한 해외선물 거래결과

청산일자	종목	청산변호	진입	청산	청산가격	청산금액	진입일자	진입가격	진입금액	통화	손익	수수료	순손익
2023/01/18	6EH23	1	매도	2	1.08705	271,762	23/01/	1.08740	271,850	USD	87.50	28	59.50
2023/01/18	6EH23	2	매도	2	1.08710	271,775	23/01/	1.08740	271,850	USD	75.00	28	47.00
2023/01/18	6EH23	3	매도	4	1.08710	543,550	23/01/	1.08740	543,700	USD	150.00	56	94.00
2023/01/18	6EH23	4	매도	2	1.08710	271,775	23/01/	1.08740	271,850	USD	75.00	28	47.00
2023/01/18	6EH23	5	매수	10	1.08740	1,359,250	23/01/	1.08705	1,358,812	USD	437.50	140	297.50
2023/01/18	6EH23	6	매수	2	1.08745	271,862	23/01/	1.08625	271,562	USD	300.00	28	272.00
2023/01/18	6EH23	7	매수	3	1.08745	407,793	23/01/	1.08625	407,343	USD	450.00	42	408.00
2023/01/18	6EH23	8	매수	1	1.08805	136,006	23/01/	1.08780	135,975	USD	31.25	14	17.25
2023/01/18	6EH23	9	매수	2	1.08805	272,012	23/01/	1.08780	271,950	USD	62.50	28	34.50
2023/01/18	6EH23	10	매수	2	1.08805	272,012	23/01/	1.08780	271,950	USD	62.50	28	34.50
2023/01/18	6EH23	11	매수	2	1.08805	272,012	23/01/	1.08780	271,950	USD	62.50	28	34.50
2023/01/18	6EH23	12	매수	1	1.08805	136,006	23/01/	1.08780	135,975	USD	31.25	14	17.25
2023/01/18	6EH23	13	매수	2	1.08805	272,012	23/01/	1.08780	271,950	USD	62.50	28	34.50
2023/01/18	6EH23	14	매수	1	1.08855	136,068	23/01/	1.08810	136,012	USD	56.25	14	42.25
2023/01/18	6EH23	15	매수	1	1.08855	136,068	23/01/	1.08810	136,012	USD	56.25	14	42.25
2023/01/18	6EH23	16	매수	1	1.08870	136,087	23/01/	1.08810	136,012	USD	75.00	14	61.00
2023/01/18	6EH23	17	매수	1	1.08860	136,075	23/01/	1.08810	136,012	USD	62.50	14	48.50
2023/01/18	6EH23	18	매수	1	1.08855	136,068	23/01/	1.08810	136,012	USD	56.25	14	42.25
2023/01/18	6EH23	19	매수	1	1.08870	136,087	23/01/	1.08790	135,987	USD	100.00	14	86.00
2023/01/18	6EH23	20	매수	1	1.08860	136,075	23/01/	1.08790	135,987	USD	87.50	14	73.50
2023/01/18	6EH23	21	매수	1	1.08855	136,068	23/01/	1.08790	135,987	USD	81.25	14	67.25
2023/01/18	6EH23	22	매수	1	1.08870	136,087	23/01/	1.08790	135,987	USD	100.00	14	86.00
2023/01/18	6EH23	23	매수	1	1.08870	136,087	23/01/	1.08790	135,987	USD	100.00	14	86.00
2023/01/18	6EH23	24	매수	2	1.08825	272,062	23/01/	1.08800	272,000	USD	62.50	28	34.50
2023/01/18	6EH23	25	매수	4	1.08830	544,150	23/01/	1.08800	544,000	USD	150.00	56	94.00
2023/01/18	6EH23	26	매수	1	1.08825	136,031	23/01/	1.08800	136,000	USD	31.25	14	17.25
2023/01/18	6EH23	27	매수	3	1.08825	408,093	23/01/	1.08800	408,000	USD	93.75	42	51.75
2023/01/18	6EH23	28	매도	5	1.08955	680,968	23/01/	1.08990	681,187	USD	218.75	70	148.75
2023/01/18	6EH23	29	매도	3	1.08970	408,637	23/01/	1.09000	408,750	USD	112.50	42	70.50
2023/01/18	6EH23	30	매도	2	1.08970	272,425	23/01/	1.09000	272,500	USD	75.00	28	47.00
	소계			65						USD	3,406.25	910	2,496.25
2023/01/18	USD합계			65						USD	3,406.25	910	2,496.25
2023/01/18	KRW환산			65						KRW	4,203,312.50	,122,940	3,080,372.50

표를 사용하지 않고 오직 PST지표만 사용합니다.

해외선물거래는 주식거래보다 빠르게 움직이고, 레버리지가 훨씬 높은 상품이기 때문에 트레이더의 90%가 손실을 보고 있습니다. 그러나 PST지표는 실시간 거래에서 아주 잘 맞기에 국내주식, 해외주식, 국내선물, 해외선물, 옵션, FX마진거래, 가상화폐거래 등 모든 거래에서 적용할 수 있습니다. 참고로 [자료 3-1]은 해외선물 거래결과로 진입 시 매수진입과 매도진입이 모두 가능합니다.

이제 PST2지표에 대해서 공부해보겠습니다. 제가 PST2지표를 만든 목적은 '캔들의 의미 파악'입니다. 그러면 캔들은 무엇을 의미할까요?

저는 캔들이란 매수자(Buyer)와 매도자(Seller)가 일정한 가격에서 만나는 점을 단위 시간 동안 시가, 종가, 저가, 고가로 표현한 것으로 생각합니다. 그래서 하나의 캔들이 연속으로 일정 기간 움직임을 표현한 것이 추세(Trend)라고 생각합니다. 추세가 만들어지려면 최소 3개의 캔들이 나와야 합니다. PST이론으로 추세는 사전에 주기(Period)와 힘(Strength)의 합으로 생각한 저는 '하나의 PST 지표 안에 주기와 힘의 합으로 표현하면 어떨까?' 고민했습니다.

[자료 3-2] 추세의 분류

P(주기) + S(힘)	T(추세)	상태
+ +	+ +	상승강화
- < +	+	상승보합
- = +	0	횡보보합
+ < -	-	히락보합
- -	- -	하락강화

[자료 3-2]는 주기와 힘을 경우의 수에 따라 추세로 나타낸 것입니다. 주기와 힘이 모두 플러스(+)이면 추세는 '상승강화'가 되고, 백분율로 생각하면 80%~100%가 됩니다. 주기가 마이너스(-)이고 힘이 플러스고, 주기와 힘의 합이 플러스면 추세는 '상승보합'이 됩니다. 백분율로 생각하면 60%~80%입니다. 그리고 주기와 힘의 합이 0이면 추세는 '횡보보합'이 되고, 백분율로 생각하면 40%~60%가 됩니다. 이번에는 주기가 플러스고, 힘이 마이너스인 상태에서 주기와 힘의 합이 마이너스가 되면 추세는 '하락보합'이 됩니다. 마지막으로 주기와 힘이 모두 마이너스면, 추세는 '하락강화'가 됩니다.

이제는 캔들과 추세의 상관관계를 생각해보겠습니다. 저는 캔들이 최소 3개 이상 합한 것을 추세라고 생각합니다. 또한, 캔들 한 개 자체도 타임 프레임으로 더 세분화하면 하나의 캔들도 작은 추세라고 생각할 수 있습니다. 예를 들어 1시간짜리 캔들 한 개는 10분짜리 캔들 10개로 구성된 작은 추세로 생각하면 이해가 될 것 같습니다.

그래서 PST이론상 캔들은 작은 추세(협의)라고 생각하고 추세를 큰 추세(광의)라고 정의합니다.

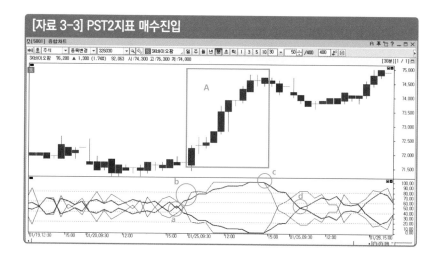

[자료 3-3]은 'SK바이오팜' 종목, 2023년 1월 19일 12시 30분부터 1월 26일 16시까지 30분 차트로 추세를 보여줍니다. 추세 아래에는 PST2지표를 불러봤습니다.

PST2지표는 가는 빨간색선인 L1, 가는 파란색선인 L2, 굵은 빨간색 선인 L3, 굵은 파란색인 L4로 구성됩니다. Y축 범위는 0부터 100까지이고 기준선은 회색 점선으로 20, 40, 60, 80으로 분류했습니다. PST2지표는 각 캔들(=작은 추세)마다 캔들의 의미를 보여줍니다. 캔들의 의미를 실시간으로 분석한 L1선의 위치가 PST2지표에서 1구간인 80~100 사이에 있으면 상승강화 구간에 있다고 생각하고, L1선의 위치가 PST2지표에서 2구간인 60~80 사이에 있으면 상승보합 구간에 있다고 봅니다.

L1선의 위치가 PST2지표에서 3구간인 40~60 사이에 있으면 횡보보합 구간에 있다고 생각합니다. 그리고 L1선의 위치가 PST2지표에서 4구간인 20~40 사이에 있으면 하락 보합구간에 있다고 봅니다. L1선의 위치가 PST2지표에서 5구간인 0~20 사이에 있으면 하락강화 구간에 있다고 생각합니다. 이해가 되시지요?

PST이론상 4가지 실선들은 추세를 구성하는 주기(Period)와 힘(Strength)의 합을 백분율(%)로 표시했습니다. L1과 L2는 봉 개수를 5개로 계산하고 L3와 L4는 봉 개수를 10개로 계산해서 표시했습니다.

다시 질문하겠습니다. 실전 거래에서 가장 먼저 분석해야 할 것이 무엇일까요? 사이클의 시작과 끝을 파악하는 것입니다. 상승 사이클에서 매수진입을 고려해야 하고 하락 사이클에서 매도진입을 고려해야지 수익을 기대할 수 있습니다. 현재 추세가 하락 사이클 중인데 여러분이 매수진입을 한다면 수익을 기대할 수 없습니다. 그러면 PST2지표로 사이클의 시작과 끝을 찾아볼까요?

PST2지표에서 사이클의 시작과 끝은 굵은 빨간색선인 L3와 굵은 파란색선인 L4가 교차 시점부터 다시 교차 시점까지입니다. [자료 3-3]에서 상승 사이클은 굵은 빨간색선이 굵은 파란색선을 아래에서 위로 교차(50)하는 a지점에서 시작합니다. 굵은 빨간색선이 굵은 파란색선을 위에서 아래로 교차(50)하는 d지점에서 상승 사이클의 끝을 의미합니다.

여러분은 a지점부터 d지점 사이에서 매수진입을 고려하시면 됩니다.

참고로 하락 사이클은 굵은 파란색선이 굵은 빨간색선을 아래에서 위로 교차할 때 시작됩니다. 파란색선이 굵은 빨간색선을 위에서 아래로 교차할 때는 하락 사이클의 끝을 의미합니다.

굵은 빨간색선이 상승보합 구간인 2구간에 위치한 상태에서 가는 빨간색선이 상승강화구간인 1구간에 위치한 b지점에서 매수진입을 고려해야 합니다. 매수진입은 기준차트인 60분차트에서 매수진입 조건이 맞은 상태에서 60분 차트보다 하위차트인 1분, 3분, 5분, 10분, 30분 차트에서도 동일한 매수진입 조건이 나올 때 하면 됩니다.

PST2지표에서 매수진입 방법을 프로그래밍하면 다음과 같습니다.

$$L1 \geq 80$$
$$AND\ L3 \geq 60$$
$$AND\ L1 \geq L3$$

이 매수진입 조건은 60분 차트를 포함한 하위차트에서도 동일해야 합니다. 물론 실전거래에서는 위의 매수진입 조건이 모두 나올 수도 있고, 몇 차트에만 나올 수 있습니다. PST이론은 상위차트에서 타임 프레임상 P1 또는 P4-1구간이면 하위차트에서추세는 상위차트의 추세를 추종하기 때문에 여러분이 많은 경험으로 본인만의 룰(Rule)을 만들어야 합니다.

b지점에서 매수진입을 한 후 매수청산은 언제 해야 할까요? 항상 청산은 진입과 동시에 생각해야 합니다. PST이론은 진입 포지션이 P1, P4, P2구간에 따라서 청산시점은 이미 정해진다고 생각하기 때문입니

다. 일반적으로 주식거래는 기준차트가 P1구간인 상승강화 구간에서 진입하는 것이 수익을 내기 가장 쉽습니다. 청산은 기준차트인 60분차트보다 한 단계 하위차트인 30분차트로 하면 최고점 근처에서 할 수 있습니다. 매수청산은 다음 조건에서 한 개라도 만족하면 청산을 고려하면 됩니다.

$$L1 \leq 80$$
$$OR\ L3 \leq 60$$
$$OR\ L1 \leq L3$$
$$OR\ L3 \leq 80$$

c지점에서 L1이 L3보다 작아지므로 매수청산을 하면 녹색박스 A영역만큼 수익을 기대할 수 있습니다. 만약 녹색박스 A영역에서 캔들이 음봉이나 도지형태가 나와도 진입가격까지 내려오지 않으면 계속 보유 전략을 택하는 쪽이 현명합니다.

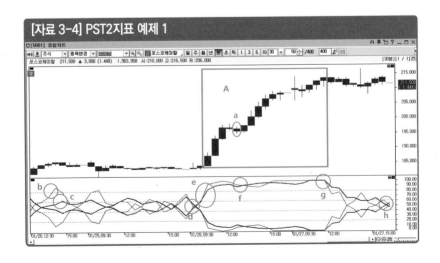

[자료 3-4] PST2지표 예제 1

[자료 3-4]는 '포스코케미칼' 종목, 2023년 1월 20일 12시 30분부터 1월 27일 16시까지 30분차트로 추세를 보여줍니다. 추세 아래에는 PST2지표를 불러왔습니다.

b지점에서 L1이 80 이상이고 c지점에서 L3가 60 이상이므로 교집합인 c지점에서 매수진입 조건이 나왔지만, 매수진입은 조심해야 합니다. 매수진입 조건이 만족한 경우에서도 L3가 먼저 조건이 된 후 L1이 조건이 된 상태가 안전한 P1구간 진입이 되어 편안한 수익을 기대할 수 있습니다. 그러나 반대로 L1이 먼저 진입조건이 되고 나중에 L3가 진입조건이 되면 수익 구간이 적을 수도 있으니 주의해야 합니다. 만약 매수진입했다면 매수청산은 L3가 기준선인 60보다 작을 때 해야 합니다.

이제 여러분은 상승 사이클의 시작은 d지점이고 상승 사이클의 끝은 h지점이라고 한 번에 아시리라 믿습니다. 그러면 여기서 P1구간 진입 시점은 어디일까요? 굵은 빨간색선인 L3가 두 번째 기준선인 60을 먼저 통과한 후 가는 빨간색선인 L1이 첫 번째 기준선인 80을 통과한 e지점입니다.

매수진입 후 매수청산을 가는 빨간색선이 굵은 빨간색을 위에서 아래로 통과하는 f지점에서 하면 적당한 수익은 발생합니다. 이후 추세가 계속 상승하는데 이유가 무엇일까요?

PST이론상 기준차트인 60분차트로 거래하면 하루 안에 청산해야 합니다. 120분차트를 기준으로 거래하면 이틀 후에 청산을 해야 하고, 일봉차트를 기준으로 거래 사흘 이후에 청산해야 합니다. 그러면 e지점에서 매수진입 후 이틀을 상승했기에 매수청산은 30분차트에서 2차 청산지점인 g지점에서 하던지, 60분차트에서 1차 청산지점에서 매수청산을 고려하면 녹색박스 A영역만큼 수익을 기대할 수 있습니다.

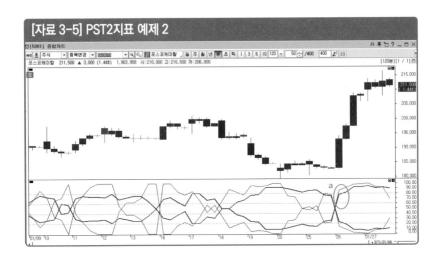

[자료 3-5] PST2지표 예제 2

[자료 3-5]는 '포스코케미칼' 종목, 2023년 1월 9일 15시부터 1월 27일 17시까지 120분차트로 추세를 보여줍니다. 추세 아래에는 PST2 지표를 불러봤습니다.

1월 26일 a지점에서 120분차트로 매수진입 조건이 된 것을 알 수 있습니다. [자료 3-5]에서 a지점은 [자료 3-4]에서 e지점과 같습니다. 그렇기 때문에 만약 2일 정도 보유를 원하는 트레이더는 반드시 120 분차트까지 화면에 띄워서 동시에 매수진입 조건이 만족하는지 확인해야 합니다.

[자료 3-6]은 '포스코케미칼' 종목으로 2023년 1월 16일 16시부터 1월 27일 16시까지 60분차트로 추세를 보여줍니다. 추세 아래에는 PST2지표를 불러봤습니다.

1월 26일 a지점에서 60분차트로 매수진입 조건이 된 것을 알 수 있

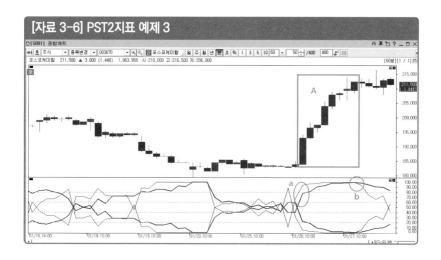

[자료 3-6] PST2지표 예제 3

습니다. [자료 3-6]에서 a지점은 [자료 3-4]에서 e지점과 같습니다. 일반적으로 주식거래에서 기준차트는 60분차트로 설정해야 합니다. 만약 기준차트를 120분으로 설정했다면, 청산은 30분차트에서 2차 청산시점으로 해도 되고, 60분차트에서 1차 청산시점인 b지점에도 녹색 박스 A영역은 동일하게 수익을 기대할 수 있습니다.

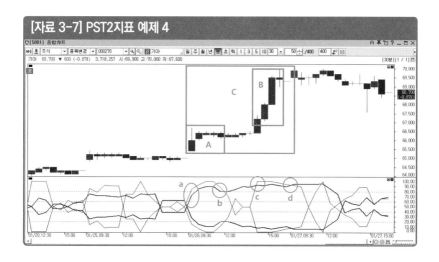

[자료 3-7] PST2지표 예제 4

[자료 3-7]은 '기아' 종목, 2023년 1월 20일 12시 30분부터 1월 27일 16시까지 60분차트로 추세를 보여줍니다. 추세 아래에는 PST2지표를 불러봤습니다.

이 종목은 제가 실시간 문자 주식방송을 하면서 실전 거래를 한 종목입니다. 여러분은 1월 26일 장 초반에 매수진입을 한 다음 매수청산은 언제 하실 건가요?

1. 녹색박스 A영역만 거래한다.
2. 녹색박스 C영역만 거래한다.
3. 녹색박스 A영역과 녹색박스 B영역만 골라서 거래한다.

이 세 가지 중 어떤 거래가 가장 효과적인 거래인가요? 제 생각에는 3번 경우가 가장 효과적인 거래라고 생각합니다. 동의하시나요? 그런데 이런 거래가 가능할까요?

[자료 3-8] PST2지표 예제 5

2023년 1월 26일 목요일

센트럴모텍 현대차
콘텐트리중앙 기아
관심가지세요
오전 9:02

기아
65500 매수했습니다
오전 9:03

기아
66400 청산해서
1.12% 수익났습니다
오전 10:47

기아
66500 재매수한후
69500 청산해서
4.35% 수익났습니다.
오후 2:50

[자료 3-8]은 제가 실시간 문자 주식방송을 한 결과입니다. 9시 개장 전에 '기아' 종목에 관심을 가지라고 말씀드리고 9시 3분에 매수진입 후 10시 47분에 매수청산해서 1.12% 수수료를 제외한 수익이 났습

니다.

이 수익 구간이 [자료 3-7]에서 보면 a지점부터 b지점까지 녹색박스 A영역입니다. b지점 이후 c지점까지는 상승보합 구간이기 때문에 관망합니다. 그리고 c지점에서 재매수진입을 한 후 d지점에서 매수청산을 해서 녹색박스 B영역을 수익을 얻었습니다. 이 결과는 다음 카페, '숭실대학교 주식외환 전문가모임'에 게재되어 있으니 참고하셔도 됩니다.

그러면 제가 어떻게 이 종목에서 이런 전략을 미리 정할 수 있었을까요? 거래할 상품이 주식일 경우는 전략이 어렵지 않습니다. 처음에 종목을 정할 때 종일 상승할 종목을 우선 찾습니다. 종일 상승할 종목은 기준차트를 60분차트가 아닌 120분차트 또는 일봉차트로 매수진입이 가능한 P1구간이 되는지 확인합니다. 그러면 종일 상승하기는 하는데, 매수진입 시 기울기를 설정해야 합니다. PST2지표는 아쉽게도 기울기 설정 기능은 없습니다. 물론 저는 실전 거래 시 기울기 설정이 가능한 PST2지표보다 훨씬 높은 상위 PST지표를 활용해서 거래했습니다. 기울기 설정이 가능한 PST지표는 추후 같이 공부하겠습니다.

매수진입 후 추세가 일정한 기울기를 유지하면서 장 마감까지 계속 상승강화로 추세를 만들지, 상승강화에서 상승보합으로 보였다가 다시 상승강화로 바뀌는지를 확인해야 합니다. [자료 3-7]은 후자인 경우로 b지점에서 일단 1차 매수청산을 하는 것이 옳은 방법입니다. 이후 약 3시간 동안 상승보합을 보입니다. 만약 여러분이 큰 금액으로 거래를 한 후 추세가 한참 동안 보합으로 진행하면 마음이 편하지 않으실 것입니다. PST이론은 거래 시 편하게 거래하는 방법을 추구하기 때문에 상승보합에서는 관망 전략을 택합니다.

c지점에서 재매수진입을 할 때는 P4-1구간과 P4-2구간을 구별해야 하는 것이 원칙이지만 b지점과 c지점사이에서 [자료 3-7]처럼 L1과 L2가 교차하면 P4구간이지만, P1구간처럼 생각해서 매수진입할 수 있습니다. 그리고 c지점에서 매수진입 후 d지점에서 매수청산하면 녹색 박스 B영역만큼 수익을 기대할 수 있습니다.

PST6지표 설명 및 이해

만든 목적 추세의 기울기 30도 ≤ θ < 90도 예측

　여러분은 이제 PST2지표를 활용해서 주식거래를 할 때 상승보합에서 상승강화로 변하는 P1구간에서 매수진입해서 수익이 나는 것을 공부했습니다. 물론 선물거래를 할 때 하락보합에서 하락강화로 변화는 P1구간에서 매도진입으로 수익이 날 수도 있습니다. 그다음에 풀어야 할 숙제가 무엇일까요? 같은 P1구간에 진입한다고 해서 만족할 만큼 수익을 기대할 수 있을까요? 만약 매수진입을 한 후 되돌림은 없으나 청산시점까지 추세의 기울기가 1도로 아주 천천히 진행된다면 수익이 너무 적을 수 있습니다. 그래서 저는 추세의 기울기를 찾는 연구를 했습니다. 만약 여러분이 같은 P1구간에서 진입을 한 후 강한 상승 또는 강한 하락이 나온다면 같은 보유시간에서 많은 수익을 기대할 수 있는 효과적인 거래를 할 수 있지 않을까요?

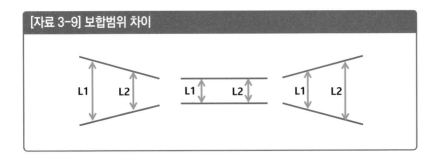

[자료 3-9] 보합범위 차이

[자료 3-9]처럼 시간이 지나면서 보합범위(Band Width)가 변화하는 것을 봤습니다. 이론상 보합범위는 저항선에서 지지선을 뺀 후 절댓값으로 계산하면, 항상 양수의 거릿값인 L1과 L2를 시간에 따라서 구할 수 있고, 그러면 L1과 L2값을 비교하면 아래와 같이 생각할 수 있습니다.

> L1 > L2 : 시간이 지나감에 따라 추세의 변화량이 적어져서 추세 기울기도 작아짐.
> L1 = L2 : 시가이 지나감에 따라 추세의 변화량이 동일해서 추세 기울기도 동일함.
> L1 < L2 : 시간이 지나감에 따라 추세의 변화량이 커져서 추세 기울기도 커짐.

그러면 보합범위를 나타내는 L1과 L2 중 L2가 L1보다 크면서 거래량이 수반될 때, 진입을 고려해야 합니다. 물론 거래할 때 총거래량, 외국인 순매수, 프로그램 매수 등도 확인해야 하는데 순간마다 확인하기도 쉽지 않습니다. 그래서 PST6지표에서는 추세의 변화량을 먼저 생각해봤습니다.

PST2지표를 사용해서 상승강화 구간을 찾아낼 수 있지만, 추세의 변화량이 터지지 않으면 매수진입해도 생각만큼 수익이 나지 않을 수도 있습니다. 얼마만큼의 변화량이 기울기가 30도 이상 되는지를 연구하다가 PST이론상 L2의 변화량(ΔL2)은 L1의 변화량(ΔL1)보다 20%보다 클 때라는 것을 발견했습니다.

$$(\triangle L1 \times 1.2) < \triangle L2$$

PST6지표에서 캔들 5개로 계산한 추세의 변화량(△T(5))을 빨간색선으로 표시하고, 캔들 10개로 계산한 추세의 변화량(△T(10))을 파란색선으로 표시하고, 캔들 15개로 계산한 추세의 변화량(△T(15))을 검정색선으로 표시합니다. 빨간색선과 파란색선과 검정색선이 20%의 변화량을 나타내는 기준선보다 작을 때와 클 때가 있는데, 기울기가 30도 이상으로 추세가 나타날 때는 클 때로 생각할 수 있습니다. 그리고 제일 안정적인 경우는 빨간색선, 파란색선, 검정색선 순서대로 표시되면서 기울기보다 클 때입니다.

$$\triangle T(5) > \triangle T(10) \ \triangle T(15) > 기준선$$

그런데 여기서 문제가 있습니다. 추세의 변화량이 20% 이상 변화가 있어서 기울기가 30도 이상~90도 미만으로 나타나는 것은 알겠으나, 추세가 상승으로 갈지, 추세가 하락으로 갈지를 모르는 것입니다. 그래서 이 문제를 해결하기 위해서는 주기의 변화량(△P)를 하나 더 고려해야 합니다.

[자료 3-10]은 주기의 변화량과 추세와 변화량의 관계를 보여줍니다. 주기의 변화량(△P)과 힘의 변화량(△S)의 합이 추세의 변화량(△T)이라고 PST이론은 생각합니다.

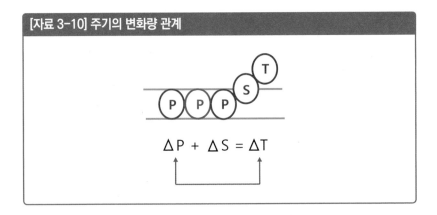

[자료 3-10] 주기의 변화량 관계

$$\Delta P + \Delta S = \Delta T$$

여기서 추세의 변화량이 생기기 전에 반드시 주기의 변화량이 먼저 발생이 되어야지 추세가 되돌림 없이 일정한 기울기를 보이면서 상승할 수 있습니다. 만약 추세의 변화량보다 주기의 변화량이 나중에 발생하면 추세가 되돌림이 나올 수 있기 때문에 관망해야 합니다. 저는 PST6지표에서 주기의 변화량(ΔP)을 녹색선으로 표시하고 추세의 변화량(ΔT)을 빨간색선, 파란색선, 검정색선으로 표시해봤습니다. 그럼 이 4가지 선들이 추세의 흐름에 따라 기준선 위 또는 아래에서 실시간으로 보이는데, 실전 거래에서는 반드시 주기의 변화량이 추세의 변화량보다 먼저 20% 이상 보일 때만 거래를 해야 수익을 기대할 수 있습니다.

$\Delta P > \Delta T(5) > \Delta T(10)\ \Delta T(15) > $ 기준선

$\Delta P > \Delta T(10) > \Delta T(5)\ \Delta T(15) > $ 기준선

$\Delta P > \Delta T(10) > \Delta T(15)\ \Delta T(5) > $ 기준선

이 4가지 선이 만드는 경우의 수는 16가지가 나올 수 있으나, 실전

거래에서는 주기의 변화량이 가장 먼저 발생하고, $\Delta T(5) >$ 기준선 조건이 만족하면 진입을 고려할 수 있습니다.

추세의 변화량은 2개의 기준선 안에서 교차를 하지 않으나, 주기의 변화량을 나타내는 녹색선은 기준선 안에서 교차를 합니다. 교차 후 굵은 녹색선이 가는 녹색선 위에 위치하면 주기가 플러스(+)상태고, 굵은 녹색선이 가는 녹색선 아래에 위치하면 주기는 마이너스(-)상태라고 생각하시면 됩니다. 주기가 플러스면 힘의 상태에 따라서 추세는 상승강화도 되고 상승보합도 됩니다. 또한, 주기가 마이너스면 힘의 상태에 따라서 추세는 하락강화도 되고 하락보합도 됩니다.

PST6지표는 주기의 변화량과 추세의 변화량의 상관관계를 이용해서 기울기를 찾아냈지만, 안타깝게도 사이클의 시작과 끝은 알 수가 없습니다. 그래서 PST6지표는 반드시 PST2지표와 병행해서 사용해야 합니다.

PST2지표를 단독으로 사용할 때의 진입조건이 PST6지표와 같이 사용할 때는 진입조건이 다음과 같이 완화됩니다.

매수진입 조건 : L1, L3 ≥ 60

PST2지표를 단독으로 사용할 때 매수진입 조건은 L1≥80이고, L3 ≥60이며 반드시 L1〉L3이었지만 PST6와 병행해서 사용할 때, PST2지표 매수진입 조건은 L1과 L3의 순서와 관계없이 L1, L3≥60이면 됩니다.

PST6지표에서 기울기가 이미 30도 이상으로 설정이 되어 추세가 그려지는 상태기 때문에 진입 시 캔들을 해석한 PST2지표에서는 캔들(=

작은 추세) 한 개의 순간 추세의 위치를 상승보합 정도만 확인해도 수익을 기대할 수 있습니다. PST2지표를 빼고 PST6지표만 보면 사이클의 시작과 끝을 모르기에 P1구간이 아닌 P2구간에서 진입할 수가 있기에 반드시 PST2지표와 같이 사용해야 합니다.

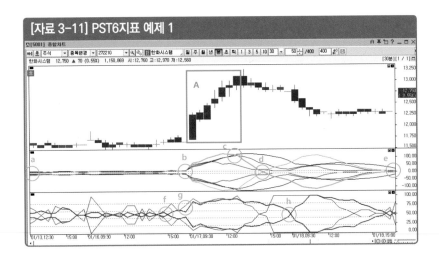

[자료 3-11] PST6지표 예제 1

[자료 3-11]은 '한화시스템' 종목, 2023년 1월 13일 12시 30분부터 1월 18일 16시까지 30분차트로 추세를 보여줍니다. 추세 아래에는 PST6지표와 PST2지표를 불러봤습니다.

PST6지표와 PST2지표를 동시에 실전 거래에서 사용한다면, 어느 PST지표를 우선순위로 생각해야 할까요? PST6지표입니다. 물론 PST2지표 한 가지만 가지고도 수익을 기대할 수 있지만, PST2지표에서는 기울기 설정을 할 수 없기에 PST6지표를 활용해서 추세의 기울기를 30도 이상만 골라서 거래하는 것이 효과적인 거래를 하는 것입니다.

[자료 3-11]에서 a지점부터 b지점까지는 플러스 주기의 변화량을

나타내는 굵은 녹색선과 추세의 변화량을 나타내는 빨간색선이 기준선보다 아래 있으므로 추세의 변화가 20%보다 작다고 생각합니다. 추세의 변화량이 20%보다 작은 구간에서 PST2지표에서 진입시점이 만약 나온다고 해도 관망해야 합니다.

PST6지표로 보니 b지점에서 굵은 녹색선>빨간색선>기준선 조건이 되어 매수진입을 고려할 수 있습니다. b지점에 해당하는 위치를 PST2지표로 보면 가는 빨간색선과 굵은 빨간색선이 순서와 관계없이 모두 60보다 큰 것을 알 수 있으니, 60분차트와 하위 타임 프레임에서도 동일 조건이 나오면 매수진입해야 합니다.

매수청산을 PST6지표에서 굵은 녹색선이 검정색선을 우하향으로 통과하는 c지점에서 하면 녹색박스 A영역만큼 수익을 기대할 수 있습니다. PST2지표에서 h지점까지 상승 사이클은 유지되지만, PST6지표에서 d지점부터는 주기의 상태가 마이너스로 바뀌므로 매수청산하지 않고 홀딩하는 것은 무의미합니다. d지점부터 e지점까지는 굵은 녹색이 아래에 위치하므로 주기의 상태는 마이너스임을 알 수 있습니다.

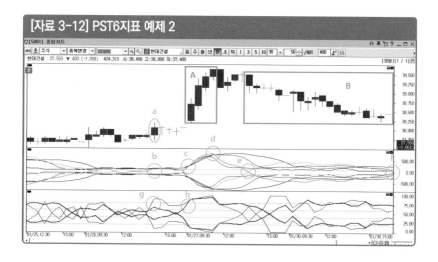

[자료 3-12] PST6지표 예제 2

[자료 3-12]는 '현대건설' 종목, 2023년 1월 25일 12시 30분부터 1월 30일 16시까지 30분차트로 추세를 보여줍니다. 추세 아래에는 PST6지표와 PST2지표를 불러봤습니다.

a지점에서 캔들은 상승하다가 하락한 것을 볼 수 있습니다. 왜 그럴까요? PST2지표를 사용해서 g지점을 보면 가는 빨간색선이 80 이상이고, 굵은 빨간색선이 60 이상이므로 캔들 한 개는 상승을 하지만 일정 기울기를 만들면서 상승하지는 못합니다. 이유는 PST6지표를 사용해서 b지점을 보면 플러스 주기의 변화량을 의미하는 굵은 녹색선이 추세의 변화량을 뜻하는 빨간색선과 기준선보다 크지 않기 때문입니다.

사이클 상태가 하락 사이클에서 상승 사이클로 전환된 후, 상승강화 구간인 P1구간이 나와서 하위 타임 프레임까지 모두 맞추고 진입한다면 무조건 수익이 날까요? 네. 수익이 나는 것은 맞지만 진입 후 추세의 기울기가 너무 자으면 보유시간 대비 수익이 너무 작아서 비효율적인 거래일 수도 있습니다.

그렇다면 효율적인 거래를 하려면 어떻게 해야 할까요? 진입 시 추세의 기울기를 설정해야 합니다. PST6지표가 추세를 기울기를 30도 이상 ~90도 미만으로 예측합니다. 진입 시 밀리지 않고 추세의 방향대로 상승하려면 반드시 기울기 일정 각도 이상으로 만들어져야 합니다. 그러므로 PST6지표와 PST2지표를 같이 사용할 때는 PST6지표를 PST2지표보다 우선으로 고려해야 합니다. 이해가 되시지요? c지점에서 PST6지표와 h지점에서 PST2지표로 매수진입 조건이 되어 c지점에서 매수진입한 후, d지점에서 매수청산을 하면 녹색박스 A영역만큼 수익을 기대할 수 있습니다. e지점부터 f지점까지는 마이너스 주기상태기 때문에, 녹색박스 B영역에서는 절대로 매수진입하지 말고 관망해야 합니다.

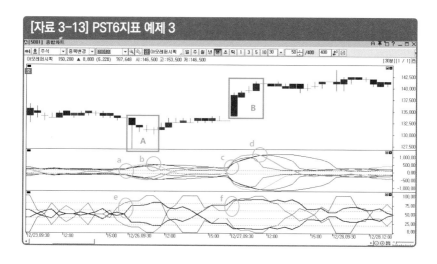

[자료 3-13] PST6지표 예제 3

[자료 3-13]은 '아모레퍼시픽' 종목, 2022년 12월 23일 9시 30분부터 12월 28일 13시까지 30분차트로 추세를 보여줍니다. 추세 아래에는 PST6지표와 PST2지표를 불러봤습니다.

PST지표는 가장 큰 장점은 지나간 차트가 아닌 실시간 차트에서 거래 상품에 관계없이 매수진입 또는 매도진입으로 수익을 기대할 수 있다는 것입니다. 주식거래인 경우는 매수진입으로만 수익을 기대할 수 있지만, 선물거래인 경우는 매수진입과 매도진입 모두 수익을 기대할 수 있습니다.

녹색박스 A영역을 볼까요? 추세가 12월 23일부터 12월 26일 이전까지 보합을 이루다가 e지점부터 하락 사이클이 시작되어 a지점에서 가는 녹색선이 빨간색보다 위에 위치하면서 기준선을 넘습니다. 그러므로 매도진입한 후 가는 녹색선이 검정색선을 우하향으로 통과하는 b지점에서 매도청산하면 녹색박스 A영역이 됩니다. 물론 선물거래에서는 수익을 기대할 수 있지만, 지금처럼 주식거래는 관망해야 합니다.

그러면 질문을 하나 드리겠습니다. [자료 3-13]이 30분차트가 아니라 일봉차트라면 어떻게 해석해야 할까요? 봉 4개가 녹색박스 A영역에 있으니까 4일 동안은 절대로 매수진입하면 안 되고 관망해야 합니다. 추세가 계속 연중 최저점을 갱신하면서 하락할 때 손실을 보는 트레이더는 저점매수를 하면서 계속 손해를 봅니다. PST2지표로 하락 사이클 중에는 관망전략을 택해야 합니다. 특히 하락 사이클에서 PST6지표로 아크탄젠트로 30도 이상~90도 미만으로 추세의 기울기가 생기면서 하락할 때는 특히 조심해야 합니다. c지점에서 PST6지표로 매수진입 조건이 되고 이때 f지점에서 PST2지표로 L1, L3가 순서와 관계없이 60보다 크기 때문에 매수조건이 됩니다. 매수청산은 d지점에서 하면 녹색박스 B영역만큼 수익을 기대할 수 있겠습니다.

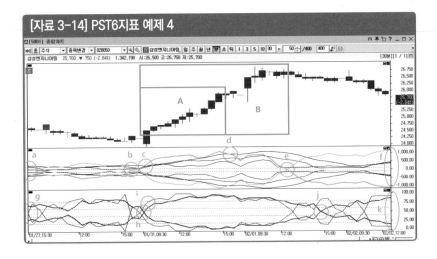

[자료 3-14]는 '삼성엔지니어링' 종목, 2023년 1월 27일 15시 30분부터 2월 2일 12시까지 30분차트로 추세를 보여줍니다. 추세 아래에는 PST6지표와 PST2지표를 불러봤습니다.

PST교육 시간 때 자주 수강생들이 잘못 이해하시는 것이 있어서 이번에 정리해보겠습니다. 상승 사이클에는 플러스 주기만 나오고 하락 사이클에서는 마이너스 주기만 나올까요? 아닙니다. 제가 PST이론을 말씀드릴 때 주기와 힘의 합이 추세라고 말씀을 드렸습니다. 그러므로 하나의 사이클 내에서는 플러스 주기와 마이너스 주기가 동시에 나옵니다. 주기의 상태를 보고 추세를 결정해서 진입할 수는 없습니다.

PST6지표를 보면 a지점부터 b지점까지와 e지점부터 f지점까지는 주기의 변화량을 의미하는 굵은 녹색선이 가는 녹색선 아래에 위치합니다. 마이너스 주기라는 것을 알 수 있고, c지점부터 e지점까지는 굵은 녹색선이 가는 녹색선 위에 위치해서 플러스 주기라는 것을 알 수 있습니다. 그리고 PST2지표를 보면 g지점부터 h지점까지와 j지점부터 k지점까지 굵은 파란색선이 굵은 빨간색선 위에 위치해서 하락 사이클을 확인할 수 있습니다. i지점부터 j지점까지는 굵은 빨간색선이 굵은 파란색선 위에 위치해서 상승 사이클을 알 수 있습니다. 이렇듯이 PST6지표와 PST2지표를 사용해서 주기의 상태와 추세의 상태를 비교할 수 있습니다.

그러나 PST6지표를 사용해서 c지점에서 매수진입을 추세의 기울기가 30도 이상으로 시작을 할 수 있으면 그때 추세의 상태는 당연히 상승 사이클 내에 있어야 합니다. 매수청산을 d지점에서 하는 녹색박스 A영역만큼 수익을 기대할 수 있습니다. 그리고 상승 사이클이 끝이 안 나면 주기의 상태가 바뀌는 e지점에서 매수청산을 하면 녹색박스 B영역까지 수익을 기대할 수도 있습니다.

PST7지표 설명 및 이해

여러분은 이제 PST6지표와 PST2지표를 활용해서 주식거래를 할 때 상승보합에서 상승강화로 변하는 P1구간과 P4-1구간에서 추세의 기울기를 탄젠트 30도 이상~90도 미만으로 설정한 후 매수진입을 해서 수익이 나는 것을 공부했습니다. 물론 선물거래를 할 때 PST6지표와 PST2지표를 이용해서 매수진입과 반대인 매도진입으로 수익을 낼 수도 있습니다. 매도진입으로 수익을 내는 것은 기존에 출간한《PST해외선물 투자 비법》을 참고하시길 바랍니다.

그렇다면 매수진입으로 수익이 기대할 수 있는데 매수청산 후 무조건 수익이 날까요?

아닙니다. 큰 손실을 보는 트레이더들이 진입은 잘하는데, 일정 수익을 내다가 대부분 청산지점을 모르고 많은 수익을 내려는 욕심에 손해를 보고 있습니다. 동의하시나요? 그러면 왜 청산을 안 하고 계속 보유를 할까요? 심지어 진입 후 잔액이 마이너스가 되었는데도 청산을 안 하고 계속 저점 물타기를 하고 말입니다. 제 생각에는 진입 후 최고점까지 보유한 후 청산하고 싶어서입니다. 제가 말씀드렸습니다. 추세는 저와 여러분이 만드는 것이 아니라 마켓 메이커가 만드는 것입니다. 그래서 한 추세의 최고점을 저나 여러분처럼 마켓 팔로어는 알 수가 없습니다. 그런데 만약 최고점을 PST지표가 알아낸다면 믿으시겠습니까?

20년 동안 PST이론과 지표를 연구한 저는 지금은 PST지표를 3차원 추세 분석이 가능한 상위지표까지 만들어놓았습니다. 그러나 PST7지표도 그 당시에는 혁신적이었습니다. PST7지표를 만든 목적은 추세의 의미를 파악해서 P1구간 또는 P4구간의 최고점이나 최저점을 찾는 것입니다.

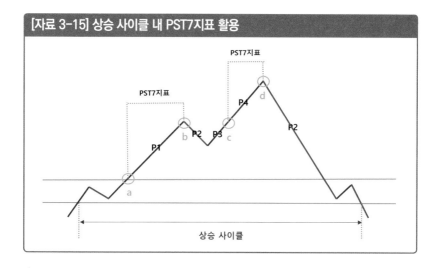

[자료 3-15] 상승 사이클 내 PST7지표 활용

[자료 3-15]는 상승 사이클에서 추세의 위치를 보여주고 있습니다. 여러분은 이제 PST6지표와 PST2지표를 사용해서 상승 사이클을 파악한 후, 상승보합에서 상승강화로 바뀌는 P1구간의 시작인 a지점에서 타임 프레임을 맞춰서 매수진입하는 것을 알고 계시리라 믿습니다. a지점에서 만약 타임 프레임을 맞추었는데도 약간의 변동(=노이즈)가 생길 수도 있습니다. 진입 시 왜 노이즈가 발생할까요?

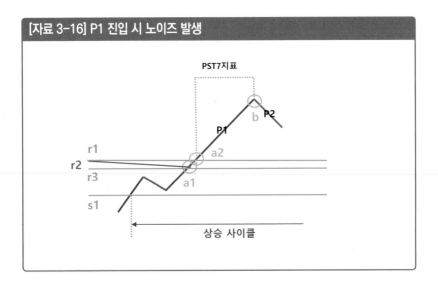

[자료 3-16] P1 진입 시 노이즈 발생

PST이론상 일반적으로 P1 진입 시 노이즈가 발생하지 않으려면, [자료 3-16]처럼 상승 사이클이 시작되어 a1지점 이전까지 상승보합 구간은 저항선인 r3와 지지선인 s1이 편평하게(Flat) 보여야 합니다. 그러나 만약 여러분 육안으로는 r3가 아니라 약간의 기울기를 가진 r2라고 하면 a1에서 노이즈가 당연히 발생합니다. 노이즈가 발생하지 않기 위해서는 저항선을 편평하게 만들어야 합니다. 어떻게 해결할까요? r3 대신에 r1으로 저항선을 생각해서 상승보합 구간을 r1~s1으로 생각하면 해결이 됩니다.

이때 매수진입은 a1지점이 아니고, a2지점이 되는 것을 알 수 있습니다. 그런데 놀랍게도 PST7지표를 사용하면 처음부터 노이즈를 필터링(Filtering)해서 편안한 진입을 할 수 있습니다.

PST7지표는 가는 빨간색선 L1, 가는 파란색선 L2, 굵은 빨간색선 L3, 굵은 파란색선 L4로 구성되어 있는데 진입 시 노이즈 필터링하는 조건은 다음과 같습니다.

매수진입은 주식거래와 선물거래에 해당하고 매도진입은 선물거래

매수진입 : (L1≥80) ∩ (L3≥60) ∩ (L1≥L3)
매도진입 : (L2≥80) ∩ (L4≥60) ∩ (L2≥L4)

에만 해당합니다. 이제 여러분은 PST2지표, PST6지표, PST7지표를 배우셨습니다. 만약 이 3가지 지표를 동시에 사용한다면 우선순위는 어떤 지표로 해야 할까요? 각각의 지표마다 만든 목적이 있고 목적에 맞게 사용하면 되지만, 몇 가지 PST지표를 동시에 사용할 때는 반드시 우선순위를 정해 놓아야만 합니다. 이유는 우선순위에 따라 진입조건이 변동되기 때문입니다. 만약 PST2지표, PST6지표, PST7지표를 모두 사용할 때는 PST7지표를 1순위, PST6지표를 2순위, PST2지표를 3순위로 정하시면 됩니다. 이렇게 순위를 정하고 PST7지표의 진입조건을 맞추면, PST6지표의 진입조건은 다음과 같이 완화됩니다.

매수진입 : 굵은 녹색선 ≥ 빨간색선 ≥ 기준선 → 굵은 녹색선 ≥ 기준선
매도진입 : 가는 녹색선 ≥ 빨간색선 ≥ 기준선 → 가는 녹색선 ≥ 기준선

PST7지표를 1순위로 조건을 맞추고, PST6지표를 2순위로 조건을 맞추면, PST2지표의 진입조건은 다음과 같이 완화됩니다.

매수진입 : (L1 ≥ 80) ∩ (L3 ≥ 60) ∩ (L1 ≥ L3) → L1, L3 ≥ 50
매도진입 : (L2 ≥ 80) ∩ (L4 ≥ 60) ∩ (L2 ≥ L4) → L2, L4 ≥ 50

이렇듯 PST2지표와 PST6지표를 단독으로 사용하는 것보다 추세의 의미를 먼저 PST7지표로 파악해서 진입하면 PST2지표와 PST6지표의 진입조건이 무척 완화된다는 것을 알 수 있습니다. 실전 거래에서는 일반적인 PST7지표와 PST6지표만 사용해도 수익 내는 것은 어렵지 않습니다.

P4구간 진입은 P4-1구간과 P4-2구간으로 분류할 수 있습니다. P4-1구간은 되돌림이 없는 안전한 구간으로 진입할 수 있고 P4-2구간은 되돌림이 있는 위험한 구간으로 관망해야 합니다. PST7지표를 사용해서 P4구간을 진입할 때도 2가지 형태로 분류됩니다. 재상승이 발생하는 P4구간이 발생하는 전에 L1과 L2가 교차할 때가 있고 하지 않을 때가 있습니다. 큰 사이클인 L3와 L4 사이에서 작은 사이클인 L1과 L2가 교차하면 재상승 진입조건은 P1구간 진입조건처럼 L1이 80 이상이고, L3가 60 이상처럼 동일합니다. 그러나 L3와 L4가 사이에서 L1과 L2가 교차하지 않으면 반드시 L3끼리 전고점이 높은지 다이버전스를 체크해야 합니다.

만약 재상승 구간에서 L3끼리 전고점을 비교했는데 전고점보다 낮으면 P4-2구간이므로 관망하는 것이 좋은 전략입니다. 만약 기준차트가 P4-2구간에서 관망하지 않고, 진입하고 싶으면 기준차트보다 하위 타임 프레임에서는 모두 P1구간이 나와야 수익을 기대할 수 있습니다.

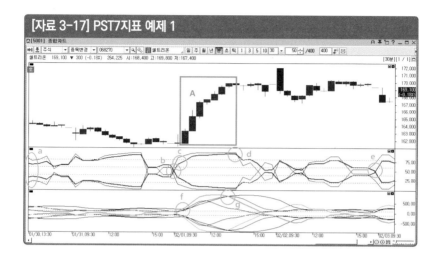

[자료 3-17]은 '셀트리온' 종목, 2023년 1월 30일 13시 30분부터 2월 3일 10시까지 30분차트로 추세를 보여줍니다. 추세 아래에는 PST7지표와 PST6지표를 불러봤습니다.

PST7지표와 PST6지표를 사용할 때는 우선순위가 PST7지표가 되어야 하고, PST7지표와 PST6지표만 사용해도 충분히 수익을 낼 수가 있습니다. 그러므로 PST2지표는 사용하지 않겠습니다.

PST7지표로 상승 사이클의 시작과 끝을 살펴볼까요? a지점부터 b지점까지는 굵은 파란색선이 굵은 빨간색선 위에 존재하므로 이 구간은 하락 사이클 구간임을 알 수 있습니다. c지점부터 e지점까지는 굵은 빨간색선이 굵은 파란색선 위에 존재하므로, 이 구간은 상승 사이클 구간임을 알 수 있습니다. b지점부터 상승 사이클 구간으로 바뀌고 c지점에서 가는 빨간색선(L1)이 80 이상이고 굵은 빨간색선(L3)이 60 이상이면 매수 진입조건이 PST7지표로는 성립이 됩니다. 그러나 PST7지표로는 추세의 의미를 파악해서 상승강화 구간과 상승보합 구간을 찾아 냈지만, 기울기를 알 수가 없습니다. 그래서 PST7지표는 반드시 PST6 지표와 병합해서 같이 사용해야 합니다. PST7지표로 매수진입 조건이 성립된 c지점에서 PST6지표를 보면 주기의 변화량을 의미하는 굵은 녹색선이 기준선 위에 존재합니다. 그러므로 기울기가 30도 이상~90 도 미만으로 추세의 기울기가 발생하는 조건이 성립됩니다. c지점과 f 지점이 교집합으로 만족하는 지점에서 하위 타임 프레임을 맞추어서 매수진입을 합니다.

매수청산은 PST6지표로 굵은 녹색선이 검정색선을 우하향으로 교 차하는 g지점보다는 PST7지표로 L1이 L3를 우하향으로 교차하는 d지 점에서 하면 녹색박스 A영역만큼 수익을 기대할 수 있습니다.

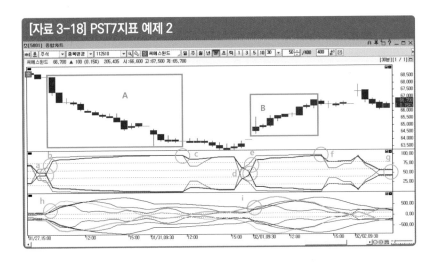

[자료 3-18] PST7지표 예제 2

[자료 3-18]은 '씨에스윈드' 종목, 2023년 1월 27일 15시부터 2월 2일 11시까지 30분차트로 추세를 보여줍니다. 추세 아래에는 PST7지 표와 PST6지표를 불러봤습니다.

PST7지표를 포함해서 모든 PST지표는 매수진입과 매도진입으로 수익을 낼 수 있습니다. 물론 주식거래에서는 매도진입을 하지 못하지만, 국내선물, 해외선물 등 선물거래에서는 매수진입과 매도진입을 모두 할 수 있습니다.

PST7지표로 사이클의 시작과 끝을 살펴보겠습니다. 굵은 파란색선이 굵은 빨간색선 위에 존재하는 a지점부터 d지점까지는 하락 사이클입니다. 굵은 빨간색선이 굵은 파란색선 위에 존재하는 d지점부터 g지점까지는 상승 사이클임을 한 번에 알 수 있습니다. PST7지표로 매도진입은 가는 파란색선(L2)이 80 이상이고 굵은 파란색선(L4)이 60 이상인 b지점에서 가능합니다. b지점을 빨간색선 입장에서 보면 가는 빨간색선이 20 이하인 하락강화 구간입니다. 굵은 빨간색선은 60 이하인 하락보합 구간임을 알 수 있습니다. b지점에서 매도진입 조건이 맞은 상태에서 PST6지표로 가는 녹색선이 기준선 위에 존재하는 h지점에서 매도진입하면, 기울기가 아크탄젠트로 30도 이상~90도 미만으로 추세의 기울기가 생기는 것을 예측할 수 있습니다. 매도청산은 L2가 L4를 우하향으로 통과하는 c지점에서 하면 녹색박스 A영역만큼 매도진입으로 수익을 기대할 수 있습니다.

물론 주식거래는 관망해야 하는데 녹색박스 A영역에서 양봉이 나올 때 저점매수를 하면 큰 손실을 볼 수 있으니 주의해야 합니다.

매수진입은 2월 1일 장 시작 때 PST7지표의 e지점과 PST6지표의 i지점에서 매수진입조건이 되어 매수진입한 후 L1이 L3를 우하향으로 교차해서 내려오는 f지점에서 하면 녹색박스 B영역만큼 수익을 기대할 수 있습니다.

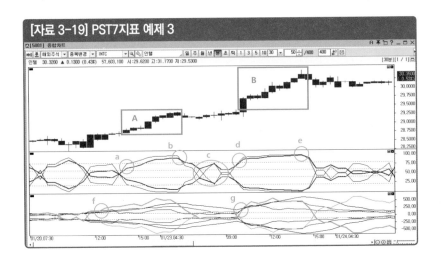

[자료 3-19] PST7지표 예제 3

[자료 3-19]는 미국 주식 중 '인텔' 종목, 2023년 1월 20일 7시 30분부터 1월 24일 8시까지 30분차트로 추세를 보여줍니다. 추세 아래에는 PST7지표와 PST6지표를 불러봤습니다.

유진투자증권에 탑재한 PST지표는 국내주식뿐만 아니라 해외주식도 거래할 수 있습니다. 단, 주의할 점은 차트를 띄울 때 반드시 [5001]번 종합차트를 띄워야 국내주식, 해외주식에 모두 PST지표를 불러 사용할 수 있습니다. 다른 차트를 띄우면 PST지표를 사용할 수 없으니 참고하시길 바랍니다. 또한, 미국 주식은 현지 시각으로 9시 30분부터 16시까지고, 한국 시각으로는 현재 22시 30분부터 5시까지입니다. 그래서 PST교육 수강생 중 직장인이라서 오전에 한국 주식거래를 못 하시는 분은 퇴근하시고 저녁에 미국 주식거래나 해외선물거래를 많이 하십니다.

f지점에서 PST6지표로 매수진입 조건이 되나 f지점에 해당하는 곳을 PST7지표로 보면, L1이 80 이상과 L3가 60 이상이 안되어 노이즈가 발생할 수 있으니 관망해야 합니다. 그리고 a지점에서 PST7지표가

매수진입조건이 되고 a지점에 해당하는 곳을 PST6지표로 보면 계속 굵은 녹색선이 기준선 위에 위치해 매수진입을 할 수 있습니다. 이후 매수청산을 b지점에서 하면 녹색박스 A영역만큼 수익을 기대할 수 있습니다.

d지점에서 매수진입은 P1구간인가요? P4구간인가요? PST7지표로 굵은 빨간색선이 굵은 파란색선 위에 계속 위치하는 중에 재상승이므로 P4구간이 맞습니다. P4구간은 P4-1구간과 P4-2구간으로 분류한다고 말씀드렸는데 d지점은 어느 구간일까요? 정답은 c구간에서 L1과 L2가 교차했기 때문에 P4-1구간으로 안전하게 매수진입 지점을 d지점과 g지점을 볼 수 있습니다. 매수청산을 e지점에서 하면 녹색박스 B영역만큼 수익을 기대할 수 있습니다.

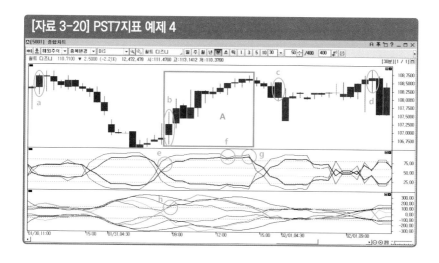

[자료 3-20] PST7지표 예제 4

[자료 3-20]은 미국 주식 중 '월트 디즈니' 종목, 2023년 1월 30일 11시부터 2월 1일 11시 30분까지 30분차트로 추세를 보여줍니다. 추세 아래에는 PST7지표와 PST6지표를 불러봤습니다.

손실을 보는 트레이더는 분명히 실전 거래에서 본인이 알고 있는 이기는 방법으로 거래를 했는데도 손실이 나면 문제가 무엇인지 알지 못합니다. 왜 그럴까요? 제 생각에는 현재 나와 있는 일반적인 거래방법이나 보조지표를 가지고 설명하는 데 한계가 있기 때문이라고 생각합니다. 그러나 이런 문제를 PST지표로 해답을 찾을 수 있습니다.

먼저 몇 가지 질문을 해보겠습니다. a지점에서 양봉이 나올 때 매수진입을 하면 조금 후 손실을 봤는데 무엇이 문제였을까요? 정답은 PST6지표로는 매수진입조건이 되나 PST7지표로는 매수진입 조건이 만족하지 않기 때문입니다. 그러면 c지점과 d지점에서 역시 양봉이 나올 때, 매수진입했는데 왜 손실을 봤을까요? 정답은 PST7지표로 확인하니, 매수진입 시점 자체가 하락 사이클 중이기 때문입니다.

PST7지표로 매수진입을 e지점에서 고려할 수 있고, PST6지표로 매수진입을 h지점에서 할 수 있기 때문에 e지점과 h지점을 모두 만족하는 b지점에서 하위 타임 프레임까지 모두 맞추어서 매수진입하면 됩니다. b지점의 캔들의 모양을 보면 위, 아래 꼬리가 긴 양봉 캔들임을 알수 있습니다. 어디서 매수진입하면 될까요? 물론 타임 프레임을 모두 맞추면 캔들의 몸통 어딘가에서 밀리지 않는 시점이 생기고, 거기서 진입하면 됩니다. 그러나 또 하나의 쉬운 진입 방법은 시가보다 한 호가 위에서 매수진입을 고려하면 도움이 되실 것입니다. 청산은 f지점에서 1차 청산을 하고, 상위 타임 프레임에서 1차 청산을 나오지 않으면 계속 보유한 후, g지점에서 2차 청산을 하면 녹색박스 A영역만큼 수익을 기대할 수 있습니다.

04

PST14지표 설명 및 이해

만든 목적 추세의 기울기 45도 ≤ θ < 90도 예측 / 진입 후 동일 캔들 색깔 출현

여러분은 이제 PST7지표를 사용해서 노이즈 없는 P1구간이나 P4-1 구간에서 진입하고, PST6지표를 사용해서 추세의 기울기를 30도 이상 ~90도 미만까지 예측할 수 있습니다. 또한, PST2지표를 사용해서 캔들의 의미 파악까지 할 수 있게 되었습니다.

개발 당시, PST교육 수강생들이 PST7지표, PST6지표, PST2지표를 사용해서 주식과 선물에서 수익을 내셔서 더는 PST지표의 개발할 필요가 없을 줄 알았습니다. 그러나 한 수강생의 질문에서 PST지표를 업그레이드할 계기가 발생하게 되었습니다.

"교수님, 매수진입 후 발생하는 캔들이 동일하게 나올 수 없나요?" 저는 이런 질문을 받았을 때 처음에는 "불가능합니다. 우선 배우신 대로 열심히 해보세요"라고 대답했습니다. 하지만 그 이후 포기하지 않고 연구해서 PST14지표를 만들게 되었습니다. 저는 PST교육 시 수강생

들에게 거래할 때 자기만의 거래 룰(Rule)을 만들라고 말씀드립니다.

우선 거래하기 전에는 '준비' 과정이 필요합니다. 준비 과정에는 뉴

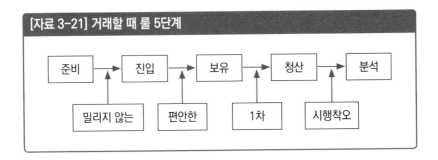

[자료 3-21] 거래할 때 룰 5단계

스나 신문에서 정보를 얻는 것과 컴퓨터 상태나 여러분의 건강 상태 등이 포함됩니다. 주식을 거래하거나 선물을 거래하거나 최소한 여러분이 거래하는 상품에 관한 최소한의 정보는 가지고 있어야 합니다. 아무 정보도 없이 '묻지 마' 투자는 절대로 하시면 안 되겠지요.

수강생 중에 전업 트레이더들이 많습니다. 이런 분들 가운데 가끔 24시간 컴퓨터를 며칠 동안 켜놓고 거래를 하시다가 실전 거래 시 컴퓨터가 멈추는 현상이 발생한다고 합니다. 아무리 메모리 사양이 좋다고 하더라고 언젠가는 부하가 걸릴 수 있으므로 하루에 한 번씩은 컴퓨터를 리셋하는 것이 좋겠습니다. 그리고 실전 거래하는 컴퓨터에는 실전 거래만 하셔야지, 동시에 동영상이나 다른 작업을 하면 역시 문제가 발생할 수도 있으니 주의하셔야 합니다. 또한, 여러분은 육체적으로나 정신적으로나 건강하실 때만 실전 거래하시길 바랍니다. 건강이 안 좋은데, 실전 거래에서 수익을 내기란 쉽지 않습니다. 이 모든 것이 준비 과정에 해당하니 여러분도 여러분 나름의 준비 과정에 무엇이 있는지 살펴보시기 바랍니다.

실전 거래의 시작은 '진입' 단계가 시작입니다. 진입할 때 전략은 '밀리지 않는 진입'입니다. 밀리지 않는 진입이란 어떤 의미일까요? P1구간과 P4-1구간에서 추세의 기울기를 설정해서 진입하면 밀리지 않는 진입할 수 있습니다. 추세의 기울기는 기존에 PST6지표를 사용해서 30도 이상~90도 미만으로 할 수 있다고 배웠습니다.

밀리지 않은 진입 후 다음 단계는 '보유' 단계입니다. 보유할 때 전략은 '편안한 보유'입니다. 보유 단계는 일반적으로 청산하기 전까지가 보유지만, 진입 후 캔들이 여러분이 원하는 방향대로 추세를 이루면서 가야 합니다. 만약 추세를 이루는 캔들이 같은 색깔로 나올 수도 있고 다른 색깔과 섞이면서 나올 수도 있습니다. 여러분은 어느 경우를 원하시나요? 당연히 밀리지 않은 진입 후 동일 캔들 색깔이 출현하면 좋겠지요.

주식거래에서 매수진입을 하면, 캔들 색깔이 매수청산 때까지 빨간색 캔들이 동일하게 계속 나오면서 상승하면 좋겠고 선물거래에서 매도진입을 하면 캔들 색깔이 매도청산할 때까지 파란색 캔들이 동일하게 계속 나오면서 하락하면 좋겠습니다. 이런 여러분의 소망을 해결한 지표가 PST14지표입니다. PST14지표는 매수 진입 시 추세의 기울기를 30도 이상~90도 미만이 아닌 45도 이상~90도 미만으로 설정하기 때문에 PST6지표보다 효율적인 거래를 할 수 있습니다. 효율적인 거래 (Effective Trading)란 짧은 거래시간 동안 더욱 많은 수익을 기대하는 방법을 의미합니다. 또한, 추세의 기울기가 급하게 변하기 때문에 잘못하면 진입 시점을 놓칠 수 있습니다. PST14지표는 여러분께 정확한 진입

시점을 알려드리니 걱정 안 하셔도 됩니다.

편안한 보유 후 다음 단계는 '청산' 단계입니다. 청산은 PST지표를 사용하면 1차 청산부터 N차(마지막) 청산까지 알 수 있습니다. 물론 욕심을 안 내면 1차 청산에서 하면 되지만, 필요하면 2차 청산까지도 할 수 있습니다. PST14지표가 여러분께 1차 청산과 2차 청산을 최고점 전 또는 최저점 전에 알려드려 베스트 청산을 도와드립니다.

베스트 청산을 한 후 다음 단계는 실전 거래가 끝난 후인 '분석' 단계입니다. 실전 거래 후 여러분은 수익이 날 수도 있고 손실이 날 수도 있습니다. 수익이 난 경우도 여러분이 몸에 습득한 룰로 거래해서 수익이 났는지 분석해봐야 합니다. 손실이 난 경우는 왜 손실이 났는지를 PST지표를 사용해서 분석한 후 시행착오(Trial and Error)를 다시는 안 하시길 바랍니다.

이기는 룰을 몸에 습득하는 것보다 틀린 룰을 버리는 것이 더 어렵습니다. 수강생 중에 주식거래보다 어려운 해외선물거래로 100연승 하는 분이 많으십니다. 제가 비법이 무엇인지 물으니 "시행착오를 하면서 절대로 틀린 룰은 거래 안 하고 PST지표가 알려주는 대로 이기는 룰로만 거래한다"라고 합니다. 이 방법은 쉬우면서 어렵습니다. 그러나 많은 선배님의 성공적인 실전 거래결과가 있으니 자신감을 가지고, PST교육을 받고 노력하시길 바랍니다.

거래하는 룰은 5단계지만, 거래 전 준비 단계와 거래 후 분석 단계를 제외하면 실전 거래할 때 룰은 밀리지 않는 진입, 편안한 보유, 베스트

청산의 3단계입니다.

이 실전 거래할 때 3단계를 모두 만족하는 지표가 바로 PST14지표인데, 많은 수강생이 이 지표를 배울 때 "노벨상감이네요"라고 말한 것이 기억이 납니다.

[자료 3-22]에서 X축은 시간이고, Y축은 수익이라고 생각해보겠습

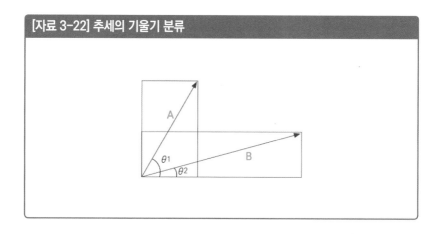

[자료 3-22] 추세의 기울기 분류

니다. 상승보합 구간이 끝난 후 상승강화 구간이 시작되어 추세의 기울기가 $\theta1$과 $\theta2$가 생긴다고 가정하겠습니다. 만약 $\theta2 < \theta1 < 90$도 조건이 된다면 기울기가 $\theta2$인 경우보다 기울기가 $\theta1$인 경우가 시간 대비 이익이 커서 효과적인 거래를 했다고 볼 수 있습니다.

PST이론상 상승보합 구간에서 저항선을 돌파하는 순간 거래량이 붙으면서 가격이 상승하면 기울기가 생깁니다. 이 기울기가 PST14지표에서는 매우 중요합니다. 기울기가 클수록 추세의 속도가 빠르므로, 짧은 시간 동안 수익을 많이 기대할 수 있습니다. 하지만 첫 번째 진입할 캔들을 놓치면 다음 캔들에서 반대 방향의 캔들이 나와서 손실을 볼 수가 있습니다. 물론 PST이론상 상위 타임 프레임이 아직 끝이 나지 않았

기에 진입 후 계속 보유할 수 있습니다. 그러나 P2구간이 발생해서 되돌림이 생긴다면 심리적인 저항에 부딪혀 손실을 보면서 청산하게 될 수도 있습니다. 그러면 진입 시 밀리지 않고, 일정한 추세의 기울기도 유지하면서 진입 후 다음번에 출현한 캔들도 진입방향과 동일한 색깔의 캔들이 나오면 좋지 않을까요? 이 모든 것을 PST14지표가 해결해 줍니다.

PST14지표를 만든 목적은 밀리지 않는 첫 번째 캔들 매수진입 시점을 알려주고, 추세의 기울기가 탄젠트 45도 이상~90도 미만으로 설정하고, 매수진입 후 다음 출현한 캔들의 색깔이 최고점까지 계속 빨간색 캔들이 나오며, 최고점 전에서 1차 청산과 2차 청산시점을 알 수 있는 것입니다. 물론 PST14지표를 선물에서 적용하면 PST13지표가 되고, 동일하게 밀리지 않는 첫 번째 캔들 매도진입 시점을 알려줍니다. 추세의 기울기를 탄젠트 45도 이상~90도 미만으로 설정하고, 매도진입 후 다음 출현한 캔들의 색깔이 최저점까지 계속 파란색 캔들이 나오며, 최저점 전에서 1차 청산과 2차 청산 시점을 알 수 있는 것입니다. 여기서 재미있는 것은 추세의 속도를 결정하는 추세의 기울기를 탄젠트 45도 이상으로 설정했다는 것은 탄젠트 0도 이상~45도 미만의 추세의 기울기는 거래하지 않고 관망하겠다는 것입니다.

[자료 3-23]은 '한국앤컴퍼니' 종목, 2023년 1월 31일 12시 30분부터 2월 3일 16시까지 30분차트로 추세를 보여줍니다. 추세 아래에는 PST14지표를 불러봤습니다.

이전에는 PST7지표, PST6지표, PST2지표를 사용해서 거래했지만,

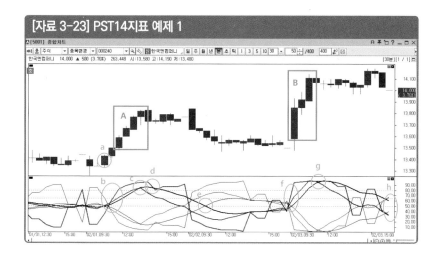

[자료 3-23] PST14지표 예제 1

이번에 공부하는 PST14지표는 이전에 배운 PST지표는 사용하지 않고 PST14지표만 단독으로 사용해도 수익이 날 만큼 대단한 PST지표이니 잘 숙지하시길 바랍니다.

PST14지표의 구성은 예비선인 빨간색선, 추세의 기울기를 설정하는 파란색선, 사이클을 뜻하는 검정색선으로 구성됩니다. 이들 색깔의 선은 대칭으로 표시되고, 굵은 선, 가는 선으로 표시했습니다. 굵은 선이 위에 위치하면 플러스(+)를 뜻하고 가는 선이 위에 위치하면 마이너스(−)를 의미합니다.

PST지표를 사용해서 거래할 때 가장 먼저 해야 할 것이 무엇일까요? 사이클의 시작과 끝을 찾아야 합니다. b지점~e지점과 f지점~h지점은 굵은 검정색선이 가는 검정색선 위에 위치하므로 상승 사이클 시작과 끝이라고 우선 생각하시면 됩니다. 그다음에는 굵은 빨간색선이 첫 번째 기준선을 우상향으로 통과하고, 굵은 파란색선이 두 번째 기준선을 우상향으로 통과하는 b지점과 f지점에서 각각 매수진입을 하면 됩니다.

중요한 것은 사이클이 시작된 후 굵은 빨간색선과 굵은 파란색선의 매수진입 조건이 안된 상태인 a지점에서 매수진입을 하면 안 된다는 것입니다. 양봉이 나왔어도 실전 거래에서는 그 양봉 내에서 변동이 무척 심할 수도 있기 때문입니다. 굵은 파란색선이 굵은 검정색선을 만나는 c지점이나 g지점에서 1차 매수청산을 하면 녹색박스 A영역과 녹색박스 B영역만큼 수익을 기대할 수 있습니다. d지점에서 2차 매수청산을 해도 되지만 60분차트로 캔들이 음봉이 나오면 청산해야 합니다.

[자료 3-24]는 '삼성엔지니어링' 종목, 2023년 1월 27일 14시부터 2월 2일 10시까지 30분차트로 추세를 보여줍니다. 추세 아래에는

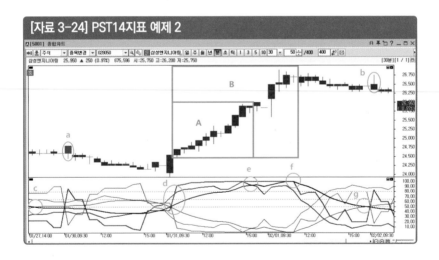

[자료 3-24] PST14지표 예제 2

PST14지표를 불러봤습니다.

a지점과 b지점은 양봉으로 시작했다가 결국은 음봉이 되었는데 이유가 무엇일까요? 정답은 두 지점은 하락 사이클 중이기 때문에 양봉이 출현한다고 해서 매수진입을 하면 수익을 내기 어렵다고 말씀드렸습니다. 하락 사이클은 PST14지표를 사용하면 c지점~d지점과 g지점

이후 구간은 가는 검정색선이 굵은 검정색선 위에 위치하므로 하락 사이클임을 알 수 있습니다.

그렇다면 매수진입은 언제 하는 것이 좋을까요? PST14지표에서 굵은 파란색선이 두 번째 기준선을 우상향 통과하고, 굵은 검정색선이 세 번째 기준선을 우상향 통과하며, 굵은 빨간색선이 첫 번째 기준선을 우상향 통과하는 d지점입니다. 물론 주식거래의 기준차트는 60분차트로 매수진입하고, 하위 타임 프레임인 1분, 3분, 5분, 10분, 30분에서 P1구간 또는 P4-1구간의 조건을 동시에 맞춰야 합니다. 주식거래에서는 일반적으로 60분차트에서 P1구간에서 매수진입 조건이 발생하면 하위 타임 프레임에서도 매수 진입조건이 발생하니 매수진입 기회를 놓치지 마시길 바랍니다.

각각의 색깔 선들이 기준선을 우상향 통과할 때 자기 기준선을 우상향 통과할 때만 매수진입 조건이 맞습니다. 1차 매수청산은 굵은 파란색선이 굵은 검정색선을 우하향으로 만나는 e지점이고, 이때까지 보유하면 녹색박스 A영역만큼 수익을 기대할 수 있습니다. 녹색박스 A영역을 보면 매수진입 후 추세의 기울기는 탄젠트 45도 이상~90도 미만까지 나오고, 캔들의 색깔은 모두 빨간색만 출현하는 것을 볼 수 있습니다. 2차 매수청산은 굵은 빨간색선이 굵은 검정색선을 우하향으로 만나는 f지점이고, 이때까지 보유하면 녹색박스 B영역만큼 수익을 기대할 수 있습니다.

[자료 3-25]는 '우리금융지주' 종목, 2023년 1월 27일 12시부터 2월 1일 15시까지 30분차트로 추세를 보여줍니다. 추세 아래에는 PST14지표를 불러봤습니다.

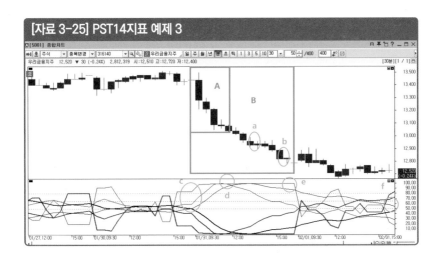

[자료 3-25] PST14지표 예제 3

이번에는 PST14지표를 사용해서 매도진입을 생각해보겠습니다. 물론 주식거래는 매도진입으로 수익을 낼 수 없지만, 선물거래는 매도진입으로 수익을 낼 수 있기에 매도진입으로 수익을 내는 방법을 공부해보겠습니다.

가장 먼저 확인해야 할 것은 하락 사이클의 구간을 찾아야 합니다. 가는 검정색선이 굵은 검정색선 위에 위치하는 c지점부터 f지점까지가 하락 사이클임을 알 수 있습니다. 이제 예비신호로 가는 빨간색선이 첫 번째 기준선을 우상향으로 통과하고, 추세의 기울기가 아크탄젠트 45도 이상~90도 미만으로 설정하는 파란색선이 두 번째 기준선을 우상향으로 통과하는 c지점을 봅니다. 하위 타임 프레임에서도 동일한 매도진입 조건을 맞춰서 매도진입합니다. 1차 청산시점은 가는 파란색선이 가는 검정색선을 우하향으로 통과하는 d지점입니다.

PST14지표의 장점 중의 하나가 진입 후 1차 매도청산까지는 진입 방향과 동일한 색깔의 캔들이 출현하는 것입니다. d지점까지 역시 캔들은 음봉으로 파란색 캔들만 출현한 것을 알 수 있습니다. 매도진입 후 동일 색깔의 캔들이 출현하지 않고 다른 색깔의 캔들이 섞이면서 추세를 만들면 큰 금액의 거래나 레버리지가 큰 해외선물 거래에서 보유하기가 쉽지 않습니다. 2차 매도청산은 가는 빨간색선이 가는 검정색선을 우하향으로 통과하는 e지점이고, 녹색박스 B영역만큼 수익을 기대할 수 있습니다. 일반적으로 2차 매도청산까지 수익을 기대하는 전략은 상위 타임 프레임에서 1차 매도청산이 안 나와야 합니다. 매도진입 후 2차 매도청산이 나오지 않는 구간에서 a지점과 b지점에서 양봉이 나온다고 절대로 매수진입하면 안 되니 주의하시길 바랍니다.

[자료 3-26]은 미국 주식 중 '아메리칸 엑스프레스' 종목, 2023년 2월

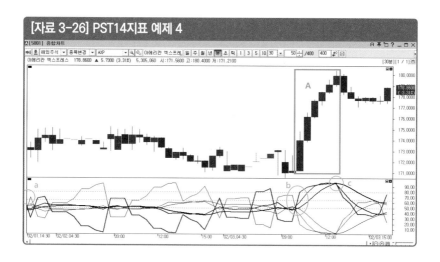

[자료 3-26] PST14지표 예제 4

1일 14시 30분부터 2월 3일 16시까지 30분차트로 추세를 보여줍니다. 추세 아래에는 PST14지표를 불러봤습니다.

이번에는 다르게 진입 시점을 짧은 시간에 찾아보겠습니다. 물론 실전 거래를 할 때는 사이클의 시작과 끝을 먼저 찾는 것을 먼저 해야 합니다. 상승 사이클의 시작과 끝은 찾은 다음 예비신호도 매수 진입조건

이 됩니다. 하지만 만약 추세의 기울기가 탄젠트 45도 이상~90도 미만의 설정이 충족되지 못하면 매수진입을 못하니 관망해야 합니다. 제가 PST교육을 주식교육도 하고 해외선물교육도 하는데 두 거래 상품의 차이점은 종목 선정입니다. 해외선물거래는 거래 상품이 몇 가지 없으므로 종목 선정이 쉽지만, 주식거래는 종목이 너무 많아서 빨리 PST지표로 진입조건이 맞는지 확인하는 연습이 필요합니다. 그러므로 거래 방법을 약간 변형해서 이번에는 매수진입을 추세의 기울기를 의미하는 굵은 파란색선을 우선으로 살펴보겠습니다. a지점부터 b지점까지 굵은 파란색선은 두 번째 기준선을 우상향으로 통과하는 지점이 발생하지 않았기 때문에 사이클의 상태와 관계없이 관망하겠습니다. 이런 방법으로 PST14지표로 실시간 추세를 해석하면 a지점부터 b지점까지는 1초도 안 되어 관망 전략을 택하면 됩니다. b지점에서 상승 사이클로 바뀌고, 바로 매수진입 조건이 되어 매수진입합니다. 이번에는 예외청산을 공부하겠습니다. 일반적으로 1차 매수청산은 파란색선이 검정색선을 우하향 통과하는 시점이고, 2차 매수청산은 빨간색선이 검정색선을 우하향 통과하는 시점이라고 말씀드렸습니다. 예외청산은 c지점처럼 1차 매수청산과 2차 매수청산이 동시에 발생하는 지점입니다. 그리고 2차 매수청산이 1차 매수청산보다 먼저 발생해도 예외청산으로 해석합니다. 예외청산 때는 보유한 수량을 전부 청산해야 합니다.

05

PST32지표 설명 및 이해

만든 목적 추세의 위치 파악 / 변동성 유무 파악

여러분은 이제 PST14지표를 사용해서 주식거래에서 매수진입으로 수익을 내고, 선물거래에서 매수진입과 매도진입으로 수익을 내는데, 어느 정도 자신감이 생기셨으리라 믿습니다. 그런데 똑같이 PST14지표를 가지고 주식거래를 하는데 1차 청산 시 어떤 경우는 수익이 많이 내고 어떤 경우는 수익이 적을까요? 저도 PST32지표를 만들기 전까지는 그 이유를 몰랐습니다. 만약 여러분이 진입했을 때 이왕이면 많은 수익을 얻으면 좋지 않을까요? 이번 장에서는 그 이유를 같이 찾아보겠습니다.

매달 저는 숭실대학교 글로벌미래교육원에서 주식, 선물 무료 재테크강좌를 15년째 해오고 있습니다. 수많은 초보와 고수들이 멀리 지방과 해외에서 오시지요. 어떤 고수께서 저에게 다음과 같은 질문을 하셨

습니다.

"교수님, 해외선물은 변동성이 너무 커서 스톱(손절)을 크게 설정하는데, 수익이 나질 않습니다. 어떻게 해야 할까요?" 저는 "변동성이 없는 구간에서 거래하면 됩니다"라고 말씀드렸습니다. 그분은 본인이 많은 책을 읽어보고 많은 전문가를 만나봐도 변동성 유무를 아무도 설명하지 못했다고 합니다.

먼저 PST이론으로 변동성을 생각해보겠습니다. '변동성이 왜 일어날까요? 어느 경우는 왜 변동성이 안 일어나면서 계속 상승추세 또는 하락추세를 만들까요?' 저항선을 통과한 후 추세가 상승인 줄 알고 매수 진입했다가 추세가 되돌아와서 손실을 주면 보통 책에서나 전문가들이 이 구간을 휩소(Whipsaw)라고 합니다. 저는 이 휩소를 속임수, 가짜 되돌림, 다이버전스, Retesting, Pull-back 등으로 정의하겠습니다. 문제는 모든 책이나 전문가들도 휩소가 발생한 후는 설명을 잘하는데, 진입 구간에서 휩소가 발생할지, 발생 안 할지는 아무도 설명을 못 합니다.

그러면 PST이론으로 이 문제를 설명할 수가 있을까요? 네. 설명할 수 있습니다. 추세는 상승추세와 보합, 하락추세가 있다는 것은 여러분도 아시고 계시지요? 맞습니다. 기존의 모든 책이나 전문가들은 추세를 상승, 보합, 하락 이 3가지로만 분류합니다. 그러나 PST이론은 추세를 상승강화, 상승보합, 횡보보합, 하락보합, 하락강화로 5가지로 분류하여 기존 이론과 크게 차이가 납니다. 손실이 나는 트레이더는 추세 형태 중 상승강화와 상승보합을 구분 없이 상승이라고 생각하고, 하락강화와 하락보합을 구분 없이 하락이라고 생각합니다. 상승보합도 크게 보면 추세는 상승하고 하락보합도 크게 보면 추세는 하락합니다. 하지만 마켓 메이커가 변동성을 가지면서 추세를 만들기 때문에 레버리지가 큰 해외선물거래에서 구분 없이 실전 거래하면 큰 손실을 볼 수 있습니다. PST지표를 활용해서 변동성이 없는 상승강화 구간이나 하락강화 구간에서만 거래해야 편안한 진입과 보유, 청산이 가능합니다.

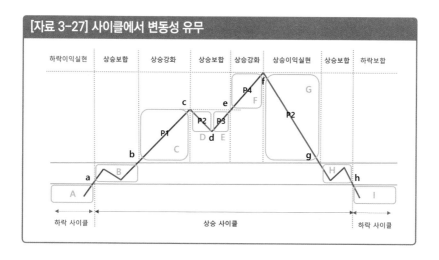

[자료 3-27] 사이클에서 변동성 유무

[자료 3-27]은 하락 사이클과 상승 사이클에서 변동성 유무를 나타냅니다. 추세를 상승, 보합, 하락 이 3가지만 있다고 아는 트레이더는 상승 사이클 내에서 상승보합과 상승강화를 구별하지 못합니다. 보합에서도 횡보보합만 있는 줄 알지, 상승보합과 하락보합이 있는지 모릅니다. 그리고 하락추세에서도 하락보합과 하락강화를 구별하지 못하니 실전 거래에서 수익을 기대하기가 어렵습니다. PST이론에서는 다음과 같이 5가지로 분류합니다. 사이클과 관계없이 매수로 진입했을 때 경우입니다.

하락 사이클에서 매수진입하는 것은 P2구간에서 매수진입을 하는

P1구간 : 상승강화 구간(C영역)

P2구간 : 상승보합 구간(B영역, D영역, H영역), 상승이익실현 구간(G영역)

　　　　　하락 사이클(A영역, I영역)

P3구간 : 상승보합 구간(E영역)

P4구간 : 상승강화 구간(F영역)

경우입니다. 일반적으로 사이클 상태와 반대로 진입하면 해당합니다. 예로 상승 사이클에서 매도진입(D영역, G영역)하는 경우와 하락 사이클에서 매수진입(A영역, I영역)에 해당합니다. PST이론상 P2구간에서 진입을 목표 수익을 작게 하던지, 진입 시 리밋(익절)을 반드시 설정해야 합니다. P2구간에서 P1구간으로 변하는 경우와 P2구간에서 P3구간을 걸쳐 P4구간으로 변해서 수익이 많아지는 것은 마켓 메이커만 알 수 있고, 마켓 팔로어인 여러분은 알 수가 없으므로 절대로 욕심내면 안 됩니다.

여러분이 손실 보는 변동성이 있는 구간인 휩소, 속임수, 되돌림, 다이버전스, Retesting, Pull-back 구간은 PST이론상 횡보보합뿐만 아니라 상승보합과 하락보합에서도 발생할 수 있습니다. 그러므로 여러분은 변동성이 없는 상승강화 구간인 P1구간과 P4구간에서만 매수진입해야 변동성 없이 안전하게 수익을 많이 기대할 수 있습니다. 상승보합 구간인 P2구간, P3구간과 상승 이익실현 구간인 P2구간과 하락 사이클 구간인 P2구간에서는 매수진입을 절대로 하지 말고 관망해야 합니다. 그러면 PST이론을 이해는 하셨을 텐데, 어떻게 눈으로 추세를 보면서 실시간으로 각 구간을 정의할 수 있을까요? PST32지표로 설명을 할 수 있습니다.

P1구간은 저항선을 통과하고 상승강화가 시작되는 구간으로 변동성

> P1구간 : 변동성이 없는 안전한 매수진입 구간(상승강화 구간)
> P2구간 : 변동성이 있는 위험한 구간이므로 관망 구간(상승보합 구간)
> P3구간 : 변동성이 있는 위험한 구간이므로 관망 구간(상승보합 구간)
> P4-1구간 : 변동성이 없는 안전한 매수진입 구간(상승강화 구간)
> P4-2구간 : 변동성이 있는 위험한 구간이므로 관망 구간(상승강화 구간)

이 없으므로 휩소가 발생하지 않습니다. 그러나 재상승하는 P4구간을 휩소가 발생할 때도 있고, 휩소가 발생하지 않을 때도 있습니다. 이런 이유로 저는 P4구간을 P4-1구간과 P4-2구간으로 분류해서 변동성이 없어 휩소가 발생하지 않으면, 매수진입 가능한 P4-1구간으로 정의합니다. 변동성이 있어서 휩소가 발생하면, 매수진입하지 않고 관망하는 P4-2구간으로 정의했습니다.

일반적으로 휩소는 재상승 구간 또는 재하락 구간에서 발생합니다. 재상승 구간에서 휩소의 발생 여부는 상승 사이클 내에서 가격도 전고점보다 높은 후에 보조지표를 비교해서 알 수 있습니다. 재하락 구간에서 휩소의 발생 여부는 하락 사이클 내에서 가격도 전저점보다 낮아진 후에 보조지표를 비교해서 알 수가 있습니다. 그러나 PST32지표를 활용하면, 여러분이 진입할 무렵 앞으로 나올 재상승 구간이 변동성이 없는 P4-1구간인지, 아니면 변동성이 없는 P4-2구간인지 미리 알려주기 때문에 매우 효과적인 거래가 가능합니다.

실시간 추세를 분석해서 현재 추세의 위치(Position)가 P1, P2, P3, P4 구간을 구별하는 PST32지표는 반드시 기준차트로 파악해야 합니다.

주식거래는 60분차트가 기준차트고, 선물차트에서는 기준차트가 10분차트라고 앞서서 말씀드렸습니다.

실전 거래에서는 PST32지표로 추세의 위치를 파악한 후 진입은 P1구간 또는 P4-1구간에서 PST14지표를 활용해서 거래하면 많은 수익을 기대할 수 있습니다. 제가 PST이론으로 각각의 지표를 만들 때마다 만든 목적이 있습니다. PST32지표는 추세의 위치를 분석하고 변동성 유무를 판단하기에는 너무나 중요한 지표이므로 또 한 번 강조해도 지나침이 없습니다. PST32지표를 다음과 같이 정리해보겠습니다.

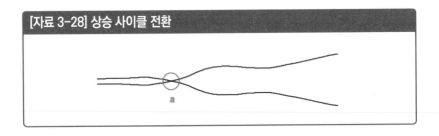

[자료 3-28] 상승 사이클 전환

[자료 3-28]처럼 PST32지표의 굵은 빨간색이 굵은 파란색선을 우상향으로 교차하는 a지점부터 상승 사이클이 시작임을 알 수 있습니다. a지점 이전까지는 굵은 파란색선이 굵은 빨간색선 위에 존재하므로 하락 사이클로 해석해야 합니다. 상승 사이클의 끝은 다시 굵은 빨간색선이 굵은 파란색을 우하향으로 통과하는 지점까지입니다.

[자료 3-29]처럼 P2구간은 하락 사이클에서 매수진입할 때 발생합니다. 일반적으로 P2구간은 사이클의 반대 방향으로 진입 시 나타납니다. P2구간은 P2-1구간과 P2-2구간으로 다시 분류할 수 있습니다. a지점에서 가는 빨간색선이 굵은 파란색선을 우상향으로 통과하는 a지

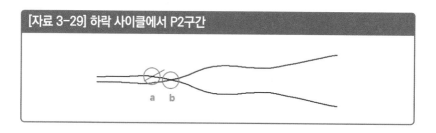

[자료 3-29] 하락 사이클에서 P2구간

점부터 사이클 전환이 나오는 b지점까지를 P2-1구간으로 생각할 수 있고 하락 사이클 구간에서 P2-1구간의 이전구간을 P2-2구간으로 다시 분류할 수 있습니다.

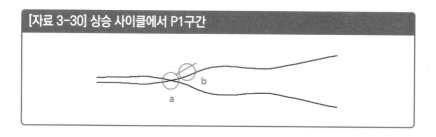

[자료 3-30] 상승 사이클에서 P1구간

[자료 3-30]처럼 P1구간은 a지점에서 상승 사이클로 전환된 후 가는 빨간색선이 굵은 빨간색선 위에 존재해야 합니다. P1구간은 상승보합이 끝나고 상승강화가 일어나는 구간에서 발생합니다. 그리고 P1구간은 한 사이클에서 처음 한 번만 발생합니다.

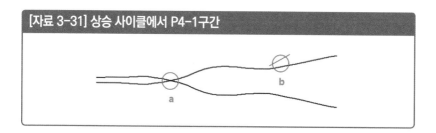

[자료 3-31] 상승 사이클에서 P4-1구간

[자료 3-31]처럼 P4-1구간은 P1구간이 나온 후 다시 P1구간의 전고점을 깨고 재상승 하는 구간에서 가는 빨간색선이 굵은 빨간색선 위에 존재해야 합니다. P4-1구간은 변동성이 없는 안전한 구간으로 매수진입을 고려할 수 있고, 한 사이클에서 여러 번 발생할 수 있습니다.

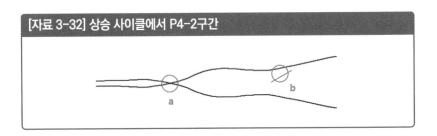

[자료 3-32] 상승 사이클에서 P4-2구간

[자료 3-32]처럼 P4-2구간은 P1구간이 나온 후 다시 P1구간의 전고점을 깨고 재상승 하는 구간에서 가는 빨간색선이 굵은 빨간색선 아래에 존재해야 합니다. P4-2구간은 변동성이 있는 위험한 구간으로 매수진입하지 말고 관망해야 하며, 한 사이클에서 여러 번 발생할 수 있습니다. 여기서 주의할 점이 있습니다. 만약 b지점에서 가격이 전고점보다 낮으면, P4-2구간이 아니라 그냥 P2구간으로 해석해야 합니다. P4-1구간과 P4-2구간은 반드시 가격이 전고점보다 높아야 한다는 것을 잊으면 안 됩니다.

[자료 3-33]은 '롯데칠성' 종목, 2023년 2월 2일 13시부터 2월 8일 9시 30분까지 30분차트로 추세를 보여줍니다. 추세 아래에는 PST32지표와 PST14지표를 불러봤습니다.

PST32지표는 가는 빨간색선, 가는 파란색선, 굵은 빨간색선, 굵은 파란색선으로 구성되어 있습니다. 사이클을 파악할 때는 굵은 빨간색

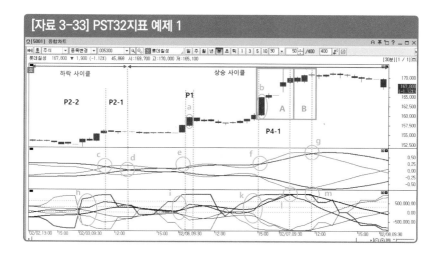

[자료 3-33] PST32지표 예제 1

선과 굵은 파란색선으로 확인할 수 있습니다. 굵은 파란색선이 굵은 빨
간색선 위에 있으면 하락 사이클이고, 굵은 빨간색선이 굵은 파란색선
위에 위치하면 상승 사이클로 이해하면 됩니다. 그러므로 d지점 전까
지는 하락 사이클이고, d지점 이후부터 끝까지는 상승 사이클이 되겠
습니다. 하락 사이클 구간에서 매수진입 고려하면, 하락 사이클 구간은
P2구간이 됩니다.

가는 빨간색선이 굵은 파란색선을 우상향으로 교차하는 c지점부터
d지점까지를 P2-1구간이라 정의하고, P2구간 중 c지점 이전구간은
P2-2구간이라고 하겠습니다. d지점에서 상승 사이클이 시작되어 가는
빨간색선이 굵은 빨간색선 위에 위치하면서 PST14지표로 첫 번째로
매수진입을 할 수 있는 i지점에 해당하는 e지점이 P1구간이 시작됩니
다. 그러면 첫 캔들은 a지점이 되겠지요. d지점부터 e지점까지는 상승
보합 구간이고, e지점부터 상승강화 구간이 됩니다. 이후 f지점에서 g
지점까지 변동성이 없는 P4-1구간이 되어 PST14지표로 k지점에서 매

수진입 조건이 되어 매수진입합니다.

매수청산은 l지점에서 1차 매수청산을 하면 녹색박스 A영역만큼 수익을 기대할 수 있고, m지점에서 2차 매수청산을 하면 녹색박스 B영역만큼 수익을 기대할 수 있습니다. 재상승 때 매수진입은 P4-1구간에서 첫 캔들인 b지점에서 해야 합니다. h지점은 PST14지표로는 매수진입이 가능하지만, PST32지표로 보면 하락 사이클 중이기 때문에 관망해야 합니다.

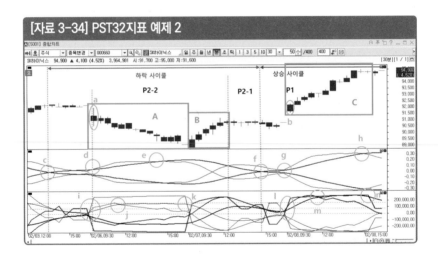

[자료 3-34]는 'SK하이닉스' 종목, 2023년 2월 3일 12시부터 2월 8일 16시까지 30분 차트로 추세를 보여줍니다. 추세 아래에는 PST32지표와 PST14지표를 불러봤습니다.

많은 수강생이 PST32지표를 배우고 매우 놀라워하셨습니다. "마켓메이커가 만드는 추세를 어디서 어디까지가 어떤 사이클이 시작과 끝이고, 현재가 추세의 어떤 상태인가를 어떻게 맞힐 수 있냐?"라고 말입니다. 저도 제가 PST이론과 지표를 만들었지만, 실시간 거래에서 너무 잘 맞아서 저도 깜짝 놀라곤 합니다. PST32지표가 정말 중요합니다. 과거에는 이 지표의 이해만 3개월이나 교육할 정도였습니다. 지표를 실전 거래에서 실시간으로 추세를 보면서 해석해야 합니다. PST지표 사용으로 수익을 내는 것은 수강생의 학력이 높고 낮음과 관계없고, 나이의 적고 많음과 관계없으며, 실전 거래 경험이 적고 많음과도 관계가 없었으니 노력해보시길 바랍니다.

c지점부터 f지점까지는 굵은 파란색선이 굵은 빨간색선 위에 있으므로 하락 사이클로 생각하면 되고 f지점부터는 굵은 빨간색선이 굵은 파란색선 위에 있기 때문에 상승 사이클로 생각하면 됩니다. 사이클의 형태만 파악해도 거래의 반은 끝난 것입니다.

f지점에서 g지점까지 상승보합 구간이 유지되다가 g지점에서 PST14지표로 l지점에서 매수진입이 가능하니 P1구간이 시작됨을 알 수 있습니다. b지점에서 첫 번째 양봉에서 매수진입하고, m지점에서 1차 매수청산하며, n지점에서 2차 매수청산을 하면 녹색박스 C영역만큼 수익을 기대할 수 있습니다.

하락 사이클에서 매수진입은 P2구간에서 진입이라서 관망해야 하지만, d지점에서 매도진입을 a지점에서 첫 번째 음봉에서 하면 P1구간에서 매도진입할 수 있습니다. 주의할 것은 녹색박스 B영역은 하락 사이클에서 상승처럼 추세가 보이는 것이므로 거래할지 말고 관망해야 합니다.

[자료 3-35]는 '롯데정밀화학' 종목, 2023년 2월 2일 14시부터 2월 8일 11시까지 30분차트로 추세를 보여줍니다. 추세 아래에는 PST32

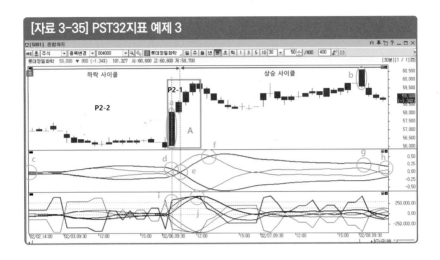

[자료 3-35] PST32지표 예제 3

지표와 PST14지표를 불러봤습니다.

추세의 위치에서 변동성이 없는 구간은 어디일까요? 이제는 아시겠지요? P1구간과 P4-1구간입니다. 그러면 P1구간과 P4-1구간에서 매수진입을 하면 원하는 만큼 수익을 기대할 수 있을까요? 아닙니다. 변동성이 없는 구간에서 수익이 나는 것은 맞지만, 추세의 기울기를 설정하지 않고 그냥 생각 없이 매수진입하지 마시길 바랍니다.

만약 1년 내내 추세의 기울기가 매우 작아서 1년 동안 보유했는데 1%도 수익이 안 나면 의미가 없는 거래입니다. 그래서 PST32지표를 사용해서 변동성이 없는 P1구간과 P4-1구간에서 매수 진입 시 PST14지표를 활용해서 추세의 기울기를 탄젠트 45도 이상~90도 미만을 설정해서 하면 매우 효과적으로 거래할 수 있습니다.

PST14지표에서 또 하나의 장점은 P2-1구간에서도 진입을 할 수 있다는 것입니다. P2구간은 동일 사이클 내에서도 나오지만 반대 사이클에서도 동일 방향대로 진입하면 나옵니다. 그래서 제가 P2구간도 변동

성이 있는 구간을 P2-2구간이라고 정하고 변동성이 없는 구간을 P2-1
구간이라고 정했습니다. 그러면 하락 사이클의 시작과 끝은 c지점과 e
지점으로 볼 수 있고, 상승 사이클의 시작과 끝은 e지점부터 h지점까
지라고 볼 수 있습니다. 상승 사이클 내에서 만약 매수진입을 고려한다
면 P2구간에서 진입하는 것입니다. 이해가 되시나요? 아무 P2구간 중
P2-2구간에서 매수진입은 위험합니다. 가는 빨간색선이 굵은 파란색
선을 우상향으로 통과하는 d지점에서 P2-1구간이 시작합니다. 이때
PST14지표를 보니 i지점에서 매수진입이 가능하고, j지점에서 매수청
산을 하면 녹색박스 A영역만큼 수익을 기대할 수 있습니다. b지점에서
매수진입은 g지점을 보니 P4-2구간이므로 진입하지 말고 관망해야 합
니다.

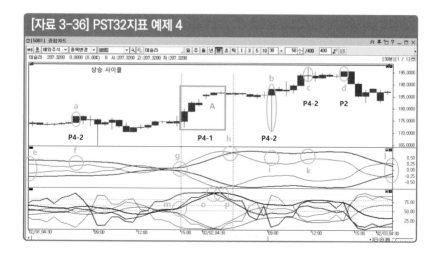

[자료 3-36] PST32지표 예제 4

[자료 3-36]은 미국 주식 중 '테슬라' 종목, 2023년 2월 1일 4시 30
분부터 2월 3일 5시까지 30분차트로 추세를 보여줍니다. 추세 아래에
는 PST32지표와 PST14지표를 불러봤습니다.

우선 PST32지표를 사용해서 추세의 위치를 파악해볼까요? e지점부터 l지점까지는 굵은 빨간색선이 굵은 파란색선 위에 있어서 상승 사이클 구간임을 알 수 있습니다.

상승사이클 구간도 되돌림이 있는 구간과 되돌림이 없는 구간으로 나눌 수 있습니다. 어느 구간이 되돌림이 있는 구간이고, 어느 구간이 되돌림이 없는 구간일까요?

e지점부터 g지점까지와 h지점부터 l지점까지는 가는 빨간색선이 굵은 빨간색선 아래에 있기 때문에 이 구간은 되돌림이 있는 구간입니다. g지점부터 h지점까지만 가는 빨간색이 굵은 빨간색선 위에 있기 때문에 되돌림이 없는 구간으로 생각할 수 있습니다.

a지점, b지점, c지점에서 양봉이 나올 때 매수 진입을 안 되는 이유는 P4-2구간으로 되돌림이 나올 수 있기 때문입니다. 놀라운 사실은 P4-2구간에서 하락 다이버전스 발생은 가격은 상승하지만, 보조지표는 하락하는 경우로 가격이 전고점보다 상승한 다음에 확인할 수 있습니다. PST32지표는 가격이 전고점보다 상승해도 이미 그 위치에 해당하는 지점을 PST32지표로 확인해서 가는 빨간색선이 굵은 빨간색선 아래에 있으면 다이버전스가 발생하는 P4-2구간임을 예상할 수 있습니다. 그리고 실수하면 안 되는 것 중의 하나가 d지점의 해석입니다. d지점을 PST32지표로 확인해서 P4-2구간처럼 생각할 수 있으나 d지점에 가격은 전 고점 c지점보다 낮으므로 P4-2구간이 아니라 P2구간으로 해석해야 맞습니다. 되돌림이 없는 g지점에서 PST14지표를 보니 m지점에서 매수진입한 후 o지점에서 1차 매수청산을 합니다. p지점에서 2차 매수청산을 하면 녹색박스 A영역처럼 수익을 기대할 수 있습니다.

06

PST38지표 설명 및 이해

    20년 동안 수많은 수강생을 가르쳤습니다. 그중 한 수강생이 저한테 "교수님, 주식거래를 할 때, PST지표로 하루의 최고점을 알 수 있을까요?"라고 질문했습니다. 저는 당연히 "아무리 PST지표가 좋아도 제가 마켓 메이커도 아닌데 어떻게 하루의 최고점을 맞힐 수 있겠습니까? 당연히 맞힐 수 없습니다"라고 대답했습니다. 불가능이란 정말 풀지 못하는 것일 수도 있지만, 반대로 풀 수 있는데 아무도 도전하지 않은 것일 수도 있다고 저는 생각했습니다. 그래서 저는 주식거래에서 하루의 최고점을 찾아내기 위해 연구를 계속하다가 PST38지표를 만들었습니다. 매수진입 후 하루의 최고점을 알고 있으면 최고점까지만 보유하고 매수청산하면, 매우 효과적인 거래를 할 수 있습니다. 어떤 종목을 매수진입할 때 하루의 최고점이 지난 종목이면 당일에는 진입하지 않고 관망하는 것이 좋습니다.

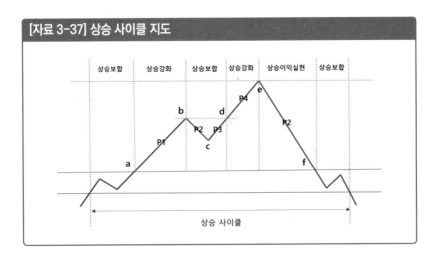

[자료 3-37] 상승 사이클 지도

[자료 3-37]을 보면 a지점에서 매수진입했다고 가정해보면, 매수청산하는 경우는 다음과 같이 생각해볼 수 있습니다.

> a지점 ~ b지점 : P1구간
> d지점 ~ e지점 : P4구간
> a지점 ~ e지점 : P1 + P2 + P3 + P4구간

그동안 배운 PST지표는 P1구간 또는 P4구간을 찾아서 따로 거래하는 방법을 택했습니다. 이렇게 P1+P2+P3+P4구간을 모두 보유해서 수익을 내는 방법은 어떻게 생각하시나요? PST이론으로 상승강화가 시작할 때 매수진입한 후, 한 사이클의 최고점에서 매수청산하는 지표가 PST38지표입니다.

P1구간을 거래하고, P2구간과 P3구간은 거래하지 않으며, P4구간을 다시 거래할 때 주의할 점이 있습니다. P4-1구간은 되돌림이 없는 구간이라 안전하게 거래할 수 있지만, 만약 P4-2구간이면 되돌림이 있는

구간이라 거래하지 않고 관망을 해야 합니다. 그러나 P1구간에 매수진 입해서 P2구간, P3구간, P4구간을 모두 보유한 후, P4구간 최고점에서 매수청산하면, P4구간이 P4-2구간이래도 매수진입까지 가격은 내려 오지 않기 때문에 상관없이 수익을 기대할 수 있습니다.

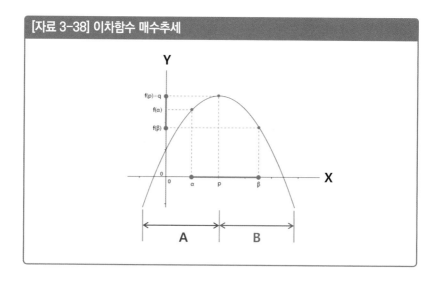

[자료 3-38] 이차함수 매수추세

[자료 3-38]은 포물선 형태의 이차함수 곡선입니다. X축을 시간으로 생각하고 Y축을 수익으로 생각하면 $y=-x^2$그래프가 시각이 p지점에서 최대가격 q가 되는 것을 알 수 있습니다. 이것을 다시 수학적으로 표시하면 $y=-(x-p)^2+q$가 됩니다. 만약 실전 거래에서 청산하는 시각을 p지점에서 하지 않고 a지점에서 하면, 가격 y는 $-(a-p)^2+q$가 되고 β지점에서 하면 가격 y는 $-(\beta-p)^2+q$가 됩니다. 이해가 되시지요? 그러나 p지점을 제외한 나머지 다른 시각에서 청산하면 최고점이 아닌 것을 알 수가 있습니다.

주식방송에 나오는 전문가들은 어떤 종목이 얼마까지 상승하니, 얼마에 매수하면 된다고 확정적으로 말합니다. 여러분은 믿음이 가시나요? 그렇게 잘 맞추면 본인이 방송에 나오지 않고 직접 거래해도 되지 않을까요? PST이론은 매수진입 후 최고가가 얼마인지는 알지 못합니다. 다만 매수진입 후 언제까지 보유하는 시점을 알 수 있기 때문에 최고점을 맞출 수 있습니다. 그럼 최고점의 시각인 p지점을 어떻게 찾을 수 있을까요?

[자료 3-38]처럼 X축에서 p지점을 기준으로 좌측을 A구간, 우측을 B구간으로 생각해볼까요? A구간은 매수세력≥매도세력인 경우입니다. B구간은 반대로 매도세력≥매수세력인 경우입니다. 매수세력이 매도세력보다 크면 추세는 P1구간, P2구간, P3구간, P4구간을 모두 포함할 것입니다. 반대로 매도세력이 매수세력보다 크면 추세는 P2구간이 될 것입니다. 이해가 되시나요? 주식거래인 경우는 따로 매도세력이 없기 때문에 매도세력은 매수청산세력이라고 보시면 됩니다. 그러므로 매수세력보다 매수청산세력이 크면 p지점에서 상승추세인 P4구간이 멈추게 됩니다. 이 이론을 적용해서 PST38지표를 만들어봤습니다.

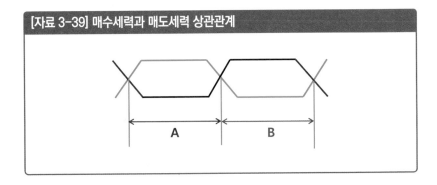

[자료 3-39] 매수세력과 매도세력 상관관계

[자료 3-39]는 매수세력과 매도세력 간의 상관관계를 보여줍니다. 녹색선이 매수세력이고 검정색선이 매도세력이라고 생각하면 A구간은 매수세력이 매도세력보다 크기 때문에 상승 사이클 중 P1구간, P2구간, P3구간, P4구간을 모두 포함한 구간임을 알 수 있습니다. P4구간의 최고점은 매수세력인 녹색선이 매도세력인 검정색선 아래로 통과할 때라고 생각할 수 있습니다. B구간은 매도세력이 매수세력보다 큰 경우로 이 구간에서 캔들이 상승처럼 보여도 절대로 매수진입하면 안 되고 관망해야 합니다. PST이론상 B구간에서는 절대로 상승강화 구간이 나오지 않기 때문입니다. 각각의 타임 프레임마다 PST38지표는 같게 보일 때도 있고, 다르게 보일 때도 있습니다. 주식거래에서는 반드시 기준차트인 60분차트 이하의 하위 타임 프레임에서는 모두 A구간인 조건을 맞추고 매수진입을 고려해야 합니다.

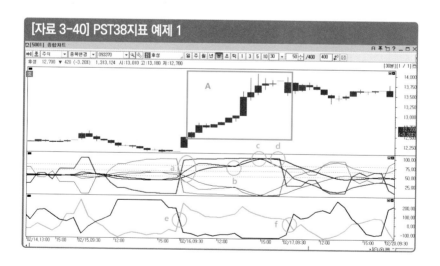

[자료 3-40]은 '후성' 종목, 2023년 2월 14일 13시부터 2월 20일 9시 30분까지 30분차트로 추세를 보여줍니다. 추세 아래에는 PST14지

표와 PST38지표를 불러봤습니다.

PST14지표와 PST38지표를 같이 사용할 때, 어떤 지표를 우선으로 확인해야 할까요? 정답은 PST14지표입니다. PST14지표는 추세의 기울기를 45도 이상 ~ 90도 미만으로 설정할 수 있으므로 밀리지 않고 매수진입이 가능합니다. 그러나 PST38지표는 추세의 기울기 설정은 없고 단지 추세의 최고점을 청산할 때만 사용합니다.

PST14지표에서 가장 중요한 선이 무엇일까요? 기울기를 결정하는 굵은 파란색선입니다. 그러므로 굵은 파란색선이 두 번째 기준선을 우상향 통과하는 지점을 찾으면, a지점밖에 없는 것을 알 수 있습니다. a지점에서 굵은 빨간색선은 첫 번째 기준선을 우상향으로 통과하고 굵은 검정색선은 세 번째 기준선을 우상향으로 통과하는 교집합으로 a지점에서 매수진입할 수 있습니다. a지점에 해당하는 곳을 PST38지표로 확인하면 이미 e지점에서 매수세력은 매도세력보다 큰 것을 알 수 있습니다.

매수진입 후 캔들이 음봉이 나와도 PST38지표로 매도세력이 매수세력보다 큰 f지점까지는 보유가 가능합니다. PST14지표로 b지점이나 c지점에서 굵은 파란색선이 굵은 검정색선을 우하향으로 교차하는 1차 매수청산을 고민할 수도 있고 d지점에서 굵은 빨간색선이 굵은 검정색선을 우하향으로 교차하는 2차 매수청산을 고민할 수도 있습니다. 하지만 f지점까지는 보유하다가 매수청산하면 녹색박스 A영역만큼 수익을 기대할 수 있습니다. 만약 상위 타임 프레임을 보고 f지점에서 매수청산을 하지 않고 보유했다면, f지점 이후 매수세력이 매도세력을 다시 우상향으로 교차해서 커질 때까지 추세는 상승하지 않음을 예상하셔야 합니다.

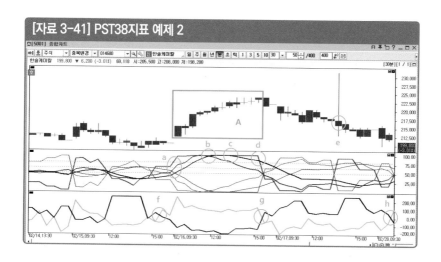

[자료 3-41] PST38지표 예제 2

　[자료 3-41]은 '한솔케미칼' 종목, 2023년 2월 14일 13시 30분부터 2월 20일 10시까지 30분차트로 추세를 보여줍니다. 추세 아래에는 PST14지표와 PST38지표를 불러봤습니다.

　PST38지표에서 매수세력은 f지점에서 매도세력보다 크고 g지점에서 매도세력보다 작음을 알 수 있습니다. 많은 수강생들이 PST38지표를 교육받을 때 PST38지표를 보고 매수세력이 매도세력보다 큰 지점인 f지점에서 매수진입을 하면 안 되는지 질문하셨습니다. 여러분은 어떻게 생각하시나요? f지점에서 매수진입을 하면 PST14지표에서 매수진입인 a지점보다 빠른데 가능하다고 생각하시나요? 정답은 '아니오'입니다. 이유는 PST38지표는 매수진입이 아닌 매수청산으로만 사용해야 하기 때문입니다.

　매수진입 시 밀리지 않는 진입을 해야 하는데, 여기에는 추세의 기울기 설정을 반드시 해야 합니다. PST38지표에는 추세의 기울기 설정 기능이 없고, PST14지표에만 추세의 기울기를 45도 이상~90도 미만으로 할 수 있습니다.

g지점부터 h지점까지는 매도세력이 매수세력보다 위에 존재하므로 절대로 매수진입을 하시면 안 됩니다. e지점에서 캔들이 양봉으로 크게 상승했다가, 종가에는 결국 음봉으로 하락 반전한 것을 볼 수 있습니다. 실전 거래에서 수익을 내는 것도 중요하지만 손실을 막기 위해 관망하는 것도 좋은 전략이라는 것을 잊지 마십시오.

PST14지표를 보고 a지점에서 매수진입을 한 후 b지점에서 1차 매수청산을 한 후 c지점까지 굵은 빨간색선과 굵은 검정색선이 붙어서 2차 매수청산 시점을 잘 모를 수 있습니다. 하지만 이때 PST38지표를 활용해서 g지점이 나오지 않았기 때문에 계속 보유할 수 있습니다. 주식거래인 경우는 기준차트인 60분차트보다 하나 하위차트인 30분차트로 PST38지표를 활용하면, 하루의 최고점을 녹색박스 A영역처럼 수익을 기대할 수 있습니다.

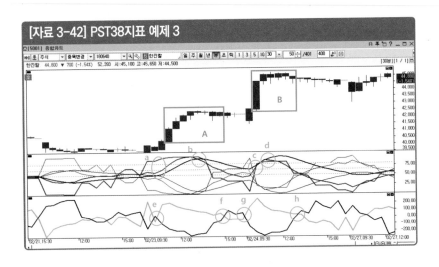

[자료 3-42] PST38지표 예제 3

[자료 3-42]는 '한진칼' 종목, 2023년 2월 21일 15시 30분부터 2월 27일 12시까지 30분차트로 추세를 보여줍니다. 추세 아래에는 PST14

지표와 PST38지표를 불러봤습니다.

PST38지표의 또 하나의 장점은 재진입 시 도움을 준다는 것입니다. PST14지표로 추세를 확인하면, 3월 23일과 3월 24일 동안은 굵은 검정색이 가는 검정색선 위에 존재합니다. 동일 상승 사이클 구간임을 알 수 있습니다. 물론 기준차트를 60분차트로 보지 않고, 처음부터 120분차트나 일봉차트를 보고 a지점에서 매수진입한 후 이틀간 보유하고 매수청산하는 방법도 있습니다. PST이론상 보유가 길수록 상승보합 또한 길수가 있습니다. 그러므로 하루 단일거래를 할 것인지, 이틀 이상 보유하면서 거래를 할 것인지는 여러분이 잘 선택하시길 바랍니다.

하나의 사이클 구간에서 재상승 구간에서 다시 매수진입 시에는 반드시 PST38지표로 매도세력이 매수세력보다 큰 구간이 한번 나온 다음 다시 매수세력이 매도세력보다 큰 구간에서 하셔야 합니다. 여기서는 f지점에서 매도세력인 검정색선이 g지점까지 매수세력인 녹색선보다 위에 존재합니다. g지점 이후에 PST14지표를 보고, c지점에서 다시 매수진입을 할 수 있습니다. 매수청산은 d지점에서 1차 매수청산과 2차 매수청산이 나와서 부분청산을 할 수도 있고, 상승보합을 포함해서 최대로 보유할 수 있는 지점은 PST38지표에서 h지점까지입니다. PST이론상 상승 사이클이 아직 남아 있어도 매도세력이 매수세력보다 커지면 더 이상의 최고점은 새로 만들어지기가 어렵기 때문입니다. a지점에서 매수진입하고, f지점에서 매수청산을 한 후 녹색박스 A영역만큼 수익을 냅니다. 이후 f지점부터 g지점은 관망하고, 다시 c지점에서 매수진입한 후 h지점에서 매수청산하면, 녹색박스 B영역만큼 수익을 기대할 수 있습니다.

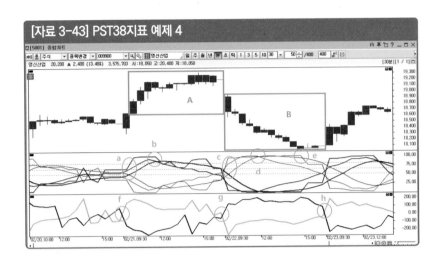

[자료 3-43] PST38지표 예제 4

[자료 3-43]은 '명신산업' 종목, 2023년 2월 20일 10시부터 2월 23일 13시까지 30분차트로 추세를 보여줍니다. 추세 아래에는 PST14지표와 PST38지표를 불러봤습니다.

PST38지표를 활용해서 청산할 때는 매수진입 후 매수청산을 녹색박스 A영역만큼 g지점에서 할 수 있고 매도진입 후 매도청산을 녹색박스 B영역만큼 h지점에서 할 수도 있습니다. 차이점을 하나씩 살펴보겠습니다.

2월 21일 f지점 이후 PST14지표를 활용합니다. a지점에서 하위 타임프레임과 맞춰서 매수진입할 수 있습니다. b지점에서 굵은 파란색선이 굵은 검정색을 우하향 통과하는 1차 매수청산 시점과 굵은 빨간색선이 굵은 검정색을 우하향 통과하는 2차 매수청산 시점이 거의 동시에 나오면, g지점까지 상승보합을 견디면서 보유하기보다는 b지점에서 매수청산을 거의 다 하고 일부만 g지점까지 보유하시길 바랍니다.

1차 매수청산 지점과 2차 매수청산 지점이 따로 나오면 조금씩 부분

청산을 합니다. PST38지표를 활용해서 매수세력이 매도세력이 더욱 작아지는 지점에서 전부 매수청산을 할 수도 있습니다. 하지만 1차 매수청산 지점과 2차 매수청산 지점이 동시에 나오면 g지점까지의 상승 보합 구간에서 수익 내기가 쉽지 않습니다.

주식거래인 경우는 매도진입을 할 수 없지만, 선물거래인 경우는 매도진입으로 수익을 낼 수 있습니다. [자료 3-43]이 선물거래라고 가정하면 g지점에서 먼저 매도세력이 매수세력보다 큰 것을 볼 수 있습니다. 그리고 c지점에서 매도진입 조건이 되어 매도진입한 후 d지점에서 1차 매도청산을 하고 e지점에서 2차 매도청산할 수 있습니다. 이렇게 1차 매도청산과 2차 매도청산이 따로 나오면 부분 매도청산을 h지점까지 하면 녹색박스 B영역만큼 수익을 기대할 수 있습니다.

07

PST56지표 설명 및 이해

만든 목적 추세의 기울기 60도 ≤ θ < 90도 예측
추세의 위치와 관계없이 모든 구간에서 진입 가능

여러분은 가장 효과적인 거래가 무엇이라고 생각하시나요? 저는 가장 짧은 보유거래 동안 가장 많은 수익을 내는 거래가 가장 효과적인 거래라고 생각합니다. 동의하시나요? 그렇다면 해결해야 할 숙제가 있는데 그것은 추세의 기울기입니다. 앞서 설명해드린 대로 추세의 기울기가 추세의 속도에 비례합니다. 그러므로 매수진입 시 추세의 기울기를 설정하고 거래하는 것과 설정하지 못하고 거래하는 것은 많은 차이를 가지고 옵니다. 여러분은 추세의 기울기 설정을 할 수 있는 PST지표를 이미 알고 있는데 차이점을 살펴볼까요?

PST6지표 : 30도≤θ<90도 예측, P1, P4-1구간 진입 가능
PST14지표 : 45도≤θ<90도 예측, P1, P4-1, P2-1구간 진입 가능
PST56지표 : 60도≤θ<90도 예측, 모든 구간 진입 가능

PST56지표는 추세의 기울기를 60도 이상~90도 미만으로 설정할 수 있습니다. 모든 구간에서 진입 가능합니다. 모든 구간에서 진입 가능하다는 의미는 하락 사이클 중에서 P2구간에서 매수진입이 가능하다는 의미입니다. 폭락 장을 맞은 그다음 날 기술적 반등처럼 보이는 구간에서 매우 유용하게 사용할 수 있습니다.

PST56지표는 금융공학적으로 만들었습니다. 2차원 PST지표에서는 제가 가장 애착을 가지고 있는 지표입니다. 추세는 캔들이 최소 3개 이상이 모여서 추세를 이루고 캔들을 다시 타임 프레임으로 쪼개서 봅니다. 어떤 측면에서는 미분법으로 생각한 것입니다. "그러면 반대로 추세를 수익 나는 구간까지 합해서 찾는 적분법으로 계산하면 어떨까?" 하고 만든 지표가 PST56지표입니다. PST56지표는 국내주식, 해외주식, 국내선물, 해외선물, 가상화폐 등 모든 거래에서 실시간으로 적용해서 수익을 낼 수 있습니다.

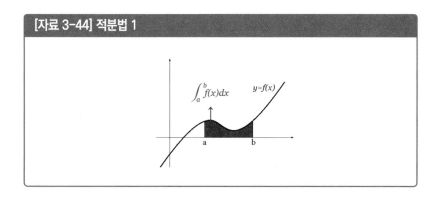

[자료 3-44] 적분법 1

[자료 3-44]는 함수 $y=f(x)$를 구간 a부터 b까지 적분으로 계산하는 것을 보여줍니다.

저는 이 적분법을 금융공학적으로 접근해봤습니다. 함수 $y=f(x)$에 해당하는 것을 추세선으로 생각하고 구간을 매수거래시간과 매도거래시간으로 구분해서 매수진입일 경우는 매수거래 시간 동안 추세를 계속 더해서 계산하고 매도진입일 경우는 매도거래 시간 동안 추세를 계속 더해서 계산하는 것입니다.

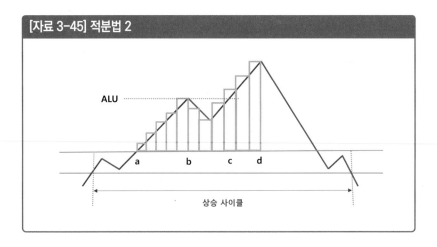

[자료 3-45] 적분법 2

$$\int_a^b f(T)dt = \text{P1구간}$$

$$\int_a^d f(T)dt = \text{P1구간} + \text{P2구간} + \text{P3구간} + \text{P4구간}$$

$$\int_a^b f(T)dt + \int_c^d f(T)dt = \text{P1구간} + \text{P4구간}$$

f(T)는 추세를 함수로 생각하고 a지점부터 b지점, a지점부터 d지점, c지점부터 d지점까지를 각각 매수거래시간으로 생각해서 적분하면 매수면적을 구할 수 있습니다. 여기서 하나의 문제가 생깁니다. a지점부터 상승강화 구간인 P1에서 매수 진입 시 추세의 기울기가 작을 경우입니다. 추세의 기울기가 작다는 의미는 추세의 상승 속도도 비례해서 작게 움직인다는 것입니다. 그러므로 같은 보유시간 동안 수익이 최대화가 안 되므로 비효율적인 거래방법입니다. 그래서 저는 여기에 금융공학적으로 상향가속선인 ALU(Acceleration Line Up)를 추가해서 추세의 기울기를 보완했습니다. a지점에서 추세의 기울기가 작을 때는 a지점부터 매수거래 시간이라도 적분하지 않고 추세 함수선인 f(T)가 상향가속선인 ALU를 우상향으로 통과하는 c지점부터 적분합니다.

$$\int_{c}^{d} f(T)dt = \text{추세의 기울기가 탄젠트 60도 이상~90도 미만으로 매수면적으로 계산}$$

매수청산하는 방법은 2가지 경우가 있습니다. 첫 번째는 ALU 위에서 매수면적이 매도면적으로 바뀌는 지점에서 청산하는 방법입니다. 두 번째는 ALU 위에서 매수면적이 매도면적으로 바뀌지는 않지만, f(T)선이 다시 ALU를 우하향으로 통과하는 지점에서 청산하는 방법입니다.

PST56지표는 추세의 위치가 안전한 P1구간과 P4-1구간 외에도 불안전한 P2-1구간, P2-2구간 P4-2구간 등 모든 구간에서 매수진입과 매도진입이 가능합니다. 물론 주식거래인 경우는 안전한 매수진입 구간을 추천해드립니다. 그러나 레버리지가 큰 상품인 선물거래인 경우는 불안전한 구간에서도 진입시점과 청산시점을 정확하게 알려주기 때문에 수익을 기대할 수 있습니다.

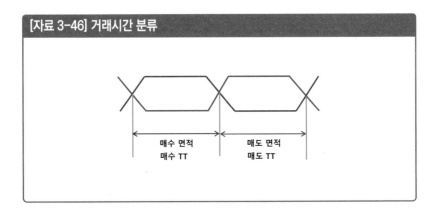

[자료 3-46] 거래시간 분류

매수 면적
매수 TT

매도 면적
매도 TT

[자료 3-46]은 거래시간(Trading Time)을 나타냅니다. 매수거래 시간일 때는 캔들 아래에 TT가 보이고 매도거래 시간일 때는 캔들 위에 TT가 보여야 합니다. 그리고 추세선인 f(T)가 TT를 일정 시간이 지나면 교차합니다. f(T)가 매수 TT 위에 있으면, 매수면적이 그려지고 f(T)가 매도 TT 아래에 있으면 매도면적이 그려집니다. 매수면적일 때는 매수진입만 고려해야 하고 매도면적일 때는 매도진입만 고려해야 합니다.

PST56지표를 활용해서 진입하는 조건은 너무 쉽습니다. 그러나 많은 수강생이 PST56지표로 진입 시점 전에 본인이 추세를 만드는 마켓메이커가 아닌데도 미리 추세를 그리면서 진입하는 과오를 종종 범하고 맙니다. 추세의 속도가 매우 빠르게 변화기 때문에 늦은 진입은 안되지만 진입 시점 전에 진입하는 것도 문제가 되니 많은 연습을 하시길 바랍니다.

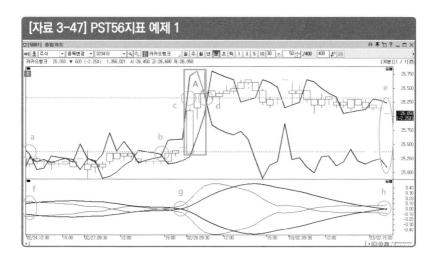

[자료 3-47] PST56지표 예제 1

[자료 3-47]은 '카카오뱅크' 종목, 2023년 2월 24일 12시 30분
부터 3월 2일 16시까지 30분차트로 추세를 보여줍니다. 추세 위에
PST56지표와 추세 아래에 PST32지표를 불러봤습니다.

거래할 때 손실을 줄이기 위해서는 거래를 할 때와 거래를 하지 않을
때를 구별하는 방법이 있습니다. 거래 안 할 때는 관망하면 되고, 거래
할 때는 신속하게 여러분의 룰대로 거래를 하시면 됩니다. 그리고 거래
안 할 때는 안 하는 이유가 하나라도 있으면 관망해야 합니다.

PST32지표를 사용하면 f지점부터 g지점까지는 굵은 파란색선이 굵
은 빨간색 위에 있으므로 하락 사이클입니다. 그러므로 매수진입은 하
지 말고 관망해야 합니다. g지점부터 h지점까지는 굵은 빨간색선이 굵
은 파란색선 위에 있으므로 상승 사이클입니다. 매수진입을 고려해야
합니다.

또 하나의 방법은 PST56지표를 사용하는 방법입니다. a지점부터 b
지점까지는 작은 매수면적과 매도면적이 여러 번 나오지만, 추세선인
굵은 빨간색이 상향가속선인 ALU를 우상향을 통과하는 지점이 안 나

오므로 역시 관망을 해야 합니다. b지점부터 추세선인 굵은 빨간색선이 매수거래시간인 굵은 파란색선 위에 있으므로 매수면적이 그려지기 시작합니다. d지점에서는 추세선이 매수거래 시간보다 아래에 있으므로 매수면적이 끝나고 매도면적이 그려지기 시작임을 알 수 있습니다. 매수진입은 추세선인 f(T)가 ALU를 우상향 통과하는 c지점이고, 매수청산은 f(T)가 ALU를 우하향 통과하는 지점입니다. 이 구간에서 녹색박스 A영역만큼 수익을 기대할 수가 있습니다. d지점부터 e지점까지는 상승 사이클 구간이라도 매도면적으로 보이기 때문에 매수진입은 고려하면 안 되고 관망하는 것이 맞습니다.

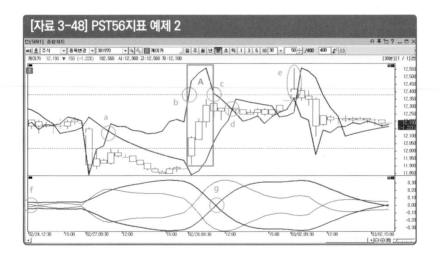

[자료 3-48] PST56지표 예제 2

[자료 3-48]은 '케이카' 종목, 2023년 2월 24일 12시 30분부터 3월 2일 16시까지 30분차트로 추세를 보여줍니다. 추세 위에 PST56지표와 추세 아래에 PST32지표를 불러봤습니다.

PST56지표의 가장 큰 장점은 추세의 위치와 관계없이 모든 구간에서 진입조건이 나오면 진입할 수 있다는 것입니다. PST56지표를 보면

a지점부터 굵은 빨간색선이 굵은 파란색선 위에 d지점까지 있으므로 이 영역이 매수면적임을 쉽게 알 수 있습니다. 그리고 매수진입은 b지점에서 f(T)선인 굵은 빨간색선이 ALU를 우상향 통과하므로 이때 하면 되고 매수청산은 f(T)선이 다시 ALU를 우하향 통과하는 c지점에서 하면 됩니다. 그럼 녹색박스 A영역만큼 수익을 기대할 수 있습니다.

여기서 하나 질문을 드리겠습니다. b지점에서 매수진입할 때 추세의 위치는 무엇일까요? b지점에 해당하는 곳을 PST32지표로 확인하면, P2-2구간임을 알 수 있습니다. f지점부터 g지점까지는 굵은 파란색선이 굵은 빨간색선 위에 있으므로 하락 사이클이고 이 중 가는 빨간색선이 굵은 파란색을 우상향 통과할 때가 P2-1구간인데 b지점에 해당하는 곳은 P2-1구간보다 이전구간이므로 P2-2구간으로 생각해야 합니다.

P2-2구간에서 매수진입은 추세의 기울기를 설정할 수 있는 PST6지표나 PST14지표로는 할 수 없고, 오직 PST56지표로만 가능합니다. 어떠세요? 막강하다고 느끼지 않으시나요? 일반적으로 P2구간에서 매수진입은 전날에 하락으로 마감한 다음 날 소위 기술적 반등처럼 보이는 구간에서 나타납니다. 물론 PST이론은 기준차트인 60분차트부터 매수진입 조건이 나오지 않고 하위 타임 프레임부터 매수 진입이 조건이 나타난 경우로 해석할 수 있습니다. 3월 2일 오전 9시 e지점 양봉은 캔들이 매수면적 밖에 있으므로 관망하는 것이 좋은 전략입니다.

[자료 3-49]는 'CJ제일제당' 종목, 2023년 2월 21일 12시부터 2월 24일 15시까지 30분차트로 추세를 보여줍니다. 추세 위에 PST56지표와 추세 아래에 PST32지표를 불러봤습니다.

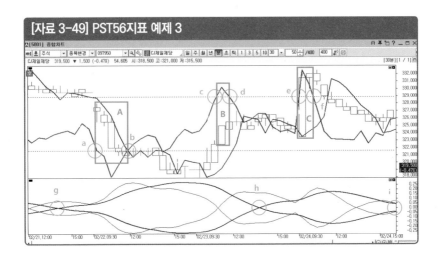

[자료 3-49] PST56지표 예제 3

PST56지표의 가장 좋은 장점은 추세의 위치와 관계없이 진입할 수 있다는 것입니다. [자료 3-49]에서 추세선인 f(T)가 ALU선과 ALD선을 통과하는 구간은 a지점, c지점, e지점 3군데가 있는데 각각 진입에 대해서 생각해보겠습니다.

a지점에서 매도진입을 한 후 b지점에서 매도청산을 하면, 녹색박스 A영역만큼 수익을 기대할 수 있습니다. 그러면 a지점에서 매도진입한 추세의 위치가 무엇일까요? PST32지표로 확인하면 g지점부터 h지점까지는 하락 사이클임을 알 수 있습니다. 하락 사이클 중 재하락을 했고 a지점에 해당하는 곳을 PST32지표로 보면 가는 파란색선이 굵은 파란색선 위에 있으므로 P4-1구간임을 알 수 있습니다. 이해가 되시나요? c지점에서 매수진입한 후 d지점에서 매수청산을 하면 녹색박스 B영역만큼 수익을 기대할 수 있습니다. 그럼 c지점에서 매수진입한 추세의 위치가 무엇일까요? PST32지표로 확인하면 하락 사이클에서 매수진입을 했기 때문에 P2-2구간임을 알 수 있습니다.

e지점에서 매수진입을 한 후 f지점에서 매수청산을 하면 녹색박스

C영역만큼 수익을 기대할 수 있습니다. 그러면 e지점에서 매수진입한 추세의 위치가 무엇일까요? PST32지표로 확인하면, h지점부터 i지점까지 굵은 빨간색선이 굵은 파란색선 위에 있기 때문에 상승 사이클임을 알 수 있습니다. 또한, 상승 사이클 중에서 가는 빨간색선이 굵은 빨간색선 위에 있으므로 P4-1구간임을 알 수 있습니다. 이렇듯이 PST56지표는 전 구간에서 매도진입과 매수진입이 가능한 막강한 지표임을 입증합니다.

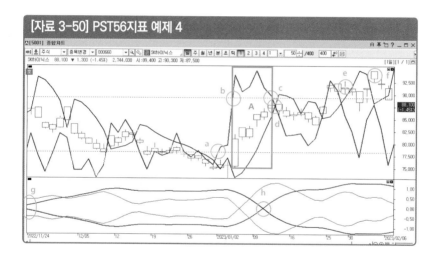

[자료 3-50] PST56지표 예제 4

[자료 3-50]은 'SK하이닉스' 종목, 2022년 11월 24일부터 2023년 2월 26일까지 일봉차트로 추세를 보여줍니다. 추세 위에 PST56지표와 추세 아래에 PST32지표를 불러봤습니다.

주식거래에서 보유 기간을 하루만 할 것인지, 2일 할 것인지, 3일 이상할 것인지에 따라서 PST이론상 기준차트가 다르게 됩니다. 하루만 보유할 때는 기준차트를 60분차트로 설정하고, 2일 보유할 때는 기준차트를 120분차트로 설정합니다. 3일 이상 보유하면 기준차트를 일봉차트로 설정하면 됩니다. 기준차트를 높일수록 수익을 더 많이 기대할 수 있지만, P2구간의 되돌림도 커지는 단점도 있으니 여러분에게 맞게 설정해서 거래하시면 됩니다.

[자료 3-50]은 기준차트를 일봉으로 했습니다. 일봉으로 설정했다는 것은 3일 이상 보유하겠다고 보시면 됩니다. PST56지표로 거래하는 방법은 30분차트로 설정했을 때와 같습니다. PST32지표를 보면 g지점부터 h지점까지는 굵은 파란색선이 굵은 빨간색선 위에 있으므로 하락 사이클임을 알 수 있습니다. 그리고 PST56지표를 보면 a지점부터 매수면적이 시작해서 d지점까지 끝이 나는 것을 알 수 있습니다. 그러면 매수면적 중 매수진입은 언제 할까요? f(T)선이 ALU선을 우상향 통과하는 b지점에서 매수진입을 하면 P2-2구간에서 추세의 기울기를 탄젠트 60도 이상~90도 미만으로 추세가 만들어짐을 알 수 있습니다. 매수청산은 매수면적이 끝나는 d지점 전에 f(T)선이 ALU선을 우하향으로 통과하는 c지점입니다. 녹색박스 A영역을 수익으로 기대할 수 있었는데 중간에 음봉은 매수청산이 나오지 않았기 때문에 계속 보유해야 합니다. e지점과 f지점은 상승 사이클 구간에서 나오지만, PST56지표로 보면 매도면적에서 나오는 캔들로 매수진입하지 말고 관망을 해야겠습니다.

PST76지표 설명 및 이해

만든목적 수익이 나는 구간의 시작과 끝을 파악

여러분은 이제 그동안 배운 여러 PST지표를 가지고 실전 거래에서 어느 정도는 수익이 나셨으리라 믿습니다. 저도 'PST56지표를 만들고 더는 만들 지표가 없지 않을까?' 하고 생각했습니다. 그러던 중 한 수강생이 PST56지표가 매우 좋지만, 연습하지 않으면 너무 추세의 기울기가 급격하게 변해서 진입이 늦는다고 말씀을 하셨습니다. 그래서 저는 'PST56지표보다 더 빨리 매수진입 또는 매도진입을 준비하는 지표를 만들면 어떨까?'라는 생각으로 연구하게 되었습니다. 그리고 PST56지표로 매수진입한 후 어느 정도 수익을 보고 매수청산을 했는데, 다시 추세가 재상승이 될 때 다시 매수진입을 했다면, 어느 경우는 수익을 냈지만, 어느 경우는 손실을 봤다고 말씀을 들었습니다. 이 문제 또한 해결방안을 연구해서 마침내 PST76지표로 문제를 풀게 되었습니다.

그동안 배운 PST이론은 상승보합에서 상승강화로 추세가 진짜 저항선인 상향돌파선(BLU, Breakout Line Up)을 우상향 돌파할 때 매수진입으로 생각을 했습니다. 그래서 PST32지표로 추세의 위치를 확인해서 P1구간 또는 P4-1구간에서만 매수진입을 제일 안전하게 고려를 했습니다. 그러나 실전 거래에서는 P1구간과 P4-1구간 외에도 하락 사이클인 P2구간에서도 최저점에서부터도 추세가 상승하는 경우를 종종 보게 되었습니다. 그러면 상승 사이클 구간이 아닌 하락 사이클 구간에서부터 매수진입을 해서 중간에 상승 사이클로 바뀌어 P4구간에 최고점에서 청산하면 가장 많은 수익(MP, maximum Profit)을 기대할 수 있습니다. 이해가 되시나요? PST76지표의 최대 장점이 바로 MP를 찾는 것입니다. [자료 3-51]을 보고 하나씩 정리해보겠습니다.

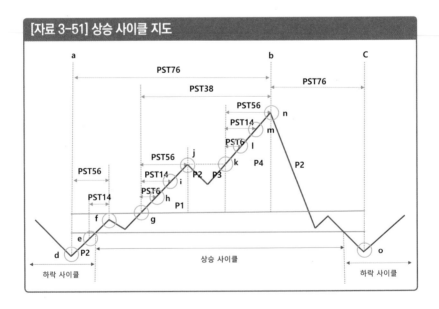

[자료 3-51] 상승 사이클 지도

PST6지표 : P1구간(g지점 ~ h지점), P4-1구간(k지점 ~ l지점), 30도≤θ<90도

PST14지표 : P2-1구간(e지점 ~ f지점), P1구간(g지점 ~ i지점), P4-1구간(k지점 ~ m지점)

　　　　　　P4-2구간(k지점 ~ m지점), 45도≤θ<90도

PST56지표 : P2-2구간(d지점 ~ f지점), P1구간(g지점 ~ j지점), P4-1구간(k지점 ~ n지점)

　　　　　　P4-2구간(k지점 ~ n지점), 60도≤θ<90도

PST38지표 : P1구간 + P2구간 + P3구간 + P4구간(g지점 ~ n지점)

PST76지표 : P2구간 + P1구간 + P2구간 + P3구간 + P4구간(d지점 ~ n지점)

　PST38지표와 PST76지표는 주로 청산을 할 때 사용합니다. 진입할 때도 도움을 주지만, 밀리지 않는 진입을 하기 위해서는 추세의 기울기 설정을 할 수 있는 PST지표가 필요합니다. PST38지표와 PST76지표는 추세의 기울기 설정을 할 수 없으므로 추세의 기울기 설정이 가능한 PST6지표, PST14지표, PST56지표 중 하나를 선택해서 같이 사용하면 효과적으로 거래를 할 수 있습니다. PST56지표가 추세의 기울기를 60도≤θ<90도로 설정할 수 있으므로 PST56지표를 사용하는 것이 PST6지표와 PST14지표를 사용하는 것보다 훨씬 효과적이고 모든 구간에서 진입할 수 있기에 더욱 좋습니다.

　PST76지표는 매수진입 입장에서 P2구간인 하락 사이클에서 d지점에서 해서 보유 기간에 추세가 상승 사이클로 전환되어 P1구간, P2구간, P3구간, P4구간까지 변했을 경우 P4구간의 최고점에서 청산지점인 n지점에서 해서 최대수익인 MP를 구할 수 있습니다. 물론 이때 진입할 때는 PST56지표를 병행해서 사용하는데, PST76지표가 PST56지표보다 같거나 빠르게 매수진입 시점을 알려드리니 걱정하지 마시길 바랍니다. 일전에 한 고수께서 오셔서 본인이 평생 해결하고 싶은 문제를

PST76지표가 한 번에 해결해서 매우 놀랐다고 하셨습니다.

PST76지표도 PST56지표와 같이 매도진입 시 최고점부터 매도청산을 최저점 해서 역시 최대수익인 MP를 구할 수 있습니다. 물론 주식거래에서는 매도진입이 안되지만, 선물거래에서는 매도진입으로 수익을 낼 수 있으므로 PST76지표(=해외선물 PST75지표)와 PST56지표(=해외선물 PST55지표)는 해외선물거래에서 매우 유용하게 사용되고 있습니다. [자료 3-51]을 보면 상승 사이클에서 P4구간에서 최고점이 끝난 n지점에서 매도진입을 했다면 매도진입 입장에서 P2구간으로 해석을 해야 합니다.

그리고 사이클이 하락 사이클에서 상승 사이클로 전환되어 최저점인 o지점에서 매도청산을 했다면 매도진입으로 최대 이익인 MP를 기대할 수 있습니다.

주식거래할 때 필요충분조건을 PST지표로 생각해볼까요? 저는 PST 교육 시간에 PST76지표가 가장 우선인 필요조건(Necessary Condition)이 되고 PST56지표가 충분조건(Sufficient Condition)이 되어야 한다고 가르칩니다. 이 논리대로 생각하면 매수진입 할 때는 첫 번째로 PST76지표를 확인하고, 두 번째로 PST56지표를 확인해서 매수조건을 맞춘 후 매수청산은 PST76지표로 하면 쉽게 거래할 수 있습니다.

[자료 3-52]처럼 마켓 메이커가 추세를 a지점부터 h지점까지 만든다고 생각해보겠습니다. 마켓 메이커는 일정 구간인 a지점부터 c지점까지 보합을 만듭니다. 매도물량을 다 소화하고 c지점에서 본격적으로 추

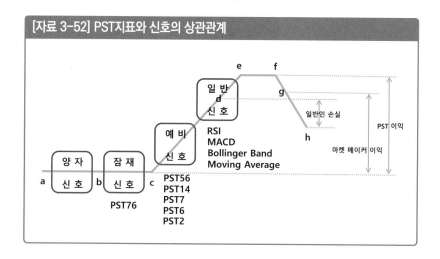

[자료 3-52] PST지표와 신호의 상관관계

세의 기울기를 만들면서 급격하게 e지점까지 최고점을 만들게 됩니다. 일반 트레이더들은 d지점 정도에서 눈치를 채고 매수진입을 합니다. e지점까지는 조금 이익을 보는데, 마켓 메이커는 f지점까지 보합을 만들고 g지점에 전량 이익을 보고 청산합니다. 그럼 마켓 메이커는 'g지점 가격 − c지점 가격'으로 어느 정도 이익을 보지만, 일반 트레이더들은 h지점에서 전량 손해를 보고 청산하게 됩니다. 그렇다면 트레이더들은 d지점 가격 − h지점 가격에서 청산해서 결국 손실을 보게 됩니다.

PST이론은 거래를 할 때 여러 신호(Signal)가 있다고 생각합니다. 양자신호가 가장 먼저 있고 그다음에 PST76지표처럼 잠재신호가 있습니다. 양자신호와 잠재신호는 c지점부터 추세의 기울기가 생기는 예비신호보다도 먼저 여러분께 알려주니 매우 효과적입니다. 여러분이 알고 있는 오픈된 일반지표(Rsi, Macd, Bollinger Band, Moving Average 등)는 일반신호로 늦게 진입신호를 알려줍니다. 그러나 PST2, PST6, PST7, PST14, PST56지표 같은 예비신호는 일반신호보다 먼저 알려줍니다.

PST지표를 사용하면 b지점에서 매수진입해서 e지점에서 매수청산할
수 있습니다. 마켓 메이커보다 짧은 보유시간 동안 수익을 가장 극대화
할 수 있습니다.

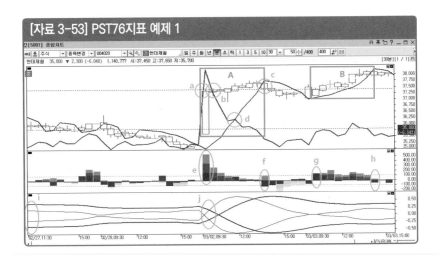

[자료 3-53]은 '현대제철' 종목, 2023년 2월 27일 11시 30분부터 3
월 3일 15시까지 30분 차트로 추세를 보여줍니다. 추세 위에 PST56지
표와 추세 아래에 PST76지표와 PST32지표를 불러봤습니다.

먼저 질문을 하나 해보겠습니다. a지점에서 매수진입했을 때 추세의
위치는 무엇일까요? 정답은 P2구간입니다. 추세 아래에 있는 PST32지
표를 활용하면 i지점부터 j지점까지는 하락 사이클 구간임을 알 수 있
습니다. 하락 사이클 구간에서 매수진입을 했다면 반대 방향으로 진입
을 했기 때문에 P2구간이 됩니다.

만약 PST76지표가 없이 PST56지표만 사용했다면, a지점에서 f(T)가
ALU를 우상향 통과했기 때문에 매수진입을 하고 b지점에서 f(T)가 다
시 ALU를 우하향 통과했기 때문에 매수청산을 하면 됩니다. 그러나 녹

색박스 A영역을 수익으로 얻기 위해서는 PST76지표가 필요하게 됩니다. PST76지표는 엷은 분홍색, 분홍색, 빨간색 계열의 오실레이터가 상단 기준점을 e지점에서 위로 통과하면 매수진입으로 수익이 날 수 있는 시작점이 됩니다. PST76지표는 추세의 기울기 설정 기능이 없기 때문에 반드시 PST56지표와 병행해서 사용해야 합니다. 그러면 PST76지표로 e지점에서 매수진입의 필요조건이 되고, PST56지표로 a지점에서 매수진입의 충분조건이 되어 매수진입을 할 수 있습니다. 매수청산은 PST56지표로 하지 않고, PST76지표를 활용해서 파란색 계열 오실레이터의 크기가 빨간색 계열 오실레이터보다 큰 f지점에서 하면 녹색박스 A영역만큼 수익을 기대할 수 있습니다.

동일 조건으로 PST76지표만 보면 g지점에서 매수진입으로 수익이 날 수 있는 시작점이고 h지점에서 끝이 나는 시점은 알지만, d지점부터 매도면적이기 때문에 녹색박스 B영역은 관망해야 합니다.

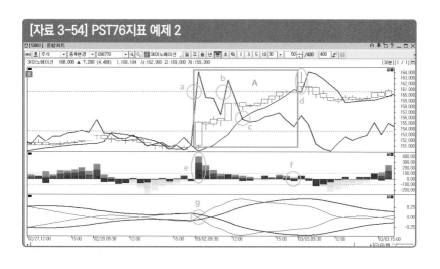

[자료 3-54] PST76지표 예제 2

[자료 3-54]는 'SK이노베이션' 종목, 2023년 2월 27일 12시부터 3

월 3일 15시까지 30분차트로 추세를 보여줍니다. 추세 위에 PST56지표와 추세 아래에 PST76지표와 PST32지표를 불러봤습니다.

PST76지표는 PST56지표와 같이 추세의 위치와 관계없이 모든 구간에서 수익이 날 수 있는 구간을 찾아줍니다. PST32지표에서 g지점처럼 추세가 아직 하락 사이클 중일 때도 PST76지표로 e지점에서 빨간색 계열의 오실레이터가 상단 기준선을 위로 통과하니 매수진입으로 수익이 날 수 있는 시작임을 알 수 있습니다. PST56지표로 a지점에서 매수진입하면 됩니다. 매수진입도 양봉이 시작될 때 60분 기준차트를 중심으로 하위 타임 프레임에서도 동일 매수진입 조건이 되면 빠르게 진입해야 합니다.

가끔 수강생들이 PST지표를 활용해서 매수진입을 했는데도 불구하고 첫 봉에서 손해를 본다고 합니다. 그래서 저는 매수진입 할 때 손해보는 동영상을 가지고 오라고 해서 분석하면 거의 다 늦게 진입을 해서 손실 보는 것을 발견했습니다. PST지표는 마켓 메이커가 추세를 만드는 시작점에 진입하고 알려주기에 반드시 시작점 근처에서 진입해야 수익을 기대할 수 있습니다. a지점에서 매수진입을 한 후 PST76지표로 f지점에서 매수청산을 하면 녹색박스 A영역만큼 수익을 기대할 수 있습니다.

이번에는 다른 질문을 하나 해보겠습니다. "만약 여러분이 a지점에서 매수진입을 못 하고 b지점에서 매수진입을 할 수 있을까요?"

많은 수강생이 "교수님, 컴퓨터를 켜고 매수진입 할 종목을 찾으면 매번 지나가는데 어떻게 할까요?" 하고 물어봅니다. b지점에서 매수진입 하기 위해서는 60분차트에서 f지점이 아직 나오지 않은 상태에서

30분보다 하위 타임 프레임에서 매수진입조건이 나오면 가능합니다. d지점에서는 c지점에서 매도면적으로 바뀌었기 때문에 매수진입하지 말고 관망해야 하겠습니다.

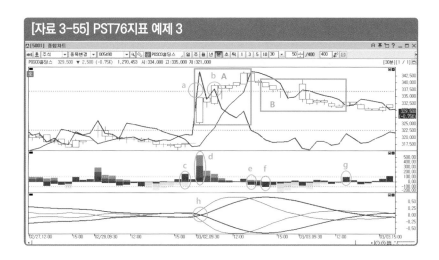

[자료 3-55]는 'POSCO홀딩스' 종목, 2023년 2월 27일 12시부터 3월 3일 15시까지 30분차트로 추세를 보여줍니다. 추세 위에 PST56지표와 추세 아래에 PST76지표와 PST32지표를 불러봤습니다.

여러분은 P2T56지표와 PST76지표를 두 개를 모두 활용할 때 어떤 PST지표를 우선 순위로 보겠습니까? PST76지표를 먼저 거래의 필요조건이 되는지 확인해야 합니다. 물론 PST76지표가 매수진입의 필요조건이 되지 않은 상태에서 PST56지표로만 보고 거래를 할 수 있습니다. 그러나 매수청산을 했는데도 불구하고 계속 상승한다면, 레버리지가 일 대 일인 주식거래에서는 반드시 재상승 때 매수진입을 한다고 해서 수익을 내기가 쉽지는 않습니다. 그래서 저는 PST76지표를 반드시 먼저 확인하시라고 말씀을 드리고 싶습니다. c지점에서는 PST76지표로 매수진입 필요조건에 맞는 건가요? 아닙니다. 빨간색 계열의 오실레이터가 상단 기준선을 위로 통과했어도 파란색 계열의 오실레이터가 조금이라도 있으면 안 됩니다. 양쪽의 오실레이터가 존재하면 실전 거래에는 변동성이 심하게 나오기 때문에 위험합니다.

d지점에서 PST76지표로 매수진입의 필요조건이 충족되었습니다. 이때 PST32지표로 추세의 위치를 확인하니 오랜만에 P1구간이 나왔네요. PST56지표로 a지점에서 매수진입한 후 다음 캔들에서 음봉이 나와도 매수진입 가격까지 내려오지 않으면 계속 홀딩해야 합니다. b지점에서 PST56지표에서 매수진입이 타점이 또 나왔다고 해서 부분 매수진입은 하지 마십시오. e지점에서 매수청산하면 녹색박스 A영역만큼 수익을 기대할 수 있습니다. 또한, f지점에서 파란색 계열의 오실레이터가 아래 기준선을 아래로 통과할 때 매도진입을 한 후 g지점에서 매도청산을 하면 녹색박스 B영역만큼 선물거래에서는 수익을 낼 수 있습니다.

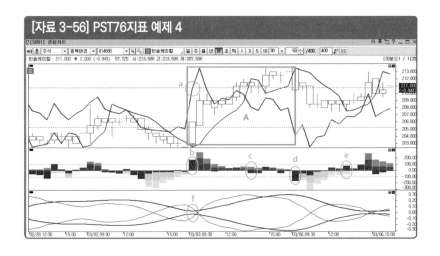

[자료 3-56] PST76지표 예제 4

[자료 3-56]은 '한솔케미칼' 종목, 2023년 2월 28일 12시 30분부터 3월 6일 16시까지 30분차트로 추세를 보여줍니다. 추세 위에 PST56지표와 추세 아래에 PST76지표와 PST32지표를 불러봤습니다.

PST32지표로 f지점을 확인하니 P4-2구간임을 알 수 있고, 이 지점에서 PST76지표로 b지점을 보니 빨간색으로 단색으로 오실레이터가 위 기준선을 위로 통과하는 것을 알 수 있습니다. PST이론상 엷은 분홍색, 분홍색, 빨간색의 빨간색 계열이 오실레이터가 색깔이 섞여서 위 기준선을 위로 통과할 때보다 빨간색 단색으로 위 기준선을 위로 통과할 때가 더욱 강하게 캔들이 움직입니다. 그리고 PST56지표로 a지점에서 추세선인 f(T)가 상향가속선인 ALU를 우상향 통과하는 a지점에서 매수진입하면 진입은 정확하게 하셨습니다. 항상 진입한 다음에는 바로 보유와 청산을 생각해야 합니다. 보유는 편안한 보유인지 아니면 불편한 보유인지도 구별해야 합니다.

일반적으로 P1구간과 P4-1구간에서 매수진입을 했을 경우는 편안한 보유를 기대할 수 있고, P2구간과 P4-2구간은 불편하게 보유하게 될 수 있습니다.

질문을 하나 하겠습니다. "PST76지표로 c지점에서 빨간색 계열 오실레이터 크기와 파란색 계열의 오실레이터 크기가 비슷할 경우는 어떻게 할까요?"

첫 번째 전략은 확실한 매수청산 방법을 모르시면 전체 매수청산을 하시고 두 번째 전략은 상위 타임 프레임에서 1차 매수청산 시점이 안 나오면 c지점에서는 매수청산을 하지 않고 계속 보유를 하겠습니다. 아니면 반대로 PST76지표로 d지점에서 매도진입이 가능하므로 d지점까지 보유하다가 d지점에서 매수청산을 하면 녹색박스 A영역만큼 수익일 기대할 수 있습니다. PST76지표로 d지점에서 매도진입하고 e지점에서 매도청산하면 매도진입으로 수익이 날 수 있는 구간의 시작과 끝을 알려줍니다.

PST100지표 설명 및 이해

> **만든목적** PST56지표 업그레이드한 3차원 지표

저는 20년 동안 PST이론과 PST지표를 계속 연구하고, 개발해왔습니다. PST76지표까지 만들어 PST교육을 잘하고 있던 어느 날, 'PST지표를 3차원적으로 만들면 어떨까?' 하는 의구심이 생겼습니다. 여러분이 알고 있는 오픈된 일반 보조지표는 PST이론상 2차원적인 지표입니다. 물론 PST2, 6, 7, 14, 32, 38, 56, 76지표까지도 2차원적인 지표가 맞습니다. PST이론상 추세를 3차원적으로 생각해서 여러 PST지표를 만들어 실전 거래를 해봤더니 더욱 정교하고 정확하게 진입, 보유, 청산이 되는 놀라운 경험을 하게 되었습니다. 이제부터 2차원 거래와 3차원 거래에 관해서 공부해보겠습니다.

PST이론상 2차원 거래는 추세를 2차원적으로 분석해서 거래하는 것을 말합니다. [자료 3-57]은 2차원적 추세를 보여줍니다. 기준점(0,

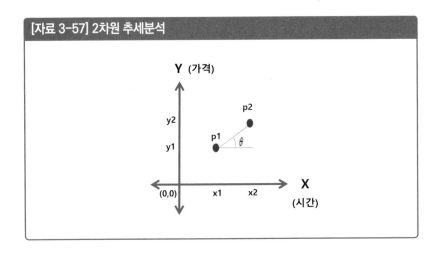

[자료 3-57] 2차원 추세분석

0)에서 추세는 시간인 X축에 대해서 가격이 Y축으로 움직이고, 좌표평면에서 p점의 위치는 (x, y)로 표시할 수 있습니다. 시간이 흘러감에 따라 추세의 기울기도 $(y2-y1)/(x2-x1)$로 구할 수 있습니다. 주식거래에서 수익이 나기 위해서는 $x1$에서 매수진입한 후, $x2$에서 매수청산을 하면, 수익은 $y2-y1$이 됩니다. PST지표는 추세를 2차원적으로 계산해서 실시간으로 거래가 가능한 시간과 기울기를 응용해서 가장 효과적인 거래를 추구합니다.

주식거래에서 기준차트를 60분이라 생각한 후, 각 타임 프레임을 미분해서 하위 타임 프레임과 상위 타임 프레임의 상관관계를 찾아내어 누구나 PST교육을 배우면 수익이 날 수 있게 PST지표를 만들었습니다. 수학적으로 미분과 적분을 응용한 PST지표에 관한 자세한 설명은 기존에 발간한 저서를 참고하시길 바랍니다.

PST이론상 3차원 거래는 추세를 3차원적으로 분석해서 거래하는 것을 말합니다. [자료 3-58]은 3차원적 추세를 보여줍니다. 기준점(0,

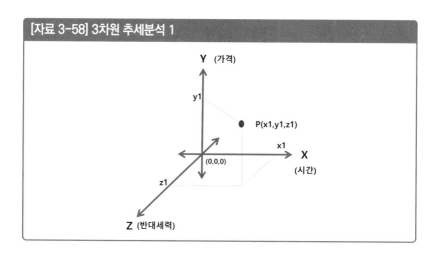

[자료 3-58] 3차원 추세분석 1

0, 0)에서 추세는 시간인 X축과 반대세력인 Z축에 대해서 가격이 Y축
으로 움직이고 좌표평면에서 p점의 위치는 ($x1$, $y1$, $z1$)으로 표시할 수
있습니다. 이번에 여러분께 소개할 PST100지표 이상 지표는 추세를
3차원적으로 계산한 지표입니다.

[자료 3-59] 3차원 추세분석 2

분류	일반 지표	2차원 지표	3차원 지표
추세의 시작, 끝	×	○	○○
추세의 기울기	×	○	○○
추세의 최고점, 최저점	×	○	○○
추세의 변동성 유무	×	○	○○
재진입 시점	×	○	○○
양자 신호	×	×	○

[자료 3-59]는 일반지표와 2차원 PST지표와 3차원 PST지표의
차이점을 비교해봤습니다. 여러분이 알고 있는 일반지표(RSI, MACD,

Bollinger Band, Moving Average 등)보다 2차원 PST지표가 훨씬 장점이 많은 것을 알 수 있습니다. 그리고 2차원 PST지표(PST2, 6, 7, 14, 32, 56, 76 지표)보다 3차원 PST지표(PST100, 108, 112, 125지표)가 양자신호까지 포함해서 훨씬 장점이 많은 것을 알 수 있습니다.

PST100지표는 추세를 3차원으로 생각해서 만든 지표입니다. 추세를 3차원 PST이론에 적용하기 위해서는 다음과 같은 전제조건이 성립되어야 합니다.

1. 시간은 X축, 가격은 Y축, 반대세력은 Z축으로 생각합니다.
2. 현재 시점에서 추세는 시간의 흐름에 따라 시간은 X축에서 우측으로만 생각하고, 가격은 Y축에서 위아래에 모두 생각할 수 있고, 반대세력은 유무에 따라서 부피 개념의 수익과 손실로 계산이 됩니다.
3. 추세는 한 사이클 안에서 존재하고 사이클의 시작과 끝은 X축에서 존재합니다. 예로 상승 사이클에서는 상승추세만 존재하고 하락 사이클에서는 하락추세만 존재합니다. 사이클은 X축 - Y축, X축 - Z축, X축 - Y축 - Z축 모두 존재합니다.
4. 한 방향 거래인 주식거래에서 수익이 나기 위해서는 반드시 매수진입 가격보다 매수청산 가격이 높아야 합니다.
5. 수익과 손실이 나기 위해서는 시간이 X축으로 흐름에 따라 Y축에 해당하는 기울기가 반드시 존재하고, 시간이 X축으로 흐름에 따라 Z축에 해당하는 기울기도 반드시 존재합니다.

[자료 3-60] PST지표, 추세의 위치, 기울기, 차원 상관관계

구분	P1	P4-1	P4-2	P2-1	P2-2	기울기	차원
PST6지표	○	○	×	×	×	30도 ~ 90도	2차원
PST14지표	○	○	○	○	×	45도 ~ 90도	2차원
PST56지표	○	○	○	○	○	60도 ~ 90도	2차원
PST100지표	○	○	○	○	○	60도 ~ 90도	3차원

[자료 3-60]은 각 PST지표에 대한 추세의 위치, 기울기, 차원의 상관관계를 보여줍니다. PST100지표가 기존 PST지표와 다른 점은 우선 추세를 3차원으로 분석한다는 것입니다. PST56지표는 추세를 2차원적으로 생각해서 시간 X축에 대해서 거래가능시간(TT) 동안 추세 함수인 f(T)를 Y축 적분으로 한 번 계산합니다. 그러나 PST100지표는 PST56지표를 업그레이드한 지표로 시간 X축에 대해서 거래가능시간(TT) 동안 추세 함수인 f(T)를 Z축으로 적분을 먼저 한 번 하고, 그다음에 Y축으로 적분을 두 번째로 한 번 더해서 계산합니다.

$$\text{PST56지표} : \int_{b}^{a} f(T)dt \rightarrow \text{PST100지표} : \int_{b}^{a} \left[\int_{d}^{c} f(T)dt \right] dt$$

[자료 3-61]은 '두산퓨얼셀' 종목, 2023년 3월 3일 16시부터 3월 9일 12시 30분까지 30분차트로 추세를 보여줍니다. 추세 위에 PST100지표와 추세 아래에 PST32지표를 불러봤습니다.

PST100지표는 PST56지표를 업그레이드한 지표로써 적분 계산법을 한 번이 아닌 두 번을 했습니다. 구성하는 선은 굵은 빨간색선인 추세선(f(T))과 굵은 파란색선인 거래가능시간(TT)선이 있습니다. 거래하

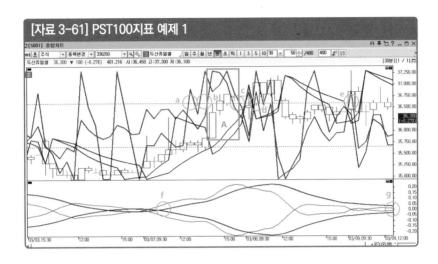

[자료 3-61] PST100지표 예제 1

는 방식 또한 PST56지표와 동일합니다. 매수진입을 할 때는 굵은 빨간색선 2개가 모두 상단 ALU(상향가속선)을 우상향으로 통과할 때 60분 기준차트 포함해서 하위 타임 프레임의 매수진입 조건을 모두 맞추면 됩니다.

PST100지표부터는 추세를 3차원으로 생각해서 계산했기 때문에 매우 정교하고 진입과 보유와 청산이 가능합니다. a지점처럼 굵은 빨간색선 한 개가 ALU를 우상향으로 통과할 때는 매수진입을 하지 말고 일단 관심만 두시면 됩니다. 그러다가 두 번째 굵은 빨간색선도 b지점처럼 ALU를 우상향으로 통과할 때 매수진입하면 됩니다.

물론 이때 TT는 매수거래 가능 시간이 되어야 하고, 위치는 캔들 아래에 위치해야 합니다. PST32지표를 활용하면 f지점부터 g지점까지 구간은 상승 사이클 구간이므로 원래 매수진입만 고려해야 합니다. 하지만 PST100지표는 추세의 위치와 관계없이 전 구간에서 매수진입 조건만 되면 매수진입이 가능합니다.

매수청산은 c지점에서 첫 번째 f(T)가 ALU을 우하향으로 통과할 때

1차 매수청산을 합니다. 두 번째 f(T)가 ALU를 우하향으로 통과할 때 2차 매수청산을 하면, 녹색박스 A영역만큼 수익을 기대할 수 있습니다. 물론 d지점에서 P4구간으로 재매수진입을 할 수는 있지만, 진입가격으로 다시 내려오면 d지점에서 매수청산하는 것이 좋습니다. e지점은 f(T)이 한 개만 ALU를 우상향으로 통과했기에 매수진입하지 말고 관망해야 합니다.

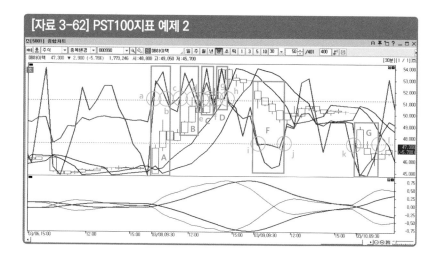

[자료 3-62]는 'DB하이텍' 종목, 2023년 3월 6일 15시부터 3월 10일 11시 30분까지 30분차트로 추세를 보여줍니다. 추세 위에 PST100지표와 추세 아래에 PST32지표를 불러봤습니다.

PST100지표의 가장 막강한 장점은 추세의 위치와 관계없이 매 순간 수익이 날 수 있는 구간을 찾아내어 진입과 청산을 여러분께 알려준다는 것입니다. 녹색박스 A, B, C, D 영역을 보면 P2구간, P1구간, P4구간에서 계단식으로 상승하는 것을 알 수 있습니다. 그러면 매수진입과 매수청산을 반복해볼까요? 매수진입 조건은 추세선인 f(T)인 굵은 빨간색선이 ALU를 모두 우상향으로 통과할 때 합니다. 매도진입 조건은 f(T)가 한 개라도 ALU를 우하향으로 통과할 때 하겠습니다. 물론 매수거래 가능 시간을 나타내는 굵은 파란색선은 모두 캔들 아래에 위치해야 하는데 모든 조건에 맞습니다.

 매수진입은 각각 a지점, c지점, e지점, g지점에서 하고 매수청산은 각각 b지점, d지점, f지점, h지점에서 하면 각각 녹색박스 A, B, C, D영역만큼 수익을 기대할 수 있습니다. 물론 매수진입을 4번 모두 성공하면 Y축에 대한 높이인 수익은 최대가 되지만, 만약 늦은 매수진입으로 보유 시 매수진입 가격까지 추세가 내려오면 매수청산을 하시길 바랍니다.

 PST100지표는 추세의 속도가 매우 빠르므로 연습을 많이 하셔야 합니다. 주식거래는 한 방향 거래로 매수진입으로만 수익을 낼 수 있지만, 선물거래는 양방향 거래로 매수진입과 매도진입으로 수익을 낼 수 있습니다. PST100지표에서 기준선이 상단 기준선을 ALU(상향가속선)라고 하고, 하단 기준선을 ALD(하향가속선)라고 합니다. 만약 선물거래라고 가정하면 f(T)가 2개 모두 ALD를 우하향으로 통과하는 i지점과 k지점에서 매도진입해서, f(T) 중 한 개가 ALD를 우상향으로 통과하는 j와 l지점에서 매도청산하면 녹색박스 F와 G영역만큼 수익을 기대할 수 있습니다.

 [자료 3-63]은 '영원무역' 종목, 2023년 3월 6일 16시부터 3월 10일 12시 30분까지 30분차트로 추세를 보여줍니다. 추세 위에 PST100지표와 추세 아래에 PST32지표를 불러봤습니다.

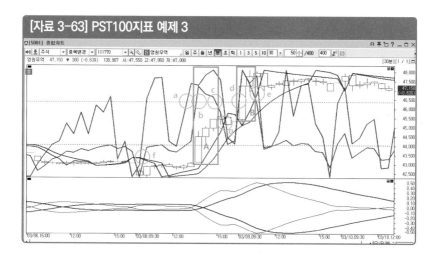

[자료 3-63] PST100지표 예제 3

PST100지표는 적분 계산을 2번 한 이중적분으로 계산을 합니다. 이 중적분이 매수면적으로 f지점에서 굵은 빨간색선 2개가 굵은 파란색선 위로 우상향 통과할 때 시작임을 알 수 있습니다. 그리고 다시 g지점에서 굵은 빨간색선 2개가 굵은 파란색선 아래로 우하향 통과할 때 매수 면적이 끝나는 것을 알 수 있습니다.

f지점에 해당하는 곳을 PST32지표로 확인하면 어떤 구간인가요? 하락 사이클이고 P2-2구간입니다. 그리고 매수진입은 f(T)인 굵은 빨간색선 2개 모두 ALU를 우상향으로 통과하는 b지점이고, b지점은 PST32지표로 확인하면 P2-1구간입니다. 이렇게 PST100지표는 이렇게 상승 사이클 또는 하락 사이클 관계없이 어느 구간에서도 진입 시점을 여러 분께 알려드립니다. a지점에서는 아직 추세의 기울기가 60도 이상~90도 미만으로 설정이 되지 않았기 때문에 매수진입 관심만 두다가 b지점에서 타임 프레임 맞춰서 매수진입하면 됩니다. 매수청산은 굵은 빨간색선이 ALU를 한 개만 먼저 우하향으로 통과하는 c지점에서 1차 매수청산합니다. 나머지 한 개가 ALU를 우하향으로 통과할 때 2차 매수

청산을 해도 됩니다. 물론 욕심 안 내고 c지점에서 전체 청산을 하셔도 좋고 이때 녹색박스 A영역만큼 수익을 기대할 수 있습니다.

그리고 d지점에서 다시 재 매수진입을 쉽게 할 수 있습니다. 이번에 매수청산은 c지점과 달리 굵은 빨간색선이 ALU를 우하향으로 통과하기 전에 굵은 파란색과 만나 굵은 파란색선 아래로 e지점에서 통과하고 있습니다. 이때 매도면적으로 바뀌니 이때 매수청산을 해야 녹색박스 B영역만큼 수익을 기대할 수 있습니다.

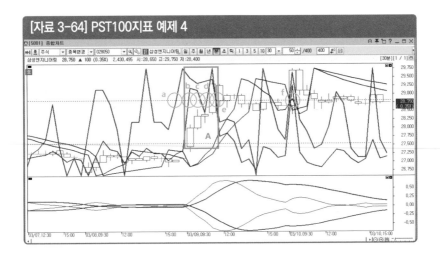

[자료 3-64]는 '삼성엔지니어링' 종목, 2023년 3월 7일 12시 30분부터 3월 10일 16시까지 30분차트로 추세를 보여줍니다. 추세 위에 PST100지표와 추세 아래에 PST32지표를 불러봤습니다.

저는 PST교육을 할 때 수강생에게 거래할 때는 진입, 보유, 청산 3단계로 본인만의 거래 룰을 만들어 보라고 말씀드립니다. 그리고 본인 만의 룰은 제가 처음에는 만들 때 도와드리지만, 결국은 본인이 많은 경험적으로 통계를 내서 만드셔야 합니다.

그러면 거래 룰을 만들 때 진입, 보유, 청산 중 가장 어려운 것이 무엇일까요? 제 생각에는 청산이 가장 어렵습니다. 이유는 청산할 때 욕심이 생기기 때문입니다.

P2구간에서 a지점에서 굵은 빨간색선 한 개가 ALU를 우상향으로 통과했을 때 매수진입을 관심을 두기 시작하고 b지점에서 나머지 굵은 빨간색선 한 개도 ALU를 우상향으로 통과할 때 매수진입을 합니다. 매수진입 할 때는 당연히 굵은 파란색선은 추세 아래에 위치해야 매수거래 가능 시간이 되어야 합니다. 그래야 매수면적이 나오기 때문입니다. 이번에는 청산을 몇 가지 경우로 생각해보겠습니다.

첫 번째는 욕심을 안 내고 c지점에서 전체 청산을 하는 방법이 있습니다. 그리고 d지점에서 다시 매수진입을 한 후 e지점에서 매수청산을 하는 방법도 있습니다. 또 다른 청산 방법은 없을까요? 굵은 빨간색선인 f(T)가 ALU를 우상향으로 통과하면 언젠가는 다시 f(T)가 ALU를 우하향으로 통과해야 합니다. 그래서 처음에는 2개의 굵은 빨간색선이 ALU를 모두 우상향으로 통과하는 b지점에서 매수진입한 후, c지점에서 1차 매수청산을 합니다. d지점에서 다시 매수진입을 하지 않고, e지점에서 2차 매수청산을 하겠습니다. 여기에는 상위 타임 프레임에서 1차 매수청산이 나오지 않아야 합니다. f지점은 TT선인 굵은 파란색선이 캔들 중간에 위치하므로 관망해야 합니다.

10

PST108지표 설명 및 이해

저는 추세를 2차원 분석과 3차원 분석으로 생각한 이후에 기존에 만든 2차원 상위버전 지표를 업그레이드를 해봤습니다. 많은 수강생이 2차원 PST지표에서 가장 극찬한 지표가 몇 번일까요? 저도 개인적으로 애착을 느끼는 2차원 PST지표가 있지만, 수강생들이 가장 좋아하는 지표는 PST76지표입니다. PST76지표는 PST32지표로 현재 추세의 위치가 어디 있든지 무관하게 수익이 날 수 있는 구간의 시작과 끝을 알려주는 막강한 지표입니다. 그런데 PST76지표의 단점은 없을까요? 저도 처음에는 PST56지표의 단점을 극복하려고 PST76지표를 만들었습니다. 지금 생각해보면, PST76지표의 단점보다는 약간의 업그레이드가 필요한 부분을 느껴서 PST108지표를 만든 것입니다.

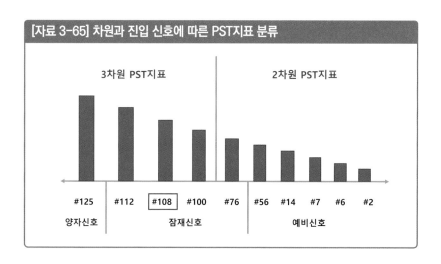

[자료 3-65] 차원과 진입 신호에 따른 PST지표 분류

3차원 PST지표   2차원 PST지표

#125 #112 #108 #100 #76 #56 #14 #7 #6 #2
양자신호   잠재신호   예비신호

[자료 3-65]처럼 PST108지표는 예비신호보다 빠른 잠재신호를 가진 3차원 PST지표라는 것을 알 수 있습니다. PST2, 6, 7, 14, 56, 76지표까지는 추세를 2차원적으로 분석한 지표이고, PST100번 이상 지표는 추세를 3차원적으로 분석한 지표입니다.

PST이론상 2차원 지표는 추세를 시간인 X축에 대해서 가격이 Y축에 표시된다고 생각하고, 3차원 지표는 추세를 시간인 X축과 가격인 Y축과 반대세력인 Z축으로 입체적으로 생각합니다. 그리고 진입신호는 일반신호, 예비신호, 잠재신호, 양자신호로 분류합니다. 여러분이 사용하는 오픈된 일반 보조지표를 가지고 진입할 때가 나타나는 신호가 가장 늦은 일반신호입니다. PST이론상 예비신호는 PST2, 6, 7, 14, 56지표까지 사용해서 진입할 때 나타나는 신호를 말합니다. 그리고 예비신호보다 빠른 신호는 잠재신호입니다. PST76, 100, 108, 112지표가 포함되고, 잠재신호보다 빠른 신호를 양자신호라고 생각합니다.

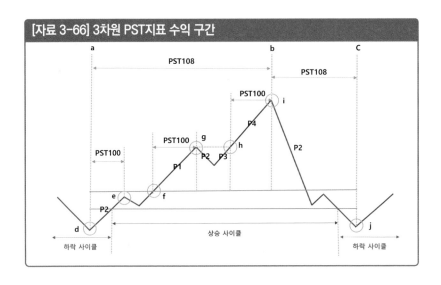

[자료 3-66] 3차원 PST지표 수익 구간

[자료 3-66]은 3차원 PST지표인 PST100지표와 PST108지표를 사용해서 수익을 낼 수 있는 구간의 시작과 끝을 보여줍니다. 추세를 3차원으로 분석한 PST지표의 장점은 추세의 위치와 관계없이 진입할 수 있다는 것입니다. PST100지표를 사용하면, 하락 사이클 구간인 d지점부터 e지점까지와 상승 사이클 구간 중 f지점부터 g지점까지와 h지점부터 i지점까지 각각 매수진입과 매수청산을 해서 수익을 낼 수 있습니다. 그러나 PST108지표가 있으면 하락 사이클 구간인 d지점에서 매수진입을 해서 상승 사이클 구간인 i지점에서 매수청산을 할 수 있습니다. 어떠신가요? 대단하다고 느껴지지 않으시나요? 기존 2차원 PST지표인 PST76지표도 PST108지표와 동일하게 수익 낼 수 있는 구간을 찾아냅니다. 하지만 PST76지표는 매수진입할 때 단독으로 할 수 없고 반드시 PST56지표와 병행해서 사용해야 합니다. 그러나 PST108지표는 PST56지표가 없이 단독을 매수진입이 가능한, 한층 업그레이드된 지표입니다.

또한, PST108지표의 장점은 매도진입으로 수익 날 수 있는 구간의 시작과 끝을 알려준다는 것입니다. 물론 주식거래는 매도진입으로 수익이 날 수 없습니다. 하지만 선물거래에서는 매수진입과 매도진입 모두 수익이 날 수 있으므로, PST108지표가 아주 유용하게 사용됩니다. 만약 [자료 3-66]이 선물거래인 추세라고 가정해보면 상승 사이클의 최고점인 i지점에서 매도진입한 후 하락 사이클에서 j지점에서 매도청산을 하면 매도진입으로 수익을 낼 수 있다는 것을 알 수 있습니다.

PST108지표는 잠재신호를 나타내는 두 개의 굵은 녹색선과 오실레이터가 상단 또는 하단 기준선을 통과할 때 매수진입이나 매도진입을 고려하시면 됩니다.

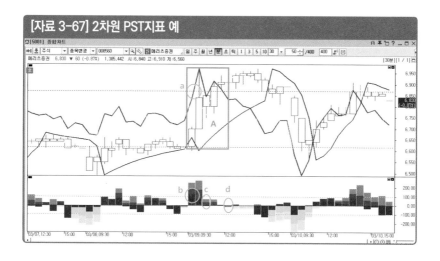

[자료 3-67] 2차원 PST지표 예

[자료 3-67]은 '메리츠증권' 종목, 2023년 3월 7일 12시 30분부터 3월 10일 16시까지 30분차트로 추세를 보여줍니다. 추세 위에 PST56지표와 추세 아래에 PST76지표를 불러봤습니다.

PST76지표로 b지점을 본 후 PST56지표로 a지점으로 매수진입합니다. c지점에서 빨간색 계열의 오실레이터가 파란색 계열의 오실레이터를 빼서 빨간색 계열의 오실레이터가 크면 계속 보유합니다. d지점에서 파란색 오실레이터만 나와서 매수청산을 하면 녹색박스 A영역만큼 수익을 기대할 수 있습니다.

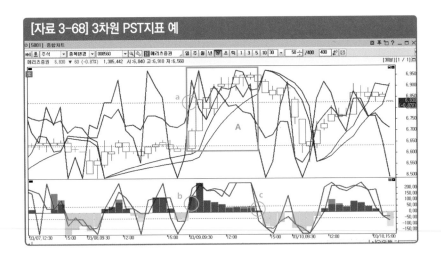

[자료 3-68] 3차원 PST지표 예

[자료 3-68]은 [자료 3-67]의 동일 기간, PST지표만 다르게 추세 위에 PST100지표와 추세 아래에 PST108지표를 사용했습니다.

2차원 거래에서는 진입할 때 추세의 위치를 파악하고자 반드시 PST32지표를 병행해서 사용했습니다. 3차원 거래에서는 추세의 위치와 관계없이 b지점에서 매수진입하고 c지점에서 매수청산할 수 있으므로 PST32지표를 병행해서 사용할 필요는 없습니다.

매수진입하는 조건은 잠재신호인 굵은 녹색선 2개와 빨간색 계열의 오실레이터가 순서와 관계없이 상단 기준선을 우상향 통과할 때인 b지점입니다. 잠재신호가 예비신호가 같거나 빠르게 나오기 때문에 PST108지표로 매수진입시점인 b지점이 PST100지표로 매수진입하는

a지점보다 빠르게 나왔습니다. 물론 3차원 PST100지표의 매수진입하는 a지점이 [자료 3-67]에서 2차원 PST56지표의 매수진입하는 a지점보다는 보다 정확하고 빠르게 보여줍니다.

그리고 [자료 3-67]에서 c지점과 d지점에서 빨간색 오실레이터와 파란색 오실레이터의 크기를 서로 비교하면서 보유와 청산해야 합니다. 하지만 [자료 3-68]의 PST108지표에서는 빨간색 오실레이터에서 파란색 오실레이터 크기 비교를 이미 계산해서 보여주기에 때문에 실전 거래할 때 매우 편리합니다.

매수청산은 잠재신호인 굵은 녹색선 한 개가 상단 기준선을 우하향 통과할 때 1차 매수청산을 합니다. 나머지 굵은 녹색선 한 개도 상단 기준선을 우하향 통과할 때 2차 매수청산을 하면 녹색박스 A영역만큼 수익을 기대할 수 있고 이는 [자료 3-67]의 녹색박스 A영역보다도 훨씬 많은 상승보합까지 수익을 가져올 수 있음을 알 수 있습니다.

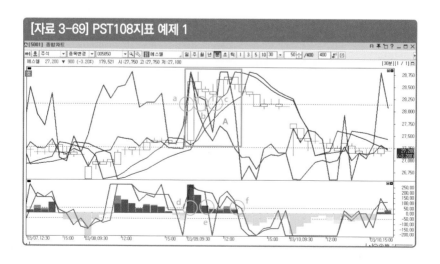

[자료 3-69] PST108지표 예제 1

[자료 3-69]는 '에스엘' 종목, 2023년 3월 7일 12시 30분부터 3월 10일 16시까지 30분 차트로 추세를 보여줍니다. 추세 위에 PST100지표와 추세 아래에 PST108지표를 불러봤습니다.

만약 여러분이 PST100지표만 사용해서 거래한다고 가정해보겠습니다. 그러면 매수진입은 배운 대로 f(T)인 굵은 빨간색선이 상향가속선인 ALU를 우상향 통과하는 a지점에서 하면 됩니다.

매수청산은 어디서 할까요? 매수청산도 배운 대로 f(T)이 ALU를 우하향으로 통과하는 b지점에서 1차 매수청산과 2차 매수청산을 하면 적당한 수익을 기대할 수 있습니다. 그러나 녹색박스 A영역만큼 수익을 얻기 위해서는 c지점에서 다시 매수진입해야 하는데 이때 f(T)이 ALU를 한 개만 우상향하기 때문에 매수진입하지 않고 관망해야 합니다.

그러나 PST100지표를 단독으로 사용하지 말고 PST108지표와 병행으로 사용하면, 이 문제를 풀 수 있으니 걱정하지 마시길 바랍니다. 한번 확인해볼까요?

a지점에서 매수진입 시 이미 d지점에서는 매수진입 조건이 되기에 부담 없이 매수진입을 한 후 e지점에서 잠재신호인 굵은 녹색선이 상단 기준선을 우하향으로 통과하기에 1차 매수청산을 하겠습니다. 그리고 2차 매수청산은 나머지 굵은 녹색선이 상단 기준선을 우하향으로 통과하는 f지점에서 하면 녹색박스 A영역만큼 수익을 기대할 수 있습니다.

저는 여러분이 PST108지표를 효율적으로 사용하기를 바랍니다. 예로 무조건 PST108지표로 2차 매수청산까지 보유하면서 청산 전략을 세워도 좋지만 2차 청산까지는 상승보합 구간이 얼마나 지속할지 또한

얼마나 변동이 있을지는 모르기 때문에 적당한 수익을 보면 욕심내지
않고 전부 청산하는 전략도 좋다고 생각합니다.

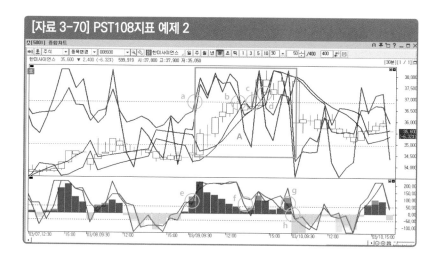

[자료 3-70] PST108지표 예제 2

[자료 3-70]은 '한미사이언스' 종목, 2023년 3월 7일 12시 30분
부터 3월 10일 16시까지 30분 차트로 추세를 보여줍니다. 추세 위에
PST100지표와 추세 아래에 PST108지표를 불러봤습니다.

제가 PST지표를 독창적으로 만들 때마다 만든 목적이 각각 다르므
로 여러분이 PST지표를 선택해서 사용하실 때에는 목적에 맞게 사용
하시면 좋을 것 같습니다.

PST100지표는 아주 정확한 매수진입 지점과 아주 정확한 매수청산
지점을 찾아낸다는 장점이 있습니다. 하지만 하나의 상승 사이클 구간
에 여러 번 매수진입과 매수청산을 반복할 때는 반드시 재매수진입 시
수익이 난다는 보장은 없습니다. 제가 수없이 테스트를 보니, 레버리지
가 큰 선물거래에서는 여러 번 짧게 진입과 청산을 반복해도 수익이 났
습니다. 그러나 일대일 레버리지를 사용하는 주식거래에서는 첫 번째

매수진입을 제외하고 두 번째부터 재매수진입 시 수익이 나기가 쉽지 않았습니다.

PST100지표를 사용해서 a지점에서 매수진입을 한 후, b지점에서 매수청산하면 일정 수익을 얻을 수 있습니다. c지점에서 다시 매수진입한 후, d지점에서 매수청산을 하면 일정 수익을 얻기가 어려웠습니다.

그러나 매수진입은 PST108지표를 사용해서 먼저 e지점에서 매수진입으로 수익이 날 수 있는 구간의 시작임을 아는 상태에서 PST100지표를 보고 a지점에서 합니다. 그리고 매수청산은 PST100지표를 보지 않고 PST108지표만 보고 잠재신호인 굵은 녹색선 한 개가 먼저 상단 기준선을 우하향하는 f지점에서 1차 매수청산을 합니다. 나머지 굵은 녹색선이 상단 기준선을 우하향하는 g지점에서 2차 매수청산을 하면 녹색박스 A영역만큼 수익을 기대할 수 있습니다. 반대로 h지점까지 파란색 계열의 오실레이터가 안 나오고 빨간색 오실레이터만 보이면 계속 보유하는 것도 좋은 전략입니다.

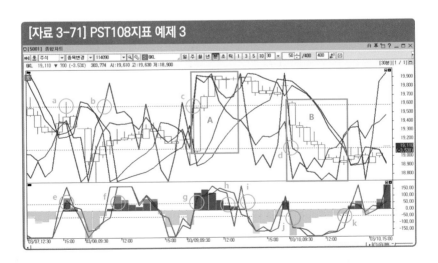

[자료 3-71] PST108지표 예제 3

[자료 3-71]은 'GKL' 종목, 2023년 3월 7일 12시 30분부터 3월 10일 16시까지 30분 차트로 추세를 보여줍니다. 추세 위에 PST100지표와 추세 아래에 PST108지표를 불러보았습니다.

PST108지표의 잠재신호가 PST100지표의 예비신호보다 같거나 빠르게 여러분께 진입시점을 공통으로 알려줍니다. 차이점은 잠재신호는 추세의 각도를 설정하지 못하지만, 예비신호는 추세의 각도를 60도 이상~90도 미만으로 설정할 수 있다는 것입니다. 그렇기 때문에 e지점과 f지점에서 PST108지표를 사용해서 매수진입으로 수익이 날 수 있는 시작점을 알아도, 각각 해당하는 지점을 PST100지표를 사용해서 확인하면, a지점과 b지점은 매수진입 조건이 맞지 않아 관망해야 합니다.

g지점에서 잠재신호는 굵은 녹색선 2개와 빨간색 오실레이터가 동시에 상단 기준선을 우상향하고 c지점에서 굵은 빨간색선인 f(T)가 2개 모두 동시에 ALU를 우상향할 때 추세가 매우 급하게 상승하니 상승초기에 매수진입을 잘해야 합니다.

매수청산은 PST100지표로 하지 않고 PST108지표를 사용해서 h지점에서 1차 매수청산을 하고 i지점에서 2차 매수청산을 하면 녹색박스 A영역만큼 수익을 기대할 수 있습니다. 제가 수업시간에 수강생들에게 1차 매수청산 때 투자 금액의 70%를 매수청산하고 과 2차 청산 때 투자금액의 30%를 하라고 말합니다. 어떤 수강생은 1차 매수청산 때 전체 청산을 하시는 분도 계시고, 어떤 수강생은 1차 매수청산 때는 관망하시고, 2차 매수청산 때 전체 청산하시는 분도 계십니다. 청산은 정답이 없습니다. 다만 저는 욕심 내지 말고 PST지표가 알려준 청산시점에서 청산하시길 바랄 뿐입니다.

만약 이 거래가 선물거래하고 가정하면 j지점과 d지점을 보고 매도
진입한 후, k지점에서 매도청산하면 녹색박스 B영역만큼 수익을 기대
할 수 있습니다.

PST112지표 설명 및 이해

만든 목적 첫 진입과 재진입이 최고인 3차원 만능지표

　여러분은 이제 추세를 3차원적으로 해석한 PST100지표와 PST108 지표를 사용해서 어느 정도 수익을 내실 줄 있게 되셨을 것입니다. 수 강생들이 수업시간에 본인이 컴퓨터를 켜고 진입시점이 지났을 때 어떻게 할지 자주 물어보십니다. 저는 첫 번째 전략으로 다른 종목을 찾아 매수진입 시점을 기다리는 것과 두 번째 전략으로 매수진입 시점이 지나갔지만, 재매수진입을 하는 것을 말씀드립니다. 물론 두 번째 전략 시에는 아직도 수익 구간이 남아 있는지를 먼저 확인해야 합니다. 수익 구간이 남아 있는지 없는지 확인하려면, 기준차트보다 하나 큰 상위 타임 프레임에서 아직 매수청산이 안 나왔으면 수익 구간이 남아 있다고 생각하면 됩니다.

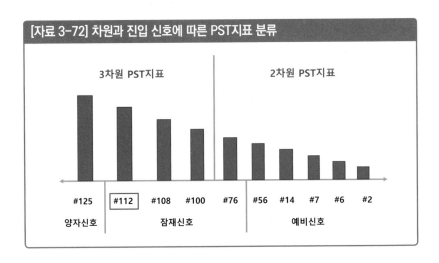

[자료 3-72] 차원과 진입 신호에 따른 PST지표 분류

3차원 PST지표   2차원 PST지표

#125 #112 #108 #100 #76 #56 #14 #7 #6 #2

양자신호   잠재신호   예비신호

[자료 3-72]처럼 PST112지표는 예비신호보다 빠른 잠재신호를 가진 3차원 PST지표라는 것을 알 수 있습니다. 또한, 3차원 PST지표인 PST76, 100, 108, 112지표 중에서도 버전이 가장 높은 지표입니다. 일반적으로 PST지표 번호가 높을수록 기존 PST지표보다 한층 더 발전시킨 지표라고 보시면 됩니다.

밀리지 않는 진입을 하기 위해서는 어떤 조건이 필요하나요? 기울기 설정이 가능한 PST지표를 사용하면 진입 시 추세의 기울기가 이미 존재하기 때문에 타임 프레임만 맞추고 매수진입하면 PST이론상 밀릴 수가 없습니다.

그러면 3차원 PST지표 중 기울기 설정이 가능한 PST지표가 어떤 지표인가요? 맞습니다. PST100지표를 사용하면 매수 진입 시 tan60도≤ θ<tan90도로 설정할 수 있고, 매도진입 시 arctan60도≤θ<arctan90도로 설정을 할 수 있습니다. 그런데 PST100지표를 사용해서 매수진입 시 2개의 f(T)가 ALU를 우상향할 때 매수면적을 이루면서 하면 매수진입 조건이 됩니다. 이런 매수진입 조건이 아닌 경우도 추세가 상승

으로 갈 때가 많았습니다.

저는 PST100지표와 PST108지표의 한계를 극복할 지표를 연구해서 드디어 PST112지표를 만들게 되었습니다. 제가 개인적으로 2차원 PST지표에서 제일 좋아하는 지표는 PST56지표고, 3차원 PST지표에서 제일 좋아하는 지표는 PST112지표입니다.

[자료 3-73] 3차원 추세분석 1

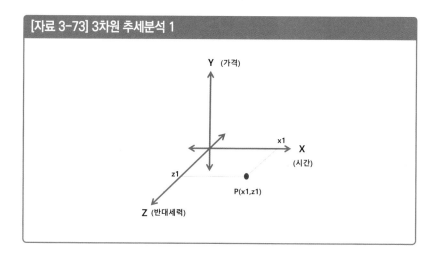

[자료 3-73]은 추세를 3차원으로 생각한 후 X축은 시간, Y축은 가격, Z축은 반대세력을 보여줍니다. PST112지표는 추세를 시간 X축으로 그려질 때 추세를 만들 수 있는 경우의 수를 모두 고려했습니다. 그 결과 2차원 추세분석보다도 훨씬 정교하게 진입과 청산 그리고 재진입 청산을 할 수 있게 되었습니다. PST이론상 시간 X축에 따른 반대세력 Z축의 추세 변화를 'T1'이라고 생각하겠습니다.

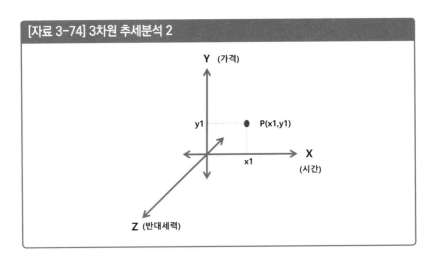

[자료 3-74] 3차원 추세분석 2

PST이론상 [자료 3-74]에서 시간 x축에 따른 가격 Y축의 추세 변화를 'T2'라고 생각하겠습니다.

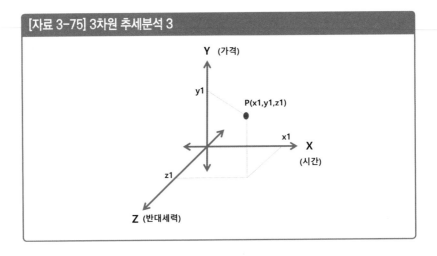

[자료 3-75] 3차원 추세분석 3

PST이론상 [자료 3-75]에서 시간 x축에 따른 가격 X축과 Y축의 추세 변화를 'T3'라고 생각하겠습니다.

추세를 여러분은 상승추세, 보합, 하락으로 분류하지만, PST이론은 추세를 상승강화, 상승보합, 횡보보합, 하락보합, 하락강화로 분류합니다. 이 다섯 가지 경우와 추세를 3차원으로 분석한 결과에 대한 상관관계를 생각해보면 다음과 같습니다.

T1 : X축 – Z축 ≥ 상승보합 또는 하락보합 ≥ 60
T2 : X축 – Y축 ≥ 상승강화 또는 하락강화 ≥ 80
T3 : X축 – Y축 – Z축 ≥ 상승사이클 또는 하락 사이클 ≥ 50

한 상승 사이클에서 첫 번째 매수진입으로 수익을 기대하기 위해서는 반드시 T3가 하락 사이클에서 상승 사이클로 바뀌어야 합니다. 굵기3으로 표시된 굵은 빨간색선이 50 이상이어야 합니다. 그리고 T1이 상승보합보다 커야 해서 굵기1로 표시된 빨간색선이 60 이상이어야 하고 마지막으로 시가에 대한 가격이 상승강화 구간으로 진입해야 하므로 굵기2로 표시된 굵은 빨간색선이 80 이상이어야 합니다.

한 상승 사이클에서 두 번째 이상 매수진입으로 수익을 기대하기 위해서는 T3가 계속 50 이상에서 유지되고 있는 상황에서 T1 또는 T2가 50 이하로 내려갔다가 다시 50 이상으로 변화될 때 일어납니다. 여러분이 만약 안전하게 매수진입으로 수익을 얻기 원하신다면 반드시 T1이 T2와 T3보다 먼저 매수진입 조건이 맞는 경우만 매수진입을 고려하시면 됩니다.

[자료 3-76]은 'PI첨단소재' 종목, 2023년 3월 13일 13시부터 3월 17일 9시까지 30분차트로 추세를 보여줍니다. 추세 위에 PST100지표와 추세 아래에 PST112지표를 불러봤습니다.

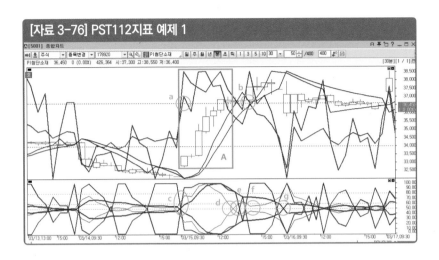

[자료 3-76] PST112지표 예제 1

　　PST교육을 할 때 초급반부터 중급반까지는 진입 시 추세의 위치가
매우 중요하다고 말씀드립니다. 질문을 드리겠습니다. "추세의 위치를
파악하는 PST지표가 무엇입니까?" PST32지표입니다. 그러면 "왜 지
금은 PST32지표를 보지 않고 거래할 수 있을까요?" PST32지표는 2
차원 추세분석 지표고, PST100지표와 PST112지표는 3차원 추세분석
지표이기 때문입니다. 3차원 추세분석 지표는 추세의 위치와 관계없이
진입 가능합니다.

　　PST100지표를 사용해서 a지점에서 매수진입이 가능합니다. 조금
후 바로 한 개의 f(T)가 ALU를 우하향으로 내려와서 매수청산해야 할
지 고민할 수 있습니다. 그러나 PST112지표를 사용하면 c지점에서 굵
기1 빨간색선인 T1이 60 이상이고 굵기2 빨간색선인 T2가 80 이상이
며, 굵기3 빨간색선인 T3가 50 이상으로 모두 우상향으로 통과하므로
매수진입이 가능합니다. a지점에서 매수진입 후 매수청산이 나왔어도
PST112지표로 1차 매수청산 지점인 d지점까지는 편안히 보유하면 됩

니다.

PST112지표로 1차 매수청산은 T1끼리 교차지점인 d지점입니다. 2차 매수청산은 T2끼리 교차지점인 e지점이고, 3차 매수청산은 T3끼리 교차지점인 g지점까지입니다. "여러분은 몇 차 지점에서 매수청산하시겠습니까?" 저는 1차 지점인 d지점에서 하겠습니다. PST이론상 1차 매수청산지점까지는 노이즈인 P2구간이 나오지 않지만, 1차 매수청산지점이 지난 후부터는 상승보합 구간으로 P2구간을 감당해야 합니다.

만약 실전 거래에서 PST100지표로 b지점에서 매수진입조건이 맞으면 매수진입을 고려할 수 있지만, PST112지표로 f지점을 보면 관망해야 함을 쉽게 알 수 있습니다.

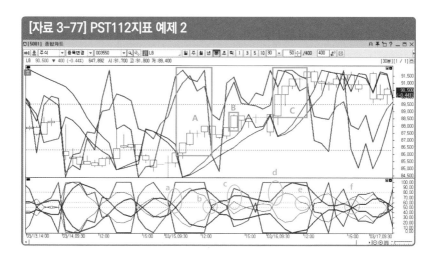

[자료 3-77] PST112지표 예제 2

[자료 3-77]은 'LG' 종목, 2023년 3월 13일 14시부터 3월 17일 10시까지 30분차트로 추세를 보여줍니다. 추세 위에 PST100지표와 추세 아래에 PST112지표를 불러봤습니다.

PST100지표와 PST112지표를 비교해보면 몇 가지 차이점이 있습니다. PST100지표는 추세의 기울기를 60도 이상~90도 미만으로 설정을 할 수 있습니다. 하지만 PST112지표는 추세의 기울기를 몇 도로 설정 대신 상승강화 구간(80%~100%)에 진입하는 몇 퍼센트로 계산합니다. 그렇다면 어느 지표가 거래하는 데 편리할까요? 수많은 수강생에게 교육할 때 물어보니 역시 PST112지표가 실전 거래하는 데 편리하다고 합니다.

이번에는 오직 PST112지표로만 거래를 해보겠습니다. PST112지표는 첫 매수진입과 재매수진입하는 데 매우 유용한 지표입니다. a지점을 보면 PST112지표로 매수진입조건이 맞으니 매수진입할 수 있고, b지점에서는 전체 매수청산을 합니다. 원래는 매수청산 시 1차 매수청산지점부터 2차 매수청산지점까지 부분 청산을 조금씩 하면 됩니다. 예외적으로 b지점처럼 1차 매수청산지점과 2차 매수청산지점이 모두 출현했을 때는 전체 청산이 맞습니다. 많은 분이 "매수청산을 했는데 추세가 계속 상승하면 어떻게 되냐?"고 묻습니다. 그럼 저는 "재매수진입하면 됩니다"라고 말씀드립니다.

재매수진입조건은 첫 매수 진입조건과 동일합니다. PST112지표에서 T3를 보면 상승 사이클의 시작은 a지점이고 끝은 f지점임을 알 수 있습니다. c지점과 d지점은 재 매수진입 시점입니다. 보통 재 매수진입할 때는 T2와 T3는 매수진입조건이 계속 유지되는 상태에서 T1만 다시 60을 우상향할 때입니다. 재매수진입 후 매수청산은 T1 교차할 때가 아니라 T1이 60을 다시 우하향할 때입니다. 그러면 녹색박스 B영역과 C영역만큼 수익을 기대할 수 있습니다.

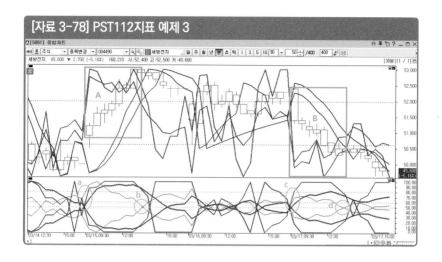

[자료 3-78] PST112지표 예제 3

[자료 3-78]은 '세방전지' 종목, 2023년 3월 14일 12시 30분부터 3월 17일 15시까지 30분차트로 추세를 보여줍니다. 추세 위에 PST100지표와 추세 아래에 PST112지표를 불러봤습니다.

PST지표의 가장 큰 장점 중의 하나가 추세로 표현할 수 있는 모든 거래(국내주식, 해외주식, 국내선물, 해외선물, FX마진거래, 가상화폐 등)는 모두 실시간으로 적용할 수 있다는 것입니다. 당연히 한 방향 거래는 매수진입과 매수청산을 PST지표가 알려주고, 양방향 거래는 매수진입과 매수청산뿐만 아니라 매도진입과 매수청산을 알려주어 여러분의 수익을 극대화할 수 있게 도와줍니다.

매수진입할 때는 a지점처럼 굵기1 빨간색선(T1)이 60 이상이고, 굵기2 빨간색선(T2)이 80 이상이며, 굵기3 빨간색선(T3)이 50 이상으로 우상향으로 통과할 때입니다. 매수청산은 1차 청산지점인 굵기1 빨간색선과 굵기1 파란색선이 교차하는 b지점입니다. 이때 매수청산을 하면 녹색박스 A영역만큼 수익을 기대할 수 있습니다.

T1은 굵기1 빨간색과 굵기1 파란색선을 모두 말하고, T2는 굵기2 빨간색선과 굵기2 파란색선을 모두 말하며 T3는 굵기3 빨간색선과 굵기3 파란색선을 모두 말합니다.

그러므로 매도진입할 때는 c지점처럼 굵기1 파란색선(T1)이 60 이상이고, 굵기2 파란색선(T2)이 80 이상이며, 굵기3 파란색선(T3)이 50 이상 우상향으로 통과할 때입니다. 매도청산은 1차 청산지점인 굵기1 파란색선과 굵기1 빨간색선이 교차하는 d지점입니다. 이때 매도청산을 하면 녹색박스 B영역만큼 수익을 기대할 수 있습니다. 이해가 되시나요? 물론 주식거래에서는 매도진입으로 수익을 낼 수 없지만, 응용하면 B 영역 구간에서는 절대로 매수진입을 하면 안 된다는 것을 알 수 있습니다. 만약 여러분이 손해를 본다고 해서 B영역에서 물타기 매수진입은 이제 안 하시리라 믿습니다.

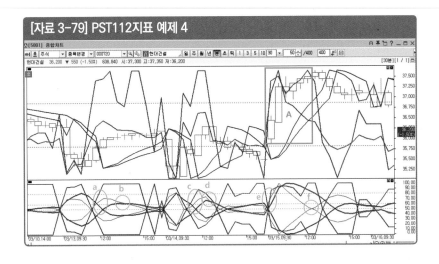

[자료 3-79] PST112지표 예제 4

[자료 3-79]는 '현대건설' 종목, 2023년 3월 10일 14시부터 3월 16일 10시 30분까지 30분차트로 추세를 보여줍니다. 추세 위에 PST100

지표와 추세 아래에 PST112지표를 불러봤습니다.

　여러분은 이제 PST112지표로 추세의 위치와 관계없이 매수진입으로 수익을 기대할 수 있습니다. 그러면 매수진입 조건이 무엇인가요? 당연히 T1≥60, T2≥80, T3≥50임을 이제는 아시겠지요? 그런데 이 3가지가 조건이 성립하는 순서로 생각하면, 또 많은 경우의 수가 생깁니다. 이해가 되시나요? 그러면 사이클의 해당하는 것이 무엇인가요? 굵기3 빨간색선이 상승 사이클의 시작과 끝을 알려줍니다. 안전한 거래는 하락 사이클에서 매수진입보다는 상승 사이클에서 매수진입이 좋기 때문에 실전 거래에서는 a지점과 c지점처럼 T1≥60, T2≥80일 때 T3≤50(하락 사이클)이므로 관망하는 것이 좋습니다. 물론 PST112지표가 추세의 위치와 관계없이 매수진입해도 된다고 했으므로 매수진입도 가능합니다. 만약 여러분이 T3≤50 조건에서 매수진입을 했을 경우는 매수청산이 b지점과 d지점처럼 T2≤60일 때 해야 합니다. 제가 실전 거래로 수없이 테스트해 본 결과 레버리지가 큰 해외선물거래에서는 a지점과 c지점처럼 매수조건이 일 때는 수익을 기대할 수 있지만 일대일 레버리지를 사용하는 주식거래에서는 매수진입하지 않고 관망하는 것이 효과적입니다.

　e지점에 매수진입 조건이 되었기에 기준차트인 60분차트와 하위 타임 프레임에서 모두 PST112지표로 동일 매수진입 조건이 될 때 매수진입하면 됩니다. 녹색박스 A영역을 보면 매수진입 후 세 번째 캔들에서 음봉이 나오는 것을 알 수 있습니다.

　매수진입 후 음봉이 출현해도 매수진입 가격까지 하락하지 않으면 1차 매수청산인 f지점까지는 보유하는 것이 좋은 전략입니다.

PST125지표 설명 및 이해

한 방향 거래인 주식거래보다 양방향 거래인 해외선물거래가 훨씬 어렵습니다. 그리고 일대일 레버리지를 사용하는 주식거래보다 약 30배~50배 레버리지를 사용하는 해외선물거래가 더욱 위험합니다. 주식으로 수익이 나신 분들도 해외선물거래를 했다가 손실을 많이 보았다는 것을 주위에서 종종 볼 수 있습니다.

저는 숭실대학교 글로벌 미래교육원에서 주식전문가 과정과 외환전문가 과정을 15년째 가르치고 있습니다. 그런데 왜 많은 분이 주식교육보다 외환교육을 대부분 이수한 후 해외선물거래를 할까요? PST교육 후 주식거래에서는 100연승이 나오기 힘든데 왜 해외선물거래에서는 PST125지표까지 배운 후 100연승뿐만 아니라 500연승 이상인 분들이 나올 수 있을까요? 한 수강생은 하루에 해외선물거래에서 100연승 이상한 결과를 보여주셨습니다. 연승이란 승률이 100%를 뜻하지요? 그만큼 PST이론과 PST지표가 거래에서 매우 확실하게 수익을 낼 수 있다는 것을 증명해주고 있습니다.

PST112지표를 만든 후 저도 더는 PST지표가 안 나올 줄 알았습니다. 왜냐하면, PST이론상 더는 발전시킬 이론이 그 당시에는 없었기 때문입니다. 그러다가 요즘 양자역학(Quantum Mechanics)을 접한 저는 PST이론에다 양자역학 이론을 접목해서 PST125지표를 만들게 되었습니다.

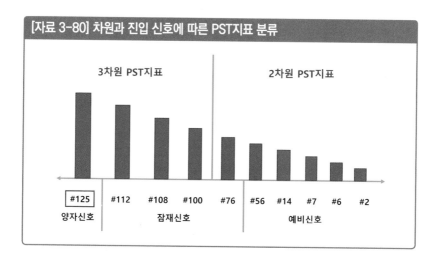

[자료 3-80] 차원과 진입 신호에 따른 PST지표 분류

PST125지표는 추세를 3차원으로 분석한 지표로 양자신호를 여러분께 보여줍니다. 양자신호는 예비신호와 잠재신호보다 빠르게 진입시점과 청산시점을 알려줍니다.

그리고 PST125지표는 거래 시 나올 때도 있고, 나오지 않을 때도 있지만 실전 거래에서는 반드시 양자신호가 나올 때만 거래하시길 바랍니다. PST125지표는 추세의 기울기를 설정할 수 없으므로 PST112지표와 같이 사용하는 것이 효과적입니다.

양자역학은 고전물리학과 다른 3가지 특징이 있습니다. 첫 번째는 양자화로써 에너지, 운동량 등의 성질들이 특정 값에 제한되어 있다는 것입니다. 두 번째는 파동과 입자의 이중성으로 미시적인 현상에서는 파동의 특성과 입자의 특성이 동시에 관찰된다는 것입니다. 세 번째는 불확정성의 원리로서 어떤 특성들은 동시에 정확하게 측정하는 데 한계가 있다는 것입니다.

저는 이 양자역학의 3가지 특징을 PST125지표로 접목하면서 정리해봤습니다. 첫 번째인 특정 값에 제한되어 있다는 것을 추세를 3차원적으로 분석한 후 Y축 범위가 0%~100%로 제한되어 있습니다. 두 번째인 파동과 입자의 이중성이 있다는 것을 양자신호인 AC1, AC2, AC3의 삼중성이 있습니다. 세 번째인 불확정성의 원리가 존재하는 것은 양자신호가 매수진입과 매수청산 또는 매도진입과 매도청산이 발생할 때도 있고, 발생하지 않을 때도 존재합니다.

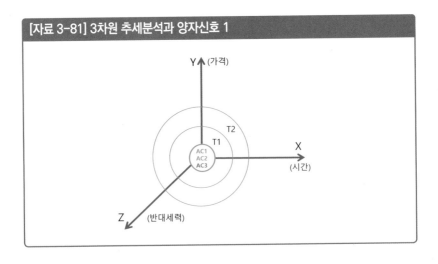

[자료 3-81] 3차원 추세분석과 양자신호 1

[자료 3-81]은 추세를 3차원적으로 분석하는 것과 양자신호인 AC1, AC2, AC3의 상관관계를 보여줍니다. PST이론상 추세를 이루는 요소 중 양자역학 이론처럼 미시적인 물질세계가 있다고 가정합니다. 여기에는 양자신호인 AC1, AC2, AC3가 존재합니다. AC1, AC2, AC3는 추세보다 먼저 생길 수 있고, 추세보다 나중에 생길 수 있습니다. 또한, PST이론상 X축인 시간에 흐름에 따라 Y축의 가격은 Z축의 반대세력 때문에 변하는 변수(Variable)도 있고, 변하지 않는 상수(Constant)가 있다고 생각합니다. 여기서 상수 중에서 절대적(Absolute)으로 변하지 않는 상수를 절대 상수라고 정의합니다. 이 절대 상수를 양자신호에서 AC1, AC2, AC3라고 PST125지표에서 보여줍니다.

절대 상수 중 AC1, AC2는 X축과 Y축에서 추세를 이루는 최소단위인 주기(Period)와 힘(Strength)에서 절대 상수를 생각한 것입니다. AC3는 X축과 Z축에서 반대세력에서 절대 상수를 생각한 것입니다. 그리고 X축, Y축, Z축에 모두 계산한 추세는 [자료 3-81]처럼 작은 추세인 T1과 큰 추세인 T2가 존재합니다. 그러면 양자역학적으로 매수진입이 가장 안전할 때는 다음과 같이 정의될 수 있습니다.

매수진입 양자신호 : AC1 ≥ AC2 ≥ T1 ≥ T2 ≥ AC3

PST125지표에서 AC1과 AC2는 굵은 녹색선으로 표현했고, AC3는 굵은 회색선으로 표현했습니다. T1는 가는 빨간색선과 가는 파란색으로 표현했고, T2는 굵은 빨간색선과 굵은 파란색으로 표현했습니다. PST125지표는 추세를 3차원적으로 분석해서 추세의 위치를 보여줍니다. 앞서 배운 PST32지표는 추세를 2차원적으로 분석해서 추세를 위치를 보여주므로 P1, P2-1, P2-2, P3, P4-1, P4-2구간으로 분류한 것을 기억하시지요? 물론 PST125지표도 이렇게 생각할 수 있지만, PST112지표를 같이 사용해서 거래할 때는 굳이 추세의 위치를 고려하실 필요는 없습니다. 이유는 PST112지표는 추세의 위치와 관계없이 진입해서 수익을 낼 수가 있기 때문입니다.

PST125지표를 사용해서 매수진입 양자신호가 나와서 매수진입을 한경우 매수청산은 AC1≤AC3에서 1차 매수청산을 합니다. AC2≤AC3에서 2차 매수청산을 하면 됩니다. 추세를 2차원적으로 분석한 PST지표를 사용했을 경우, 매수청산은 기준차트보다 한 단계 하위차트로 해야 합니다. 하지만 PST125지표처럼 추세를 3차원적으로 분석한 PST지표를 사용했을 경우 매수청산은 기준차트로 매수청산이 가능합니다.

PST125지표를 사용해서 매수진입 양자신호가 나와서 진입한 경우 1차 매수청산까지는 무조건 수익이 기대할 수 있습니다. 놀랍지 않으세요? 이렇듯이 수익이 나는 동안은 양자역학적으로 불확정성의 원리가 존재하지 않고 확정성의 원리만 존재합니다.

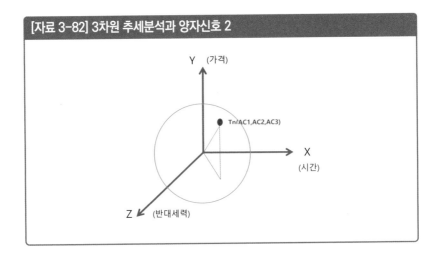

[자료 3-82] 3차원 추세분석과 양자신호 2

[자료 3-82]는 양자신호인 AC1, AC2, AC3가 N번째 발생하는 경우로 추세보다 나중에 존재하는 상태를 나타냅니다. PST이론상 양자신호들은 모두 각각 PST125지표에서 Y축으로 제한된 0%~100% 사이에서 움직입니다. 그렇기 때문에 매수진입 양자신호가 나오는 조건이 아닌 경우는 모두 관망을 해야 합니다. 저나 여러분은 추세를 만드는 마켓 메이커가 아니라 추세를 추종하는 마켓 팔로어입니다. 마켓 팔로어가 마켓 메이커가 만드는 추세를 잘 분석해야 수익을 기대할 수 있습니다. 동의하시지요?

그렇다면 만약 여러분이 실전 거래에서 마켓 메이커의 마음을 읽으면 거래하시는 데 도움이 되실까요? PST125지표의 양자신호는 마켓 메이커의 마음을 읽을 수 있다면 믿으시겠습니까? 믿기 어려우시겠지요? 그런데 주식거래보다 빠른 해외선물거래에서 어떻게 매수진입과 매도진입을 반복하면서 100연승 이상을 할 수 있을까요?

여러분도 PST교육을 마스터반까지 이수한 후 PST112지표와 PST125지표를 사용해서 스스로 승률 100%인 100연승 이상의 결과를 만들 수 있으니 걱정하지 마시길 바랍니다.

매수진입 관망 : T1 ≥ AC1 ≥ AC2 ≥ AC3 ≥ T2

매수진입 양자신호가 나오지 않는 경우는 위와 같습니다. 이때는 관망 전략이 좋습니다. 양자역학적으로 매수진입 양자신호가 나오지 않는 경우는 불확정성의 원리가 존재하기 때문입니다.

PST125지표를 사용해서 거래할 때 매수진입 양자신호는 AC1, AC2가 모두 T1, T2보다 커야 하고 AC3는 T3보다 반드시 작아야 합니다.

PST이론상 AC1, AC2보다 반대세력에서 절대 상수인 AC3가 AC1, AC2보다 더욱 중요합니다. AC1과 AC2는 양자신호 중 매수진입을 할 수 있는 시점을 알려주고 AC3는 그 시점에서 반대세력이 있는지를 알려주기 때문입니다. 이해가 되시나요?

만약 기준차트로 매수진입 양자신호 조건에서 모두 맞는데 AC3만 조건이 안 되면 어떻게 할까요? 그러면 관망해야 합니다. 반대로 기준차트로 매수진입 양자신호 조건에서 $T1 \geq T2 \geq AC3$는 성립되나, AC1과 AC2가 T1 이상이어야 하는데 약간 부족해서 T1보다 작을 경우는 어떻게 할까요?

물론 매수진입 양자신호 조건이 충족되지 않아 거래를 안 하고 관망하는 것도 좋습니다. 하지만 레버리지가 큰 해외선물거래에서는 이 조건이 경우 하위 타임 프레임에서 다시 매수진입 양자신호 조건이 충족되면 매수진입이 가능합니다. 물론 주식거래나 해외선물거래에서 여러분이 거래하는 본인만의 룰을 만드셔야 하는데, 이 룰은 PST이론을 기초로 많은 테스트를 해보신 후 수익이 나는 결과로 본인만의 룰을 만드시면 됩니다.

PST125지표로 매도진입 양자신호가 나오면, 선물거래에서 매도진입을 하실 수도 있습니다. 매도진입과 매도진입 관망은 다음과 같으니 참고하시길 바랍니다.

매도진입 양자신호 : $AC3 \geq T1 \geq T2 \geq AC2 \geq AC1$

매도진입 관망 : $T1 \geq AC3 \geq AC2 \geq AC1 \geq T2$

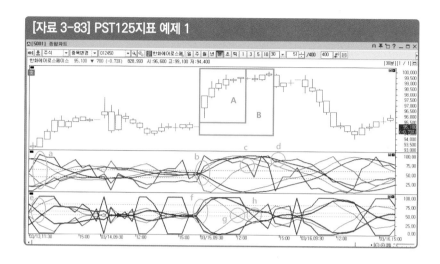

[자료 3-83] PST125지표 예제 1

[자료 3-83]은 '한화에어로스페이스' 종목, 2023년 3월 13일 11시 30분부터 3월 16일 15시 30분까지 30분차트로 추세를 보여줍니다. 추세 아래에 PST125지표와 PST112지표를 불러봤습니다.

PST125지표는 3차원적으로 추세의 위치를 파악도 하면서 매수진입 양자신호가 나오는지를 구별할 수 있습니다. PST112지표를 사용해서 e지점을 보면 매수진입이 가능하지만, 동일 위치에서 PST125지표를 사용해서 a지점을 보면 매수진입 양자신호 조건이 맞지 않으므로 관망해야 합니다.

그러나 PST112지표를 사용해서 f지점을 보면 매수진입이 가능합니다. 동일 위치에서 PST125지표를 사용해서 b지점을 보면 매수진입 양자신호 조건이 맞기 때문에 매수진입을 할 수 있습니다. 매수진입 시점은 AC1≥AC2≥T1≥T2≥AC3인 매수진입 양자조건을 만족하므로 매수진입을 할 수 있습니다. 이해가 되시지요?

여기서 T1과 T2를 자세히 살펴보시면, 추세가 하락 사이클과 관계없이 T1에서 가는 빨간색선이 T2에서 굵은 빨간색선보다 같거나 큰 것을 알 수 있습니다. 이때를 매수 관점(Selling Viewpoint)이 되었다고 PST이론은 생각합니다. 관점은 매수관점과 매도관점이 있고 실전 거래에서는 사이클보다는 PST125지표로 관점인 T1와 T2의 상관관계를 살펴봐야 합니다. 참고로 매도관점(Buying Viewpoint)은 T1에서 가는 파란색선이 T2에서 굵은 파란색선보다 같거나 큰 것을 알 수 있습니다.

매수청산은 c지점인 AC1≤AC3에서 1차 매수청산하면, 녹색박스 A 영역만큼 수익을 기대할 수 있습니다. d지점인 AC2≤AC3에서 2차 매수청산하면, 녹색박스 B영역만큼 수익을 기대할 수 있습니다. PST125 지표의 매수 1차, 2차 청산시점이 PST112지표의 매수 1차, 2차 청산 시점보다 효과적인 것을 알 수 있습니다.

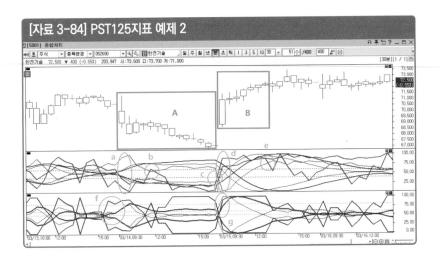

[자료 3-84]는 '한전기술' 종목, 2023년 3월 13일 10시부터 3월 16일 14시까지 30분차트로 추세를 보여줍니다. 추세 아래에 PST125지표와 PST112지표를 불러봤습니다.

PST교육을 마스터반까지 배우면 PST112지표와 PST125지표까지 배울 수 있습니다. 해외선물거래에서 100연승 이상 결과를 보여준 수강생들이 사용하는 PST지표가 PST112지표(=해외선물 PST111지표)와 PST125지표(=해외선물 PST124지표)이니까 얼마나 좋은 지표인 줄 감이 오시지요?

이번에는 해외선물거래라고 생각하고 녹색박스 A영역을 매도진입으로 수익을 내는 거래를 생각해보겠습니다. PST125지표를 사용해서 a지점을 보니 매도진입 양자신호조건인 AC3≥T1≥T2≥AC2≥AC1를 만족합니다. PST112지표를 사용해서 f지점을 보니 매도진입이 가능한 것을 알 수 있습니다. 이때 주의할점은 T1≥T2의 상관관계가 가는 파란색선인 T1이 굵은 파란색선인 T2보다 같거나 크다는 것입니다. PST 교육을 마스터반에서 가르치다 보니 T1과 T2를 빨간색으로만 생각하는 분들이 많았으니 주의하시길 바랍니다. 매도청산은 b지점에서 1차 매도청산을, c지점에서 2차 매도청산을 고려하시면 됩니다.

이번에는 해외선물거래라고 생각해도 되고 주식거래라고 생각해도 되는 녹색박스 B영역을 매수진입으로 수익을 내는 거래를 생각해보겠습니다. PST125지표를 사용해서 a지점을 보니 매도진입 양자신호조건인 AC1≥AC2≥T1≥T2≥AC3를 만족합니다.

PST112표를 사용해서 g지점을 보니 매수진입이 가능한 것을 알 수 있습니다. 매수청산은 굵은 녹색선 한 개가 굵은 회색선을 우하향하는 1차 매수청산지점인 e지점에서 하면 되고 2차 매수청산은 아직 안 나온 것을 알 수 있습니다.

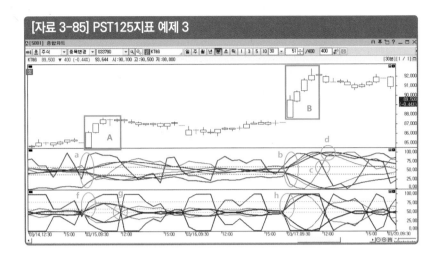

[자료 3-85] PST125지표 예제 3

[자료 3-85]는 'KT&G' 종목, 2023년 3월 14일 12시 30분부터 3월 20일 9시 30분까지 30분차트로 추세를 보여줍니다. 추세 아래에 PST125지표와 PST112지표를 불러봤습니다.

PST112지표를 사용해서 f지점과 h지점을 비교해보면, 둘 다 매수진입 조건이 되면서 차이점이 없습니다. 그러나 PST125지표를 사용해서 a지점과 b지점을 비교해보면, 차이점을 발견할 수 있습니다.

b지점처럼 PST125지표를 사용해서 매수진입을 고려할 때, 매수진입 양자신호가 나오면 가능합니다. 하지만 a지점처럼 매수진입 양자신호가 나오지 않으면, 관망하든지 아니면 PST112지표를 단독으로 사용해야 합니다.

가끔 수강생들에게 지나간 차트에서는 PST지표가 맞았는데 실전 라이브 차트에서는 PST지표가 안 맞을 때는 어떻게 하냐고 질문을 합니다. 매우 중요한 질문인데요,

실전 거래 시 라이브 차트에서 PST지표가 안 맞으면 관망해야 합니다. 제가 PST지표를 만들 때 로직에서 봉 개수를 설정해서 PST지표가

계산하는데, PST지표로 매수진입 조건이 현재 실시간으로 안 맞으면 관망해야 합니다. 이후에 PST지표가 맞게 보일 때는 라이브에서 PST지표가 안 맞을 때 관망하지 않고, 매수진입하면 변동성이 심하게 나올 수 있습니다.

f지점에서는 PST112지표를 단독으로 사용해서 매수진입을 합니다. 매수청산은 T1과 T2가 동시에 교차했기 때문에 g지점에서 전체 청산을 해야 녹색박스 A영역만큼 수익을 기대할 수 있습니다. b지점에서는 PST124지표의 매수진입 양자신호가 나왔기 때문에 c지점에서 1차 매수청산을 하고, d지점에서 2차 매수청산을 하면, 녹색박스 B영역만큼 수익을 기대할 수 있습니다.

[자료 3-86]은 PST주식과 외환 마스터반까지 교육받은 수강생이 2023년 5월 10일에 하루 동안 PST124지표(=주식 PST125지표)를 사용해서 해외선물 거래한 결과(숭실대 주식외환 전문가모임 다음카페 게재)입니다. 어떠세요? 수수료를 제외하고도 하루(2시간 이내) 거래에서 약 916만 원의 수익을 얻었습니다. 10번 거래해서 10번 모두 이기는 것도 어려운데, 거래할 때마다 모두 이겼다면 우연이 아니라 어떤 '무엇'이 있다는 것 아닐까요?

그 무엇을 수강생께서 PST124지표라고 하니 PST이론과 PST지표를 만든 저는 좋은 결과를 만들어준 수강생께 감사하며 가르친 보람을 느낍니다.

[자료 3-86] PST125지표 사용 거래결과

청산일자	종목	청산번호	진입	청산	청산가격	청산금액	진입일자	진입가격	진입금액	통화	손익	수수료	순손익
2023/05/10	6CM23	1	매도	1	2037.2	203,720	2023/05/10	2037.9	203,790	USD	70.00	14	56.00
2023/05/10	6CM23	2	매도	2	2037.2	407,440	2023/05/10	2037.9	407,580	USD	140.00	28	112.00
2023/05/10	6CM23	3	매도	3	2037.2	611,160	2023/05/10	2037.9	611,370	USD	210.00	42	168.00
2023/05/10	6CM23	4	매도	1	2037.2	203,720	2023/05/10	2037.9	203,790	USD	70.00	14	56.00
2023/05/10	6CM23	5	매도	1	2037.2	203,720	2023/05/10	2037.9	203,790	USD	70.00	14	56.00
2023/05/10	6CM23	6	매도	4	2037.2	814,880	2023/05/10	2037.9	815,160	USD	280.00	56	224.00
2023/05/10	6CM23	7	매도	1	2037.2	203,720	2023/05/10	2037.9	203,790	USD	70.00	14	56.00
2023/05/10	6CM23	8	매도	1	2037.2	203,720	2023/05/10	2037.9	203,790	USD	70.00	14	56.00
2023/05/10	6CM23	9	매도	1	2037.2	203,720	2023/05/10	2037.9	203,790	USD	70.00	14	56.00
2023/05/10	6CM23	10	매도	1	2034.6	203,460	2023/05/10	2035.2	203,520	USD	60.00	14	46.00
2023/05/10	6CM23	11	매도	1	2034.6	203,460	2023/05/10	2035.2	203,520	USD	60.00	14	46.00
2023/05/10	6CM23	12	매도	1	2034.6	203,460	2023/05/10	2035.2	203,520	USD	60.00	14	46.00
2023/05/10	6CM23	13	매도	1	2034.6	203,460	2023/05/10	2035.2	203,520	USD	60.00	14	46.00
2023/05/10	6CM23	14	매도	1	2034.6	203,460	2023/05/10	2035.2	203,520	USD	60.00	14	46.00
2023/05/10	6CM23	15	매도	1	2034.6	203,460	2023/05/10	2035.2	203,520	USD	60.00	14	46.00
2023/05/10	6CM23	16	매도	1	2034.6	203,460	2023/05/10	2035.2	203,520	USD	60.00	14	46.00
2023/05/10	6CM23	17	매도	5	2034.6	1,017,300	2023/05/10	2035.2	1,017,600	USD	300.00	70	230.00
2023/05/10	6CM23	18	매도	1	2034.6	203,460	2023/05/10	2035.2	203,520	USD	60.00	14	46.00
2023/05/10	6CM23	19	매도	2	2034.6	406,920	2023/05/10	2035.2	407,040	USD	120.00	28	92.00
2023/05/10	6CM23	20	매수	3	2036.8	611,040	2023/05/10	2036.1	610,830	USD	210.00	42	168.00
2023/05/10	6CM23	21	매수	1	2036.8	203,680	2023/05/10	2036.2	203,620	USD	60.00	14	46.00
2023/05/10	6CM23	22	매수	4	2036.8	814,720	2023/05/10	2036.2	814,480	USD	240.00	56	184.00
2023/05/10	6CM23	23	매수	2	2036.8	407,360	2023/05/10	2036.2	407,240	USD	120.00	28	92.00
2023/05/10	6CM23	24	매수	2	2036.8	407,360	2023/05/10	2036.2	407,240	USD	120.00	28	92.00
2023/05/10	6CM23	25	매수	1	2036.8	203,680	2023/05/10	2036.1	203,610	USD	70.00	14	56.00
2023/05/10	6CM23	26	매수	2	2036.8	407,360	2023/05/10	2036.2	407,240	USD	120.00	28	92.00
2023/05/10	6CM23	27	매도	3	2035.0	610,500	2023/05/10	2035.8	610,740	USD	240.00	42	198.00
2023/05/10	6CM23	28	매도	2	2035.0	407,000	2023/05/10	2035.8	407,160	USD	160.00	28	132.00
2023/05/10	6CM23	29	매도	2	2035.0	407,000	2023/05/10	2035.8	407,160	USD	160.00	28	132.00
2023/05/10	6CM23	30	매도	1	2035.0	203,500	2023/05/10	2035.9	203,590	USD	90.00	14	76.00
2023/05/10	6CM23	31	매도	1	2035.0	203,500	2023/05/10	2035.8	203,580	USD	80.00	14	66.00
2023/05/10	6CM23	32	매도	7	2035.0	1,424,500	2023/05/10	2035.8	1,425,060	USD	560.00	98	462.00
2023/05/10	6CM23	33	매도	2	2034.1	406,820	2023/05/10	2035.1	407,020	USD	200.00	28	172.00
2023/05/10	6CM23	34	매도	2	2034.1	406,820	2023/05/10	2035.1	407,020	USD	200.00	28	172.00
2023/05/10	6CM23	35	매도	2	2034.1	406,920	2023/05/10	2035.1	407,020	USD	200.00	28	172.00
2023/05/10	6CM23	36	매도	1	2034.1	203,410	2023/05/10	2035.1	203,510	USD	100.00	14	86.00
2023/05/10	6CM23	37	매도	1	2034.1	203,410	2023/05/10	2035.1	203,510	USD	100.00	14	86.00
2023/05/10	6CM23	38	매도	3	2034.1	610,230	2023/05/10	2035.1	610,530	USD	300.00	42	258.00
2023/05/10	6CM23	39	매도	4	2034.1	813,640	2023/05/10	2035.1	814,040	USD	400.00	56	344.00
2023/05/10	6CM23	40	매도	1	2034.1	203,410	2023/05/10	2035.1	203,510	USD	100.00	14	86.00
2023/05/10	6CM23	41	매수	3	2047.2	614,160	2023/05/10	2045.5	613,650	USD	510.00	42	468.00
2023/05/10	6CM23	42	매수	2	2047.2	409,440	2023/05/10	2045.6	409,120	USD	320.00	28	292.00
2023/05/10	6CM23	43	매수	2	2047.1	409,420	2023/05/10	2045.5	409,100	USD	320.00	28	292.00
2023/05/10	6CM23	44	매수	2	2047.1	409,420	2023/05/10	2045.6	409,120	USD	300.00	28	272.00
2023/05/10	6CM23	45	매수	1	2047.1	204,710	2023/05/10	2045.6	204,560	USD	150.00	14	136.00
2023/05/10	6CM23	46	매수	1	2047.0	204,700	2023/05/10	2045.6	204,560	USD	140.00	14	126.00
2023/05/10	6CM23	47	매수	4	2047.0	818,800	2023/05/10	2045.6	818,240	USD	560.00	56	504.00
2023/05/10	6CM23	48	매수	1	2047.0	204,700	2023/05/10	2045.5	204,550	USD	150.00	14	136.00
	소계			93						USD	8,230.00	1,302	6,928.00
2023/05/10	USD합계			93						USD	8,230.00	1,302	6,928.00
2023/05/10	KRW환산			93						KRW	10,885,821.00	1,722,155.4	9,163,665.60

교육 후기

주식, 외환 마스터반을 마치며

PST로 인생이 바뀌었다

홍채하 님

PST로 저는 인생이 바뀌었습니다. 아버지의 권유로 나가게 된 숭실대학교 글로벌미래교육원에서 무료 강의를 들은 첫날에 저는 "여기가 진짜다!"라는 전율을 느끼고 당장 전 과정을 등록했습니다.

그 전에 핸드폰 어플로 주식거래를 해서 수익을 낸 적이 많이 있었지만, 선물거래는 단 한 번도 해본 적이 없었습니다. 경제에 대한 조예도 그렇게 깊지 않았습니다. 그러나 PST를 배우면서 저는 많이 달라졌습니다.

잠이 많은 제가 거래만 생각하면 눈이 저절로 떠지고, 생활패턴도 규칙적으로 바뀌었습니다. 컴퓨터를 하나도 다룰 줄 몰랐던 제가 컴퓨터로 거래를 합니다. PST이론은 보면 볼수록 공부할 것들이 많고, 내가 어디서 잘했는지 또는 잘못됐는지 알려주기 때문에 매력적이라고 생각합니다.

PST를 통해 가장 크게 배운 것은 바로 일확천금을 벌기보다는 매일

1%씩 성장하기입니다. 매일 1%씩 성장하려면 기본기를 가장 먼저 지켜야 합니다. 기본기를 지키려면 PST지표의 예쁜 그림들을 잘 익혀둬야 합니다. 저도 마찬가지였지만, 아무래도 PST강의를 듣다 보면 하루라도 빨리 마스터반 PST지표들을 섭렵해서 거래하고 싶습니다. 그전 버전 지표들은 모두 무시하게 됩니다. 하지만 제일 중요한 것은 지금 당장 배우고 있는 이 지표의 의미와 해석을 제대로 하지 못하고 있다면, 아무리 좋은 마스터반 PST지표도 전혀 도움이 되지 않는다는 것입니다.

저는 그 시간에 배우는 지표는 그 시간 안에 모든 걸 이해해보려고 하고, 그래도 이해가 안 된다면 될 때까지 노력했습니다. 저는 처음에 거래하는 것조차도 두려웠습니다. 심지어 가장 기본 중 기본인 스피드 주문을 할 줄 몰라서 한 달 넘게 모의 투자를 못하고 헤매기도 했습니다. 지표를 완벽하게 보고 진입했는데 거래 창에 종목 코드를 잘못 골라서 거래하고는 얼떨결에 수익이 난 일도 있습니다. 지금 생각해보면 정말 사소한 것도 어려워했던 것 같습니다. 이런 시행착오를 겪으며 성장했습니다. 매일 매일 추세의 흐름을 영상으로 녹화하면서 종목별 거래 시간대를 파악하고, 반등과 반락 패턴도 외우는 등 지표 해석에 시간을 많이 썼습니다. 막막했을 때 강사님들의 강의를 들으며 보완했습니다.

이광석 강사님께 수익이 나면 컴퓨터를 끄는 것과 안 되면 될 때까지 하는 것을 배웠고, 조용석 강사님께 거래할 때 피눈물이 나는 무서움과 종목별 특징을 배웠기에 더더욱 발전할 수 있었습니다. 그 결과 모의로 하루에 평균 1,000달러 수익을 내고 있습니다. 물론 실전으로도 수익을 똑같이 냈지만, 저 스스로 부족함을 느껴 완벽한 준비를 마치기 전까지 계속 지표를 연구 중입니다.

예전에는 어떤 특정한 지표만 좋아해서 그것만 보고 거래했는데, 이제는 여러 가지 지표들이 같이 적용될 때 어떤 그림이 나오는지 연구를 하고 종목들도 바꿔가며 실전에 임하니 수익이 더 안정적으로 나올 수 있었습니다.

PST만으로 해석해서 수익이 나긴 하지만 시장의 상황, 세력의 힘 등을 읽어내지 못하면 거래할 때 많이 고통스럽습니다. 거래에 관한 판단과 책임은 온전히 내가 져야 하므로 부담도 됩니다. 그래서 수익이 날 때마다 당연하다고 생각하지 않고 매번 감격스럽기도 하고 때로는 놀라기도 합니다.

20년 넘게 투자 생활 속에서 리차드 권 교수님의 초심 비결은 욕심 내지 않고 감사, 행복, 만족을 느끼는 것이라고 하셨는데 그게 참 많이 공감됩니다. 우리가 기대를 배우는 이유는 높은 수익을 내기 위해서이기도 하겠습니다만, 저는 시간을 돈으로 사기 위해서라고 생각합니다.

저는 거래할 때 6시간 넘게 시간을 쓴 적도 있었습니다. 하지만 몸과 정신 건강에 좋지 않습니다. 거래는 많아도 2시간 이내에 모든 것을 끝내는 것이 좋습니다. 그리고 남은 시간에 지표를 계속 관망하되, 좋아하는 일을 하고, 가족들과 시간을 보내는 것으로 거래와 일상의 균형을 맞출 수 있습니다. 저도 그러려고 최대한 노력합니다.

수익을 내면 컴퓨터를 끄고 손절을 내도 컴퓨터를 끄는 것이 어떻게 보면 투자 세계에서 길게 살아남는 방법입니다.

앞으로 PST강의를 들으실 분들 중에는 '이게 과연 맞을까?'라고 고민하시는 분들이 계실 것입니다. 책으로만 공부하는 것과 교수님과 교류하고 다른 동기분들과 함께한다는 것은 매우 다릅니다. 교수님과 강사님들로부터 좋은 것들을 많이 얻어가시고 내 것으로 만드세요. 질문을 많이 하셔도 교수님께서 언제든 답변을 잘해주시니 질문을 많이 하십시오. 반드시 누군가의 인생을 바꿀 수 있다고 100% 장담은 못해드리지만, 저는 일단 인생이 바뀌었습니다. 마지막으로 교수님과 강사님들께 진심으로 감사의 인사를 올립니다.

지속가능한 성공 투자의 길

홍승우 님

  주식 투자의 길은 참 멀고도 험합니다. 아마도 이 책을 읽으신 모든 분이 주식 투자의 길에서 많은 돈, 마음의 고통과 시간, 피눈물과 노력을 쏟았지만, 실패의 길을 걸으셨을 것으로 생각합니다. 저 또한 주식 투자로 많은 시간을 보냈고, 또한 주식의 강의 및 유튜브 및 많은 자료와 심지어 트레이딩 전공으로 대학원에도 공부했습니다. 실패도 경험했지만, 잠깐의 성공도 경험했습니다. '이제는 전문 투자자(전업 투자자)의 길을 가도 되지 않을까?'라고 생각해보는 순간도 있었습니다. 잔고의 수익률을 보며 "됐어! 이제 난 투자자다"라고 말입니다. 하지만 이러한 성공 투자의 방법론은 반복되지 않고, 도저히 어떤 법칙도 감도 잡을 수 없는 그러한 시점이 왔습니다. "투자란 원숭이가 투자하는 것과 같은 것이다"라는 것처럼 시장은 랜덤이고, 알파를 찾아내는 것은 불가능하다는 속설이 뼈저리게 다가왔습니다. 즉, 운 좋게 거액을 손에 넣을 수 있으나, 매번 그렇지 않으며, 지속가능하지 않다는 것입니다.

이런 때에 만난 PST 투자 기법은 저를 신세계로 인도했습니다. PST 투자 기법을 되짚어 보면서 기존 방법과 비교해보겠습니다. 기존에는 추세추종(Trend Following)기법이 중요하다는 이야기를 많이 들으셨을 것입니다. 이런 때에 추세라는 말은 있는 데, 그 추세의 정의와 그 추세라는 것을 어떻게 파악하고 사용해야 하는지 불분명했습니다. 지표의 후행성에 의해 다 지나가고 난 다음에야 파악되는 것이지요. "아하 그때가 상승추세였네! 그때 진입했어야 하는 건데, 아이쿠! 내 잘못이야!" 이런 한탄을 많이 해보셨을 것입니다. 절대 여러분이 잘못한 것이 아닙니다. 지표의 후행성 때문에 발생하는 자연스러운 일입니다. 많은 자칭 전문가라고 하는 분들이 이미 지나간 차트를 가지고 그런 설명을 쉽게 하고 또한 들어보면 그럴싸해서 '그래 맞아. 오늘부터 나도 써먹어야지"라고 생각합니다. 하지만 실제 상황에서 정확한 진입시점을 잡는다는 것은 너무너무 어렵습니다.

PST의 가장 중요한 포인트는 추세의 시작과 끝을 파악하는 것입니다. 즉, 추세(Trend) = 주기(Period) + 힘(Strength)으로 구성됩니다. 추세는 상승 사이클과 하락 사이클로 나누어지는데, 이러한 상승 사이클의 상승추세는 주기와 힘으로 구성됩니다. 그리고 주가는 또한 상승, 하락, 보합으로 이루어집니다. PST 투자 기법은 상승 강화(매수타점)와 하락강화(매도타점)시점에 진입하는 것입니다. 즉, PST 투자 기법은 정확히 진입시점을 알려줍니다.

PST 투자 기법대로 투자하는 제 모습은 이렇습니다. 먼저 1, 3, 5, 10, 30분(외환거래의 경우이며, 주식의 경우는 1, 3, 5, 10, 30, 60, 120, 1일) 차트에서 외환거래 기준차트 10분봉과 바로 그 상위 30분차트로 상황을 살펴봅니다. 상승추세인지 하락추세인지 파악 후 지금 시점이 지지선과 저항선 근처에 있지 않은지 판단해봅니다. 이점은 아주 중요합니다. PST 투자 기법이 '돌파매매'이지만 지지선과 저항선 근처에 있을 때는 매우 조심해야 합니다. 이는 P4구간으로 볼 수 있고, 재상승(재하락)할 수 있으나, 강력한 지지선과 저항선에 의해 반등이나 반락할 수 있습니다. 그래서 저는 개인적으로 P1구간에서 투자를 선호합니다. 즉, 추세전환이 이루어지는 첫 봉을 아주 좋아합니다. 상승을 이어오다, 하락으로 전환되고, P2구간이 아니고 사이클이 P1구간임을 확인하는 첫 전환점을 10분 기준봉을 통해서 확인합니다. 이후 1분봉에서 그 방향으로 가속페달을 힘껏 밟는 듯한 느낌이 오는 그 순간에 진입합니다. 이를 PST124지표(마스터반 최상위 지표)를 통해 설명해드리면, 10분봉이 하락 관점(파란색선 2개의 선중에 가는 파란색선이 굵은 파란색선 위에 위치)으로 돌아서고 검정색 양자신호가 위에 있고, 2개의 녹색 양자신호가 밑에 위치하는 것을 확인 후 1분봉에서 같은 방법으로 매도관점에서 검정색 양자신호가 위로 올라갈 때 매도진입합니다. 특히 1분봉이 중요합니다. 1분봉이 가속페달을 밟는 역할을 하는 것이기 때문에 1분봉이 10분봉의 방향과 반드시 일치해야 합니다.

또한, 저는 지속 가능하고 롱런하는 방법은 '수익은 짧게 가져가라'라는 것입니다. 이런 표현을 씁니다. "투자는 홈런을 치는 것이 아니라 번트를 대는 것이다." 이 표현은 기존의 투자 방법인 "수익은 길게 손실은 짧게"와는 다른 방법인데, 특히 외환선물 시장은 그 변동성이 아주 심합니다. 변동성을 견디기 몹시 어렵습니다. 또한, 선물 시장은 그 유동성이 아주 풍부합니다. 그래서 저는 수익을 짧게 끊어서 여러 번

진입하는 방법으로 투자합니다. 즉, 제가 투자하는 Mini S&P500으로 설명해드리면, 저는 한 번에 5틱을 수익 포인트로 익절을 설정합니다. 1틱은 수수료로 나간다고 여기고, 4틱만 수익으로 생각합니다. 이 4틱이라는 것이 생각보다 큽니다. 수치상으로 생각해보면 1억 원 정도를 투자해서 약 7계약 정도가 나옵니다. 4틱 수익은 1포인트로 1포인트가 50달러입니다. 7예약으로 1포인트 50달러이면, 최종수익은 350달러입니다. 현재 환율 1,300원으로 계산하면 1일 455,000원이고 1개월이면 910만 원입니다. 이런 5틱 거래는 1회에 10초 이하에 거래된 적도 많고, 길어야 10분을 넘기지 않습니다. 즉, 컴퓨터를 켜고 타점이 나오는지 여러 종목(Mini S&P, Gold, WTI, 유료 등) 중에서 진입 시점이 나오는 종목을 고르고 5틱 익절을 걸면 길어야 10분, 30분을 넘지 않습니다. 그 이상 시간이 소요된다면 "투자 기법이 아직은 숙지되지 않았구나!"라고 생각하시고 좀 더 칼을 가져야 합니다. 이러한 5틱 거래로 하루 2번 거래하신다면 1억 원으로 1,820만 원 정도의 수익 즉, 하루에 1%, 한 달에 20% 수익을 내실 수 있습니다. 카페에 가보시면 제가 하루에도 여러 번 수익을 내어 하루에 1,000만 원 이상 수익을 얻은 거래도 보실 수 있습니다. 저는 종일 컴퓨터 앞에 앉아서 그럴까요? 아닙니다. 절대 아닙니다. 저는 컴퓨터가 여러 대 있습니다. 트레이딩 룸에도 있고, 거실에도 있습니다. 심지어 스마트폰에서도 봅니다. 저는 별도의 직업이 있어서 낮에는 주로 제 직업의 일을 합니다. 운동도 가고, 회의도 하고, 남과 다르지 않습니다. 다만, 저녁에 TV를 보다가도 모니터에 제가 원하는 타점이 나오면 진입하는 것입니다. 이러한 타점(진입시점)은 매수나 매도로도 스윙이 가능하고, 또한 타점이 엄청 많이 나옵니다. 그래서 얼마든지 수익을 올릴 수 있는 것입니다.

다시 요약해서 말씀드린다면, PST 투자 기법을 내 것으로 만드시고, 나만의 룰도 만드세요. 투자 기법을 찾으셨다면 수익을 짧게 번트를 대 보시고, 욕심을 낸다면 수익을 여러 번 나누어서 투자하세요. 그리고 종일 투자하시지 마시고 정확한 진입 시점을 찾으셔서 1회에 10분 이내로 투자하시길 바랍니다. 그러시면 절대 실패하시지 않으시고 지속 가능(롱런)하실 것이라 확신합니다.

이러한 투자 기법을 찾게 해주신 하나님과 리차드 권 교수님, 조용석 강사님, 이광석 강사님, 권경훈 강사님께 깊이 감사드립니다. 꼭 지속가 능한 성공 투자의 길로 들어서시기를 소망합니다.

NEW PST주식 투자 비법

제1판 1쇄 2023년 6월 10일

지은이 Richard Kwon
펴낸이 한성주
펴낸곳 ㈜두드림미디어
책임편집 이향선
디자인 노경녀(nkn3383@naver.com)

㈜두드림미디어
등 록 2015년 3월 25일(제2022-000009호)
주 소 서울시 강서구 공항대로 219, 620호, 621호
전 화 02)333-3577
팩 스 02)6455-3477
이메일 dodreamedia@naver.com(원고 투고 및 출판 관련 문의)
카 페 https://cafe.naver.com/dodreamedia

ISBN 979-11-982681-4-3 (03320)

**책 내용에 관한 궁금증은 표지 앞날개에 있는 저자의 이메일이나
저자의 각종 SNS 연락처로 문의해주시길 바랍니다.**